Von Homer bis Theodosius dem Großen

BRAUNSCHWEIGER BEITRÄGE ZUR KULTURGESCHICHTE

Herausgegeben von Gerd Biegel und Angela Klein

BAND 6

Gunther Gottlieb

Von Homer bis Theodosius dem Großen
Sechzehn historische Fiktionen mit Themen der griechischen und römischen Geschichte

Bibliografische Information der Deutschen Nationalbibliothek
Die Deutsche Nationalbibliothek verzeichnet diese Publikation
in der Deutschen Nationalbibliografie; detaillierte bibliografische
Daten sind im Internet über http://dnb.d-nb.de abrufbar.

Umschlagabbildung:
Entwurf: Klaus Schindler, LIO Design Braunschweig,
nach der Abbildung Kopf des Homer (Kopie),
Nachbildung einer römischen Kopie des griechischen Originals aus
dem 5. Jahrhundert v. Chr. Besitz: Archiv KWSBB – Theodosius-Missorium,
4. Jahrhundert n. Chr., Real Academia de la Historia, Madrid
Photos und Repros KWSBB

Gedruckt auf alterungsbeständigem,
säurefreiem Papier.

ISSN 1864-287X
ISBN 978-3-631-64717-2 (Print)
E-ISBN 978-3-653-04308-2 (E-Book)
DOI 10.3726/978-3-653-04308-2

© Peter Lang GmbH
Internationaler Verlag der Wissenschaften
Frankfurt am Main 2016
Alle Rechte vorbehalten.
Peter Lang Edition ist ein Imprint der Peter Lang GmbH.

Peter Lang – Frankfurt am Main · Bern · Bruxelles ·
New York · Oxford · Warszawa · Wien

Das Werk einschließlich aller seiner Teile ist urheberrechtlich
geschützt. Jede Verwertung außerhalb der engen Grenzen des
Urheberrechtsgesetzes ist ohne Zustimmung des Verlages
unzulässig und strafbar. Das gilt insbesondere für
Vervielfältigungen, Übersetzungen, Mikroverfilmungen und die
Einspeicherung und Verarbeitung in elektronischen Systemen.

Diese Publikation wurde begutachtet.

www.peterlang.com

Für Renate

Inhalt

Vorwort der Herausgeber 9

Vorwort des Autors 11

Einleitung 13

Die Griechen scheitern vor Troia 21

Die Griechen verlieren die Seeschlacht von Salamis (480 v. Chr.) 29

Hätte der Peloponnesische Krieg mit Perikles
gewonnen werden können? 37

Theben als Vormacht – Die Thebaner gewinnen die Schlacht
bei Mantineia (362 v. Chr.) – Epameinondas stirbt nicht den
Heldentod 47

Die Römer verlassen nach der Eroberung Roms durch
die Gallier ihre Stadt (389 v. Chr.) 57

Alexander der Große verliert die Schlacht bei Issos (333 v. Chr.) 61

Die Römer verlieren den ersten Punischen Krieg 69

Mußte Karthago zerstört werden? 77

L. Cornelius Sulla bleibt dictator rei publicae constituendae
et legibus scribundis (79 v. Chr.) 85

Der Anschlag auf C. Iulius Caesar schlägt fehl – der 'Herrscher' lebt 95

M Antonius, nicht Octavian, gewinnt die Seeschlacht bei
Actium (31 v. Chr.) 109

P. Quinctilius Varus gewinnt die Schlacht im Teutoburger Wald 117

Kaiser Konstantin verliert die Schlacht an der
Milvischen Brücke (312) 127

Valerius Licinianus Licinius siegt über Konstantin 135

Kaiser Julian besiegt 363 das Perserheer 143

Eugenius gewinnt die Schlacht am Fluß Frigidus (394 n. Chr.) 157

Anhang
An den Wurzeln Europas – Solon und Herodot 165

Literaturverzeichnis 171

Vorwort der Herausgeber

»Mein Bestreben war nicht das des eigentlichen Historikers, schlichtweg festzustellen, wie es gewesen ist; ich suche das Poetische in den geschichtlichen Vorgängen, also das Ewige«. Mit dieser rückblickenden Feststellung hatte die braunschweigische Schriftstellerin Ricarda Huch bei ihrem Festvortrag 1942 in Zürich zu ihrem 50-jährigen Doktorjubiläum einen Grundsatz ihres Verständnisses und ihrer Methode zur Vermittlung von Geschichte definiert. Sie hat dabei deutlich gemacht, daß nicht das oft festgehaltene Diktum *»Wir wollen Quellen sprechen lassen«* für den Historiker alleine maßgeblich sein kann, sondern subjektives Erkennen in die Rekonstruktion geschichtlicher Zusammenhänge einfließen muß, um die Ursachen des Geschehens in ihrer Ambivalenz erfahrbar zu machen. Schon Thukydides hatte in diesem Sinne von einer Unterscheidung zwischen Erdachtem (res fictae) und Tatsächlichem (res factae) gesprochen. Es ist dies ein Ansatz, der in Fortführung des Huchschen Gedankens zu Fragestellungen führt, die heute in der Diskussion um die Methode der sogenannten kontrafaktischen Geschichte verfeinert und vielfältig angewendet werden.

Dabei war und bleibt Rankes Fragestellung von 1824 zur Absicht und Aufgabe des Historikers, *»er will blos zeigen, wie es eigentlich gewesen«*, unbestreitbar die oberste Maxime der historischen Wissenschaft und jegliche Abweichung davon galt (und gilt) als zweifelhaft und unwissenschaftlich. Schon 1875 jedoch hatte Friedrich Nietzsche diesem Grundsatz entgegengehalten: *»Die Frage: ›Was wäre geschehen, wenn das und das nicht eingetreten wäre?‹ wird fast einstimmig abgelehnt, und doch ist sie gerade die kardinale Frage«.* Wie zutreffend Nietzsches Aussage und wie aufschlußreich ihre Befolgung sein kann, hat Alexander Demandt 1984 in seiner Studie *»Ungeschehene Geschichte. Ein Traktat über die Frage: Was wäre geschehen, wenn …?«* in überzeugender Weise aufgezeigt. Die Vielfalt des Denkbaren lohnt tatsächlich das Nachdenken und Nachspüren des Möglichen, wie dies im vorliegenden Band durch Gunther Gottlieb exemplarisch geschieht. Am Beispiel von bekannten Momenten der Alten Geschichte bietet der Autor nicht nur einen eigenen Zugang zur Beschäftigung mit der Frage historischer Fiktionen, ohne den Grundsatz der Quelle als letzter Instanz für den Historiker im Geringsten aufzugeben. Ausgehend von Schlüsselereignissen aber werden nicht die gängigen Antworten zum Geschehen untersucht und bewertet. Der Autor stellt sich vielmehr auf der Grundlage der durch Quellen gesicherten Fakten die Frage, was geschehen wäre, wenn bestimmte Ereignisse nicht oder anders eingetroffen wären. Es ist dies ein ursprünglich im angelsächsischen Raum besonders gerne benutzter historiographischer Methodenkniff, der vor allem in populärwissenschaftlichen Darstellungen zur Anwendung kommt. Mit der Überlegung, »es hätte ja auch anders kommen können«, soll nicht nur unser Wissen von der Vergangenheit bereichert, sondern auch mit dem Durchdenken alternativer Ereignisverläufe ein besseres Verständnis gewonnen werden, warum die Geschichte gerade so und nicht anders verlaufen ist. Dabei müssen Wunschdenken und unkontrollierte Spekulationen vermieden werden, will am einen methodisch sauberen Erklärungsansatz umschreiben. Dies bedeutet auch, das Gedankenspiel kann nur dann einen Erkenntnisgewinn bringen, wenn es den bekannten Geschichtsverlauf höchstens minimal, auf einen kurzen Zeitverlauf beschränkt, umschreibt.

In diesem Sinne ist für Gunther Gottlieb das eigentliche Ziel seiner methodischen Betrachtung nicht primär ein historisches, sondern ein pädagogisch-didaktisches, wie er in der Einführung betont: »*... ich bediene mich historischer Methoden, arbeite wie ein Historiker, will aber dem Leser über die Rekonstruktion historischen Handelns hinausweisende Anregungen und Zugriffe vermitteln*«. Historisch-literarisches Erzählen, um über wechselnde Gedankenspiele auf quellengesicherter Wissensgrundlage neue Zugänge zu historischem Wissen und Beurteilen von Geschehenem zu ermöglichen und zu erproben, ist ein pädagogisch-didaktisches Lernziel, das der Autor mit viel Sachkenntnis, kluger Wegführung für den Leser und spürbarer Freude an der Frage nach dem Möglichen einsetzt. Es ist ein »*intellektuelles Lernen*«, das nicht zuletzt auch ein Anliegen unserer Publikationsreihe der »*Braunschweiger Beiträge zur Kulturgeschichte*« ist, weshalb wir gerne diesen Band in unserer Reihe aufgenommen haben. Für die wunderbare und freundschaftliche Zusammenarbeit danken wir Gunther Gottlieb sehr herzlich und wünschen dem Band ein großes interessiertes Publikum und ebenso viel Erkenntnisgewinn wie wir ihn bei der Lektüre des Manuskripts bereits erfahren haben.

Prof. Dr.h.c. Gerd Biegel / Dr. Angela Klein

Vorwort des Autors

Autoren schreiben Vorworte, um zu danken. Das ist auch meine Absicht. Aber zuvor sollte ich ein Wort zur Entstehung des Buches sagen!

Wie kommt man als Historiker dazu, Fiktionen zu schreiben? Abgesehen davon, dass Anregungen von außen kommen, wie das auch hier der Fall ist und durch Hinweise auf die entsprechenden Werke dokumentiert wird, tritt ein ganz persönliches Element hinzu, das der Historiker und Philosoph Arnold Toynbee mit den Worten „jeu d' esprit – mainly for fun" umschrieben hat. Vielleicht ist es auch ein Spiel, zu dem man eher im Alter neigt, nach Jahrzehnten des gewohnten Umgangs mit historischen Themen. Im übrigen: stellt man bei der Beschäftigung mit großen Persönlichkeiten und deren Schicksal oder Ereignissen von weitreichender Bedeutung nicht unwillkürlich immer wieder die Frage: Und wenn es anders gekommen wäre?

Nur muss man dieser Frage auch nachgehen. Das ist hier an sechzehn verschiedenen Themen der griechischen und römischen Geschichte geschehen, wobei es mir darauf ankam, jeweils auch die kulturgeschichtliche Reichweite in den Blick zu nehmen.

Nach Braunschweig bestehen seit Jahren ertragreiche und vielfältige persönliche und fachliche Bindungen. So empfinde ich es als Ehre und Ausdruck des Vertrauens, dass die Herausgeber der Braunschweiger Beiträge zur Kulturgeschichte, Herr Prof. Dr. h. c. Gerd Biegel und Frau Dr. Angela Klein, meinen Text in ihre Reihe aufgenommen haben. Mein Dank gilt ebenso Herrn Michael Rücker, dem Leitenden Lektor des Peter Lang Verlags sowie Frau Kathrin Kummer und Frau Andrea Kolb, die die technische Entstehung des Buches betreut haben, für die ungetrübte und höchst angenehme Zusammenarbeit. Mein Dank gilt schließlich meinen Freunden Prof. Dr. Dr. h. c. Pedro Barceló und Dr. Marianne Häuptle-Barceló, die, abgesehen von Ratschlägen im Vorfeld, das fertige Manuskript gelesen und mich zum Publizieren ermuntert haben.

Friedberg/Bay. im April 2014   Gunther Gottlieb

Einleitung

Der greise Physiker in Véronique Bizot's Roman ‚Meine Krönung' liest eben eine Biographie Kaiser Konstantins. Er schätzt historische Werke, weil ihn die Tatsache beruhigt, dass an dem, was stattgefunden hat, nicht mehr zu rütteln ist[1]. „Mutmaßungen über ungeschehene Geschichte sind in den historischen Wissenschaften verpönt [...] hypothetische Alternativen zum wirklich Geschehenen erscheinen als müßiges Gedankenspiel, als unseriöse Spekulation [...] Derartiges führt ins Unbeweisbare, Uferlose, ist unwissenschaftlich, ja nicht einmal wissenschaftsfähig und bleibe Dichtern und Träumern überlassen [...]." Diese Sätze lesen wir gleich am Anfang von Alexander Demandts Traktat über ‚Ungeschehene Geschichte'[2]. Ist es unter diesen Umständen nicht besser, die hier dargebotenen sechzehn historischen Fiktionen sofort wieder zu löschen? Im Gegenteil – wenige Zeilen weiter beschreibt Demandt seine eigene Position, wonach „unser Bild von der Geschichte unfertig bleibt, wenn es nicht in den Rahmen der unverwirklichten Möglichkeiten gerückt wird"[3], und er hat selbst im Mai 2013 in der Staatlichen Münzsammlung, München, einen Vortrag gehalten über das Thema „Maxentius siegt an der Milvischen Brücke"[4]. Dieser Zielsetzung dient Demandts ganze Abhandlung, der auch unser Versuch wesentliche Anstöße verdankt.

Diese Einleitung ist kein Beitrag zu Theorie und Methode historischer Fiktionen. Sie will lediglich auf dem Hintergrund aktueller Positionen den hier eingeschlagenen Weg beschreiben und den eigenen Standort bestimmen. Dass dabei auch grundsätzliche Fragen berührt werden, ist naheliegend. Anderseits, so mein Eindruck, je anspruchsvoller und geschichtstheoretischer man sich mit Fiktionen befasst, desto schwieriger wird es, unbefangen damit umzugehen. Desto mehr Bedenken stellen sich ein! Das zeigt sich ebenfalls bei Alexander Demandt, der ein grundlegendes Dilemma erkennt: Je weiter uns die Phantasie von der Bahn der Ereignisse abführe, desto weniger habe das Vorgestellte für sich. Die Alternativen würden unglaubwürdig. Anderseits: je höhere Wahrscheinlichkeit wir anstreben, desto enger müssten wir uns an den wirklichen Gang der Dinge klammern. Unter

---

1 Véronique Bizot, Meine Krönung. Titel der französischen Originalausgabe von 2010: Mon couronnement. Aus dem Französischen von Tobias Scheffel und Claudia Steinitz, Göttingen 2011, S. 85f.
2 Alexander Demandt, Ungeschehene Geschichte. Ein Traktat über die Frage: Was wäre geschehen, wenn...?, Neuausgabe Göttingen 2010, S. 15. Wichtig auch: Kai Brodersen (Hrsg.), Virtuelle Antike. Wendepunkte der Alten Geschichte, Darmstadt 2000; dabei geht es vor allem um den Beitrag von Gregor Weber über den Sinn kontrafaktischer Geschichte (vgl. Anm. 7). Beide Bücher sind mit ausführlichen Literaturverzeichnissen ausgestattet.
3 Demandt, S. 16.
4 Vgl. S. 108 mit Anm. 109.

diesen Umständen würden unsere Alternativen belanglos[5]. Ich gehe davon aus, dass sehr viel auf Zugriff, Perspektive und Lernziel ankommt. Arbeitsschritte im weiten Umfeld von Erfassen und Lernen! In dieser Absicht werden hier sechzehn historische Fiktionen aus der griechischen und römischen Geschichte vorgestellt!

Das Schreiben von Fiktionen ist wie ein Spiel. Folgen wir, wenn wir Geschichte schreiben, den überlieferten Inhalten, so bauen wir nach einem vorgezeichneten Plan das Gebäude, setzen Stein auf Stein gemäß Anweisung. Natürlich bleibt bei diesem Verfahren Raum für Phantasie und Erfindungskraft; denn erstens sind wir immer wieder gezwungen, Lücken auszufüllen oder Zusammenhänge zu formen, und zweitens: wir analysieren, deuten und werten menschliches Denken und Handeln, Taten und Ereignisse. Solche Konstruktionen sind oft selbst schon ein Schritt auf dem Wege zur Fiktion, ohne dass wir uns dessen bewusst zu werden pflegen. Denken wir uns anderseits ganz bewusst Fiktionen aus, so spielen wir mit den Ereignissen, um sie nach unserer Phantasie zusammenzusetzen, allerdings nicht nur aus reinem Vergnügen, sondern um eines Gewinnes willen. Wo liegt dieser Gewinn? Im Erreichen von Arbeits- oder Lernzielen, wie etwa dem Einüben von Gedankenspielen, dem Erproben von Argumentationen und Konstruieren von Standpunkten, dem schärferen Ausleuchten von Situationen, tieferen Eindringen in die Gedankenwelt der Gegenseite, dem bewusst Machen von Bedingungen für Kulturtraditionen und von handlungs- und ereignisabhängigem Kunstschaffen oder dem Herausarbeiten von Kontrasten. Wir folgen den tragenden Personen und finden sie in Ereignissen und Entwicklungen, wie sie diese zuvor nicht erlebt hatten, neuen Herausforderungen gegenübergestellt, in denen sie sich zurecht finden müssen oder wir finden sie einfach in der Kontinuität der Verläufe.

Das Spielen mit den Ereignissen hat aber auch Grenzen, welche durch die Überlieferung markiert werden. Wie ist das zu verstehen? Die Quellen sind für den Historiker die letzte Instanz[6]. Auch die historische Fiktion kann sich nicht über diese Instanz erheben, löste sie sich doch sonst gleichsam im luftleeren Raum auf. Was bedeutet die Alternative, entweder die Quellen zu respektieren oder ein sich Auflösen im luftleeren Raum in Kauf zu nehmen? Jedes der Themen enthält ein Schlüsselereignis (zum Beispiel die Seeschlacht bei Salamis, Perikles' Tod, Caesars Ermordung, die Schlacht am Fluß Frigidus). Was bis zu diesem jeweiligen Höhepunkt geschehen ist, also der überlieferte Lauf der Geschichte, ist derselbe, ganz unabhängig davon, ob wir das Schlüsselereignis so übernehmen, wie es überliefert ist, oder ob wir es zur Fiktion machen, das heißt umkehren. Anders verhält es sich mit allem, was nach dem Wendepunkt liegt: Die bestehende, das heißt gültige Überlieferung wird relativiert, sozusagen ausgeblendet, um sie aus dem, was vor dem Wendepunkt geschehen ist, sowie aus grundlegenden, übergreifend gültigen Informationen neu zu erschließen. Das jeweils Mögliche, das heißt Fiktive, hat doch denselben Hintergrund, dieselbe

---

5   Demandt, S. 147.
6   Volker Sellin, Einführung in die Geschichtswissenschaft, Göttingen 1995, S. 83.

Basis, dieselben Voraussetzungen, dieselben Bedingungen, dasselbe Umfeld wie das, was jeweils wirklich geschehen ist. Wir haben es also mit dem zu tun, was jeweils auch hätte möglich sein können. Wer sagt denn, es sei unabweisbar vorgegeben gewesen, dass Alexander bei Issos siegte, Caesar am 15. März 44 v. Chr. ermordet wurde oder Konstantin die Schlacht an der Milvischen Brücke gewann? Dass Konstantins Sieg gewollt war, ist doch auch Interpretation und Wertung post factum.

Eine Fiktion oder sagen wir besser ‚ungeschehene Geschichte' sollte, wenn sie aus der Feder des Historikers stammt und nicht reines Produkt literarischen Schaffens ist, weder die Weltgeschichte oder auch nur die Geschichte eines Landes oder einer Region, soweit sie für den gesamten, das heißt den weiteren Geschehensverlauf prägend gewesen ist, in Frage stellen, noch mit Konstruktionen arbeiten, die eben dies nicht berücksichtigen: Ich kann Alexander den Großen alt werden lassen; das von ihm hervorgebrachte kulturelle Erbe, welches eine weltgeschichtliche Hauptsache darstellt, wäre kein anderes als das aus dem frühen Tod hervorgegangene. Schwieriger wird es, wie wir noch sehen werden, wenn ich eine Entwicklung konstruiere, in der Alexander ein siegloses Ende findet. Kann ich den Zerfall des Perserreiches, die hellenische Kultur als Grundlage einer neuen Epoche wegdenken? Nein! Ich kann mir vorstellen, Nero habe die Christen Roms nicht verfolgt; aber ich kann kein Römisches Reich ohne Christentum konstruieren. Ich kann mir Licinius als Sieger über Konstantin vorstellen; aber ich kann die Entwicklung des Römischen Reiches auf eine Zweiteilung hin nicht streichen. Die Fiktionen verlören ihren pädagogisch-didaktischen Sinn und, was von besonderem Belang ist, sie entbehrten der wissenschaftlichen Seriosität, wie wir sie oben beschrieben haben, vor allem aber der historischen Basis, weil man Undenkbares auf die Ebene der Wirklichkeit höbe. Damit ist die Erkenntnis verbunden, dass Fiktionen denkbar sind. Und darum geht es bei unserem methodischen Ansatz. Dabei ist für die *endlose Fiktion*, welche voraussetzt, dass alles Nachfolgende anders geworden ist, im Rahmen des geschichtlich Denkbaren nur bedingt Platz. Beispiele dafür, unter welchen Umständen sie nicht anwendbar ist und unter welchen ohne weiteres, sind einerseits Alexander der Große, anderseits die Schlacht im Teutoburger Wald. In der Regel bedienen wir uns aber der *endlichen Fiktion*, welche jeweils zurückkehrt in die bekannten geschichtlichen Bahnen. *Endliche Fiktionen* sind punktuelle Analysen, die Umkehrung begrenzter Abläufe und Zusammenhänge in der Absicht, die davon ausgehende Wirkung auf dem Hintergrund des tatsächlich Geschehenen auszuleuchten. Um noch einmal auf Alexander den Großen und das, was in diesem Zusammenhang zu erwägen geboten ist, zurückzukommen! Ein bei Issos gescheiterter Alexander, der sich das Leben nimmt, das Ende des Feldzugs, das Weiterbestehen des Perserreiches – das sich als den Gang der Geschichte vorzustellen, bedeutet, dass man Alexander als die überragende Persönlichkeit, die das Ende einer Weltepoche und Beginn einer neuen markiert habe[7], streichen muß. Was

---

[7] Johann Gustav Droysen, Geschichte Alexanders des Großen, Neudruck München 1954, S. 15.

dann? Dann müssen sich die Ausbreitung der griechischen Kultur und ihr Aufstieg zur Weltgeltung, die Hellenisierung Ägyptens – Phänomene, welche sich nicht aus der Welt schaffen lassen, mithin auch nicht der historischen Fiktion geopfert werden können – unter anderen Bedingungen vollzogen haben, wobei es nicht schwerfällt, sich den bereits absehbaren Untergang der Achaimenidenherrschaft in Thronwirren, Aufständen und Regionalisierung ihres Reiches vorzustellen. Der Anstoß zu einer zweiten, von Griechen getragenen Kolonisation war ebenfalls schon gegeben. Wir könnten aber auch von anderen Voraussetzungen ausgehen und die Frage so stellen: Müssen wir über die Momentaufnahme hinausgehen, den historischen Augenblick verlängern, wenn wir ein nicht primär historisches, sondern pädagogisch-didaktisches Ziel verfolgen? Kritiker mögen sagen, man mache sich's zu einfach mit diesem Verfahren. Diesem Vorwurf wird man entgegenhalten, dass es nicht auf eine unnötige Problematisierung, sondern auf die methodischen Absichten und Ziele ankommt, und die sind eben nicht primär auf den Verlauf der Geschichte ausgerichtet.

Verschiedene Begriffe sind im Zusammenhang mit der historischen Fiktion in der Diskussion, so zum Beispiel, mit übergreifendem Anspruch, der Begriff der kontrafaktischen Geschichte[8]. Auch wenn es hier nicht um theoretische Vertiefung des Komplexes der kontrafaktischen Geschichte geht, will ich auf einige Fragen aufmerksam machen und sie aus meiner Sicht beleuchten. Gregor Weber befasst sich in der Einführung zu dem von Kai Brodersen herausgegebenen Sammelband zum Thema ‚Virtuelle Antike. Wendepunkte der Alten Geschichte' mit dem Sinn kontrafaktischer Geschichte[9]. Er stellt alle Ausformungen von Geschichte, die sich punktuell oder generell von dem entfernen, was als rekonstruierter Geschehensverlauf akzeptiert sei, unter den Oberbegriff ‚kontrafaktisch', welcher sich demnach auf virtuelle und alternative Geschichte ebenso beziehe wie auf ungeschehene, imaginäre oder parallele. Im Blick auf die hier vorgelegten Kurzessays geht es also nach dieser Definition um kontrafaktische im Sinne von ungeschehener Geschichte. Es geht also nicht um alternative Geschichte, welche die „Konstruktion von Handlungsalternativen für spezifische Situationen" betrifft, und die bei Weber im Unterschied zur ungeschehenen Geschichte auf mehr Zuneigung stößt[10].

Weber fragt nach dem Ertrag des Verfahrens. Er konzentriert sich dabei auf einen gewichtigen Einwand gegen die Konstruktion ungeschehener Abläufe, nämlich den, dass Ungeschehenes methodisch nicht zu ermitteln sei, zumal damit keine gesicherte Erkenntnis verbunden sei und eventualhistorische Entwürfe keine Wahrscheinlichkeit besäßen. Das wirkt wie eine strikt historische Argumentation, die unter streng historischen Prämissen plausibel erscheinen mag, aber richtig

---

8   Vgl. die folgende Anmerkung!
9   Gregor Weber, Vom Sinn kontrafaktischer Geschichte, in: Kai Brodersen (wie Anm. 2), S. 11–23, hier S. 14f.
10 Ebenda, S. 15.

besehen nicht überzeugt. Wenn nämlich die historische Methode Phantasie und Erfindungskraft als wichtige Voraussetzungen „für jede historische Arbeit" erlaubt[11], worüber Konsens bestehen dürfte, dann dürfte es auch erlaubt sein, sich dieser Voraussetzungen für das Verfolgen fiktiver Geschehensverläufe zu bedienen. Zweitens: Warum sollen eventualhistorische Entwürfe keine Wahrscheinlichkeit besitzen? Abgesehen von der Feststellung, dass kein Ereignis, ganz gleich, ob Entwicklungsprozeß, Krieg oder politische Entscheidung notwendigerweise so ausgehen musste wie es ausgegangen ist (es sei denn, man folgte einem zweifelhaften Determinismus), sondern auch anders hätte enden können, woraus wir das Recht zum Nachdenken in andere Richtungen ableiten, ist doch das Eventualhistorische letztlich aus dem Realhistorischen erschlossen und versteht sich als dessen mögliche Fortsetzung. Volker Sellin hält die Nachprüfbarkeit für ein wesentliches Kennzeichen jeder wissenschaftlichen Aussage[12]. Natürlich ist die Fiktion nicht im vollen Umfang wissenschaftliche Aussage; aber sie steht trotzdem unter dem Erfordernis der Nachprüfbarkeit.

In unserem Zusammenhang kommt methodisch noch etwas ganz anderes ins Spiel: Wir bewegen uns nämlich, was die Zielsetzung betrifft, bewusst nicht auf der historischen Ebene, sondern auf der pädagogisch-didaktischen. Das heißt, ich bediene mich historischer Methoden, arbeite wie ein Historiker, will aber dem Leser über die Rekonstruktion historischen Handelns hinausweisende Anregungen und Zugriffe vermitteln.

Ungeschehenes sei, wie Weber weiter feststellt, bedeutungslos[13]. Ob man diese Feststellung absolut setzen darf, ist die Frage. Erkennen wir beispielsweise einen pädagogisch-didaktischen Wert im Umgang mit Ungeschehenem, ist das Ungeschehene nicht bedeutungslos. Im konkreten Verständnis heißt das: darüber nachzudenken, wie etwas hätte zustande kommen können, wenn der historische Verlauf ein anderer gewesen wäre, ist schon deshalb nicht bedeutungslos, weil wir uns in etwas Andersartiges versetzen und, wie man in der aktuellen Wissenschaftssprache sagt, Alterität denken und erfahren. Wir gestalten Situationen, ordnen die tatsächlichen Gegebenheiten zu anderen Konstellationen. Warum schließlich die Beschäftigung mit Ungeschehenem dem Respekt vor dem Geschehenen abträglich sein soll – das ist ein weiterer Einwand Webers – kann ich nicht verstehen[14]. Das ist eine Moralposition gegenüber historischem Geschehen, obwohl historisches Geschehen als solches nichts mit Moral zu tun hat. Ist es respektlos, sich den christlichen Kaiser als Verlierer vorzustellen?

---

11 Sellin, Einführung (wie Anm. 5), S. 13.
12 Ebenda, S. 105f.; 116f.
13 Weber (wie Anm. 8), S. 18.
14 Ebenda, S. 18.

Ein neueres Buch über den Historischen Roman[15] veranlasst mich, einen weiteren Gesichtspunkt ins Feld zu führen. Wird der Historiker zum Dichter, zum Romancier, wenn er sich mit Fiktionen befasst? Darf sich, soll sich der Historiker mit Fiktionen befassen? Sind Historie und Fiktion gar gleichzusetzen, was zu behaupten dem Historiker und Theoretiker Hayden White vorgeworfen wird? Geschichte und Fiktion sind erzählte Geschichte und damit ein Stück Literatur (in diesem Sinne ist es plausibel, wenn der Historiker Theodor Mommsen für seine Römische Geschichte 1901 den Nobelpreis für Literatur erhalten hat); allerdings mit dem Unterschied, dass der Historiker nachprüfbare Ereignisse erzählt, während der Autor fiktionaler historischer Literatur, sei er nun Romancier, Dichter oder Historiker, es sowohl mit den echten als auch mit erfundenen Ereignissen zu tun hat. Trotzdem bleibt die Frage bestehen, in welchem Ausmaß die ‚Erfindung' auch die Arbeit des Historikers prägt. Das hängt sicher ab von Gegenstand und Quellenlage sowie von Phantasie und Erfindungskraft des jeweiligen Autors – wir erinnern uns, Volker Sellin mahnt gerade diese Eigenschaften für den Historiker an und ordnet sie ranghöher ein als irgendwelche handwerklichen Kenntnisse[16]. Auf das Historische gerichtete Anteilnahme, Neugier und Wissbegierde sind grenzenlos. Sie richten sich auf die Geschichtsschreibung ebenso wie auf die historische Fiktion. Anteilnahme, Neugier und Wissbegierde seien dabei gleichermaßen, um mit Hans Vilmar Geppert zu argumentieren, im weitesten, nicht nur wissenschaftlichen, sondern auch politischen oder philosophischen, auch unterhaltenden oder satirischen, wir könnten ergänzen: pädagogischen Sinn zu verstehen[17]. Es gehe eben um alles, wofür sich Geschichte erzählen lasse. Die kürzlich unter dem Titel „Wem gehört die Geschichte? Erinnerungskultur in Literatur und Film" erschienene Abhandlung von Michael Braun regt dazu an, diese Gedanken auszuweiten! Vielleicht lässt sich das Konkurrenzverhältnis zwischen Historiker und Dichter so umschreiben: Der Historiker nähert sich mit seiner Darstellung der Romanform, er bedient sich der in den Künsten bereits im 18. Jh. errungenen Autonomie der Fiktion. Darum ist Geschichtsschreibung auch Kunst, besser: eine Form von Kunstschaffen. Da, wo sich der Historiker die Freiheit nimmt, glaubhaft zu erzählen, „was hätte geschehen können", tritt er in Wettstreit mit dem Dichter – oder sollen wir sagen, er geht eine geistige Verbindung ein[18].

---

15 Hans-Vilmar Geppert, Der Historische Roman. Geschichte umerzählt – von Walter Scott bis zur Gegenwart, Tübingen 2009. Hier vor allem wichtig das Kapitel „Die Spirale von Fiktion, Historie, Fiktion und so fort. Skizze einer Poetik des historischen Romans" (S. 150–213; S. 151f. zu Hayden White).
16 Sellin, Einführung (wie Anm. 5), S. 13.
17 Geppert, Der Historische Roman (wie Anm. 14), S. 159f.
18 Michael Braun, Wem gehört die Geschichte? Erinnerungskultur in Literatur und Film, Münster 2013, hier S. 9–13. Vgl.auch Markus Völkel, Gibt's gar nicht! Hat er sich selbst ausgedacht!, in: Frankfurter Allgemeine Zeitung vom 9. August 2002, S. 47, wo es im Untertitel heißt, die Geschichtswissenschaft solle das Spiel mit der Fiktion nicht länger scheuen.

Geschichte ist die Wissenschaft vom Menschen. In diesem Zusammenhang kommt neben der politischen Geschichte der anthropologischen Dimension von Geschichte besondere Bedeutung zu. Davon ausgehend tritt der Gedanke in den Mittelpunkt, dass die Menschen oder menschlichen Gemeinschaften, um die es in den Fiktionen geht, ihre Pläne, Vorstellungen, Wünsche, Ziele hatten, die entweder vereitelt wurden oder, entgegen dem wirklichen Verlauf, der Erfüllung näher rückten. Die historische Fiktion arbeitet mit diesen Vorgaben, als ob Perikles die Chance bekommen hätte, sich im Peloponnesischen Krieg zu bewähren, Caesar bruchlos hätte weitermachen können, Konstantin 313 geschlagen überlebt und von vorne hätte anfangen müssen. Was wir hier betreiben, hat vor allem etwas mit dem einfühlenden Verstehen zu tun, neben dem Zusammenhangsverstehen und dem Ausdrucksverstehen die dritte Form von Verstehen, wie sie beispielsweise Volker Sellin in seiner Einführung in die Geschichtswissenschaft erklärt hat[19]: So sucht man einfühlend zu verstehen, welche Ziele die Akteure verfolgten, welche Sorgen sie bedrängten, welche Emotionen oder rationale Erwägungen die Richtung des Handelns bestimmten.

Zwei Essays machen, was ihre äußere Form betrifft, eine Ausnahme: der über Perikles und Athen und der über die Zerstörung Karthagos. Beide Themen hatten ihren Anlaß in Aufgabenstellungen im Rahmen von Lehrveranstaltungen und waren als Fragen formuliert. Daran habe ich nichts geändert.

Wir fassen zusammen! Die hier vorgelegten Essays wollen historische *Literatur* sein, und sie verfolgen ein pädagogisch-didaktisches Lernziel. Sie haben mit interkulturellem Lernen zu tun, mit perspektivischem Wahrnehmen und Denken, wo es gilt, sich in das Andersartige zu versetzen sowie Alterität zu denken und zu erfahren. Es geht darum, auf der Grundlage von gesichertem Wissen und zuverlässiger Quellenkenntnis Situationen zu gestalten und tatsächliche Gegebenheiten zu anderen Konstellationen zu ordnen, um Möglichkeiten gewissermaßen zu testen. Weitere Lernziele sind das Einüben von Gedankenspielen, das Erfinden und Überprüfen von Argumentationen, das Trainieren der Gedankenführung durch das Konstruieren von Standpunkten, das tiefere Eindringen in Konkurrenzverhältnisse zwischen Spielern und Gegenspielern. Der Historiker und Philosoph Arnold Toynbee charakterisierte den Umgang mit Fiktionen als „jeu d'esprit – mainly for fun"[20] Man könnte auch sagen, man vertreibe sich die Zeit auf geistreiche Weise, indem man sich historische Fiktionen ausdenkt, sie in die Form von Miniaturen, das heißt Kurzessays kleidet und dabei eine ganze Menge lernt!

Zum Schluß ein paar formale Hinweise! Für Umfeld, erweiterten Kontext und größere Zusammenhänge empfehle ich die Handbücher, wegen ihrer Sorgfalt und Materialfülle zumal auch die mittlerweile klassischen wie zum Beispiel Hermann

---

19 Sellin, Einführung, S. 103–106 und 108–112.
20 Zitiert nach Kai Brodersen (Hrsg.), Virtuelle Antike. Wendepunkte der Alten Geschichte, Darmstadt 2000, S. 43.

Bengtsons Griechische Geschichte, ebenso seine bis Kaiser Diokletian (283–306) reichende Römische Geschichte oder die Römische Geschichte von Alfred Heuß. Im übrigen: Handbücher, nicht nur Gesamtdarstellungen, sind in reicher Auswahl auf dem Markt. Die Anmerkungen habe ich auf das Wichtigste beschränkt: soweit erforderlich zitiere ich Fundstellen aus den griechischen und römischen Autoren, welche alle auch in Übersetzungen vorliegen, sowie Fachliteratur mit konkretem Bezug zum zugehörigen Text.

Schließlich bedarf der in den Anhang gestellte Text über Solon und Herodot der Erklärung: Warum er hier einen Platz gefunden hat, obwohl er keine Fiktion ist: „Noch in 500 Jahren wird man an ihn denken", las man am 8. Dezember 2013 bezogen auf Nelson Mandela in der Frankfurter Allgemeinen. 2500/2600 Jahre sind vergangen, und wir denken immer noch an Solon und Herodot, mehr an den Politiker und politischen Dichter Solon, weil er ein Friedensstifter innerhalb seines Bürgerverbandes, ein Mann des Ausgleichs und der Erziehung zum guten Staatsbürger gewesen ist, als an den ‚Erfinder' der Geschichtsschreibung im bis heute gültigen Sinne. Wo liegt die Verbindung zu den Fiktionen? Es geht in fast jeder der hier vorgelegten Fiktionen um Persönlichkeiten, die Geschichte gemacht haben. Mit Solon und Herodot richten wir den Blick auf zwei mit diesen vergleichbare Geistesgrößen, welche ihr literarisches Schaffen selbst durch Fiktionen bereichert haben und zu den bedeutendsten Vertretern des griechischen Altertums gehören. Es geht in meinen Fiktionen eben auch um die Pflege des kulturellen Erbes Europas, und gerade auch des griechischen, das bei den Bemühungen um die Einheit Europas zu wenig beachtet wird. So steht am Ende ein politischer Akzent!

Die Griechen scheitern vor Troia

Die Bayerische Theaterakademie hat im Juni 2010 das von dem Dramatiker Albert Ostermaier betreute Projekt „Minus Odysseus" auf die Bühne gebracht. „Minus Odysseus" ist eine „Reise ohne den Helden, eine Irrfahrt ohne den listenreichen und wortgewandten Odysseus, ein Aufbruch zu all denen, die ohne Stimme geblieben sind [...]". In diesem Stück wird die Rückkehr des Odysseus nicht wie im Epos zur unerbittlichen Rache und zur Wiedervereinigung der Eheleute – das heißt, es ist keine Rückkehr zur gesellschaftlichen Ordnung und zu den Normen der Gemeinschaft, wie die Griechen sie verstanden. Wenn das Theaterstück statt dessen die blutigen Spuren des ruhmreichen Helden verfolgt, die Zurückgebliebenen, Verlassenen und Opfer des Irrfahrers aufsucht, und dies als ferne Realität gedacht wird, dann hätte Odysseus durch eine andere Figur heroischer Natur ersetzt werden müssen, um die Absicht des Dichters zu erfüllen, eine identitätsstiftende Figur zu schaffen[21].

„Minus Ilias" – fragen wir also, was es bedeutet hätte, wenn es anders gekommen wäre, als es in den Geschichtsbüchern steht! Darüber hat schon der französische Dramatiker Jean Jaques Giraudoux nachgedacht: „La guerre de Troie n'aura pas lieu!" „Der Troianische Krieg fand nicht statt!" Einigung zwischen Hektor und Odysseus, den Protagonisten der verfeindeten Städte oder verfeindeten Mächte! Man könnte sich die Sache auch so denken: Die Troianer hielten den Angriffen der Griechen stand, deckten die List mit dem hölzernen Pferd auf, verteidigten sich erfolgreich, und die Griechen mussten unverrichteter Dinge als Besiegte nach Hause fahren. Der erste Fall ist der Inhalt von Giraudoux's Antikriegsstück, das 1935 in Paris uraufgeführt wurde. Der zweite Fall ist der hier vorgelegte Entwurf. Kommen beide Fiktionen auf dasselbe heraus? Nein! Denn Giraudoux setzt auf Ausgleich, auf Einsicht in die Überflüssigkeit von Kriegen und entlarvt hohlen Patriotismus. Ihm ging es darum, mit Witz und Spott seine Gegenwart offenzulegen. Damit verschwindet bei ihm allerdings auch die Konfrontation zwischen West und Ost, Europa und Asien, Griechen und Barbaren. Diese Gegenüberstellung aber beherrschte, wir wissen nicht seit wann, aber von den Perserkriegen, ihrem vorläufigen Höhepunkt, her gesehen seit langem, die historische Erinnerung der Griechen. Herodot hat dieselbe Konstellation in der Einleitung zu seiner Universalgeschichte, welche die Angriffe der Perser auf Griechenland von 490 und 481/479 v. Chr. zum zentralen Inhalt hat, gewissermaßen zum Leitmotiv erhoben; allerdings unter der Prämisse, dass seine Darstellung mit den Ereignissen und Personen beginnt, über die er mit dem kritischen Urteil des Historikers mit Gewissheit sagen könne, sie seien der Anfang der Konflikte gewesen. Was davor lag, hat Herodot summarisch

---

21 Zur debatte. Themen der katholischen Akademie in Bayern, Heft 2/2010, S. 33.

abgehandelt unter dem Gesichtspunkt gegenseitiger Entführungen von Frauen. Die Hellenen seien dann die ersten gewesen, so die Überlieferung, die aus der Entführung einer Frau gleichsam eine Staatssache machten und gemeinsam zu Felde zogen, um diesen Frauenraub zu rächen. Gemeint ist der Kampf um Troia. Von da an seien den Persern die Hellenen Feinde gewesen[22].

Die wissenschaftliche Beschäftigung mit den politischen Mythen lehrt uns, dass Politik in große Erzählungen eingebettet sein muß, welche, wie Herfried Münkler hervorhebt, Verbindungen herstellen zwischen Vergangenheit und Zukunft, um der Gegenwart einen Platz im großen Geschehen zu geben. Die politischen Mythen, Gründungs- und Orientierungsmythen sowie Nationalmythen, bringen das Selbstbewusstsein eines politischen Verbandes zum Ausdruck, in unserem Falle des kulturell und ideell bestimmten Verbandes der Hellenen[23]. Und der Gegner muß stark sein! Der von Homer beschriebene Kampf um Troia war eine solche große Erzählung, und die Konzeptionen der ersten historischen Meisterwerke, die zugleich den Anfang der kritischen Geschichtsschreibung repräsentieren, die Werke des Herodot und Thukydides, entsprechen genau dieser Analyse. Die Griechen haben mit der Pflege der frühen Mythen die heroische Vergangenheit zum leuchtenden Vorbild erhoben, die ungebrochene Erinnerung an das glanzvolle Ereignis der Eroberung Troias beständiger Pflege anvertraut. Eben deshalb wurde der Troia-Mythos, losgelöst von der Bindung an konkrete Ereignisse, während des ganzen griechisch-römischen Altertums auch zum allgemeinen und unveräußerlichen Bildungsgut. Der Mythos über Troia habe Einheit gestiftet, habe den Griechen als im Kern wahr gegolten und sei als ein Ereignis, an dem alle teilgenommen hatten, älteste griechische Geschichte gewesen[24].

Und wenn, wie wir uns das vorstellen, die Griechen den Kampf um Troia verloren haben? Wir werden über die Folgen nachdenken müssen!

Jedenfalls ist die Konfrontation zwischen West und Ost, Griechen und Barbaren, der Inhalt der Ilias. Das Epos steht mit dem Frauenraub, also dem Raub der Helena, der Gattin des Menelaos, des mächtigen Königs der Lakedaimonier, durch den Troianer Paris, ganz in der Tradition der, sagen wir, ritterlichen Gesellschaft; aber mit dem Entschluß der Griechen, diesen Zwischenfall zum Anlaß für gemeinsames Handeln und die Belagerung einer Stadt, also zum Krieg in der Trägerschaft

---

22 Herodot, Historien 1, 4.
23 Herfried Münkler, Mythischer Zauber, in: Frankfurter Allgemeine Zeitung vom 10. August 2010, Nr. 183, S. 8; ders., Die Deutschen und ihre Mythen, Berlin 2009. Die Einleitung (S. 9–30) dient der allgemeinen Erörterung des Themas Mythos. Vgl. auch S. 86f. über die Aufrichtung eines Gegensatzes zwischen Troia-Mythos und den deutschen (nationalen) Mythen im 19. Jh.
24 Hermann Strasburger, Homer und die Geschichtsschreibung, in: Studien zur Alten Geschichte, Bd. 2, hrsg. von Walter Schmitthenner und Renate Zoepffel, Hildesheim/New York 1982, S. 1060–1064. Zur Einheit stiftenden Funktion des Troia-Mythos ebenda S. 711.

einer sich als Einheit verstehenden Gemeinschaft, der Gemeinschaft der Hellenen zu machen, in einer neuen Zeit. Frauenraub war in einer ritterlich organisierten Gesellschaft gleichsam standesgemäßes Handeln. Aber schon auf dem Schild des Achill, dessen Beschreibung ebenfalls Teil des homerischen Epos ist, wird der kriegerische Konflikt zwischen Staaten anders bestimmt, nämlich als Belagerung einer Stadt, damit eines staatlichen Zentrums, durch ein feindliches Heer, wo sich also Verteidiger und Belagerer, Truppenverbände, gegenüberstehen.

Abb. 1: Modellansicht von Troia

Es geht hier nicht um Diskussionen über Lokalisierung, Größe und Bedeutung Troias. Das heißt, wir befassen uns nicht mit der durch Manfred Korfmann, Joachim Latacz und Raoul Schrott aufs Heftigste entfachten Troia-Diskussion mit ihren fehlgeleiteten Interpretationen und, was auch für Raoul Schrott gilt, unhaltbaren Ergebnissen[25]. Daß der zentrale Inhalt der Ilias, der Kampf um Troia und dessen Erorberung durch die Griechen selbst eine historische und literarische Fiktion ist, steht auf einem anderen Blatt. Wir nehmen die Ilias so, wie die Griechen sie verstanden und zur idealisierten Konstituierung ihrer Frühzeit verwendeten: als historisches Ereignis von hohem Rang, als ein prägendes Stück griechischer Frühgeschichte. Alle sonst zu diskutierenden Probleme hat Frank Kolb in seinem 2010 erschienenen Buch ‚Tatort <Troia>' in eindrucksvoller und vorbildlicher Weise ausführlich und mit kritischem Urteil behandelt[26]. Ausgangspunkt ist also der Befund bei Homer. Nehmen wir die Ilias, so zogen die vereinigten Griechen gegen eine bevölkerungsreiche befestigte Stadt. Das musste in der Erinnerung, wie sie

---

25 Vgl. Anm. 24.
26 Frank Kolb, Tatort >Troia<. Geschichte, Mythen, Politik, Paderborn 2010. Eine einleitende Übersicht zu den kritischen Untersuchungen und Wertungen, die dem Buch einen hohen Rang verleihen, S. 14–18; zu Raoul Schrott vor allem S. 108–114.

sich herausbildete und gepflegt wurde, auch so sein; denn nur unter diesen Voraussetzungen konnte das Ereignis Identität und ein Bewusstsein von Gemeinsamkeit stiften. In den Perserkriegen von 481/479 v. Chr. war es auch der übermächtige Gegner aus dem Osten, der die Griechen des Mutterlandes zu gemeinsamem Handeln zusammenführte. Wir wollen das noch einmal herausstellen: Homer, und ebenso der etwas jüngere Dichter Hesiod, also gleich die ersten Vertreter griechischer literarischer Schriftlichkeit, Homer aber mit viel stärkerer und wirkungsvollerer Aussagekraft, bezeugen für ihre Zeit ein nationales hellenisches Bewusstsein. Homer tut dies an herausgehobener Stelle, nämlich im sogenannten ‚Schiffskatalog' (Buch 2 der Ilias), welcher eine Beschreibung des archaischen Griechenland enthält[27], und vermittelt somit die Vorstellung, dass der von ihm beschriebene erste Krieg zwischen Griechen und Barbaren ein nationales Unternehmen aller Griechen gewesen ist. Beide Dichter verwenden auch an jeweils einer Stelle den Begriff ‚Panhellenes', ‚Alle Hellenen'[28]. ‚Panhellenes' beziehungsweise ‚hoi Hellenes' ‚Alle Hellenen' nannten sich auch die Staaten des Mutterlandes und der Ägäischen Inselwelt, die sich 481 in einem Bündnis gegen die Perser zusammenschlossen[29]. Der Troia-Mythos stiftete Einheit. Man stützte sich im Zeichen der Integration auf eine Überlieferung, welche als gemeinsame Erinnerung staatlich getrennter Teile verstanden wurde. Die zentrale Erinnerungsfigur ist, wie Jan Assmann hervorhebt, die Geschichte einer Koalition, welche einen panhellenischen Zusammenschluß gegen einen Feind im Osten darstellte. In diesem Sinne diente die Ilias als „Kodifikation der Erinnerung"[30]. Um es noch einmal zu wiederholen: Die von Homer beschriebene Gesellschaftsformation ist die eine Seite, die gemeingriechischen, panhellenischen Anklänge sind die andere Seite, welcher hier die größere Bedeutung zukommt, weil sie das traditionsbildende und ideologieformende Element darstellt. Auf ein solches, in die gemeinsame Erinnerung eingegangenes Erlebnis konnte und, wir können sagen, wollte man unter keinen Umständen verzichten.

Allerdings hängen Gesellschaft und gemeingriechische Grundstimmung insofern zusammen als die Ilias einerseits das Ende der Heldenepik als einer lebendigen mündlichen Tradition markiert, das Ende des ritterlichen Lebensstiles, damit einer Lebensform, welche als ritterlich aristokratisch, kriegerisch und individualistisch umschrieben werden kann, anderseits aber eine Umbruchssituation aufscheinen lässt, nämlich die sich herausbildende Polis-Gesellschaft, der, wir wollen das einmal so vermuten, ein gemeingriechisches Zusammengehörigkeitsgefühl nahegebracht werden sollte. Kann der mächtige, einen ritterlichen Lebensstil pflegende

---

27 Zum Schiffskatalog vgl. Adalberto Giovannini, Les relations entre États dans la Grèce antique, Historia Einzelschriften 193, Stuttgart 2007, S. 26f., 60, 123, 419f.
28 Homer, Ilias 2, 530; Hesiod, Werke und Tage 528 und 653.
29 Zum Beispiel Herodot, Historien 7, 145. 148; 8,1.
30 Jan Assmann, Das kulturelle Gedächtnis. Schrift, Erinnerung und politische Identität in frühen Hochkulturen, 5. Aufl., München 2005, S. 273.

Gutsbesitzer als individualistisch umschrieben werden, so gilt dasselbe auch für die neuen Polis-Gemeinschaften, mit dem Unterschied, dass das individualistische Gepräge einer Masse als in hohem Grad eigenwillig und dem übergreifenden Gemeinsinn zuwiderlaufend eingestuft werden kann. Zumal erstarkende Siedlungseinheiten neigen dazu, die Leistung der einzelnen Bürgergemeinschaft gegenüber gemeinsamen, das heißt gesamtgriechischen Anstrengungen zu überhöhen, wie man das am Athen des 5. Jahrhunderts und der verhängnisvollen Wirkung beispielsweise des Marathon-Mythos beobachten kann, welcher eine rücksichtslose, einzig auf Athen bezogene Machtpolitik in Gang setzte. Da geht es um Vorgänge, welche weniger auf rationaler, vielmehr auf emotionaler Ebene erfasst werden können[31].

Erinnerung bedarf der Trägerschaft. Es geht um eine Perspektive des historischen Gedächtnisses, welche nach Wolfgang E. J. Weber abzielt „einerseits auf die Arten und Formen, in denen sie [die historischen Zustände und Begebenheiten] die jeweiligen Zeitgenossen von den Unterschichten bis zu den Eliten erlebt und gesehen haben, und andererseits auf die Weisen, Formen und Mittel, über die diese Erlebnisse und Erfahrungen an die nachfolgenden Generationen tradiert und wirksam gemacht wurden[32]." Die Erinnerung an den Troianischen Krieg wurde von einem Mitglied der damaligen Elite, also der des 8. Jahrhunderts v. Chr., verschriftlicht und von, nennen wir sie Erinnerungseliten, weitergetragen. Die Form der Trägerschaft, die wir als Erinnerungsmasse bezeichnen können, entsteht erst mit der Ausbildung der Städte und der stetig sich auf demokratische Teilhabe am Gemeinwesen hin entwickelnden Stadtverfassung. Dann erfasst die Erinnerungskultur je nach Beschaffenheit und Bedeutung des weit oder kurz zurückliegenden historischen Ereignisses sowie je nach Bedarf auch die Masse der Bürger.

Was hängt nicht sonst noch alles am Troia-Mythos, ganz zu schweigen von der fruchtbaren geschichtsbildenden und kulturellen Ausbreitung, die er erfahren hat! Unter den sagenhaften Berichten über Roms Gründung ist der von Aeneas, dem edlen Troianer, der zum Städtegründer in Latium geworden sein soll, einer der angesehensten. Horaz und Vergil – Aeneas als Ahnherr der Römer, der nach dem Untergang seiner Vaterstadt Troia die Bilder der heimischen Götter rettet und mit einer Schar Überlebender die brennende Stadt verlässt, um nach dem Willen der Götter den für eine neue Ansiedlung verheißenen Ort zu suchen. Das heißt doch,

---

31 Thukydides schrieb gegen den panhellenischen Mythos, der durch die Perserkriege belebt worden war, und stellte diesem den auf Athens Macht und Stärke bezogenen Mythos gegenüber – oder sagen wir: er analysiert und bewertet diesen politisch und kulturgeschichtlich denkwürdigen Vorgang.

32 Wolfgang E. J. Weber, Kröte Klio. Kritische Bemerkungen zur gegenwärtigen Lage der deutschen Geschichtswissenschaft, in: Ders., Die Lehre von der Herrschaft. Voraussetzungen, Erscheinungsformen und Wirkungen frühneuzeitlicher Polkitikdiskurse, hrsg. von Johannes Burkhardt und Stefan Paulus, Augsburg 2010, S. 254f.

dass in der römischen Erinnerungskultur ein Feind der Griechen an entscheidender Stelle, nämlich in den Anfängen des zu überragender Größe berufenen Rom, eine herausgehobene Rolle gespielt hat. Oder lesen wir nur im Inhaltsverzeichnis eines im Anschluß an die Troia-Ausstellung von 2001 im Jahre 2003 erschienenen Sammelbandes: „*Troia ist überall*. Der wirkungsmächtigste Mythos und seine Rezeption in der abendländischen Kulturgeschichte im 20. Jahrhundert in Theater, Literatur und Kunst"[33] – „Troia bei Lucas Cranach d. Ä." – „Troianische Helden in deutschen Barockschlössern" – „Troia in Thüringen. Herbort von Fritzlar und sein *Liet von Troye*". Bei Herbort von Fritzlar (12. Jahrhundert) ist Aeneas ein troianischer Unterhändler, der als Sprecher einer nach Frieden strebenden Gruppierung den Krieg beenden will und den Griechen einen Vergleich vorschlägt.

Abb. 2: Grabungsansicht mit den von Schliemann ausgehobenen Gräben, 1881

Die Griechen haben den Kampf um Troia zum zentralen politischen Mythos erhoben. Was sind politische Mythen und was wollen sie bewirken? Der Historiker und Mythenforscher Herfried Münkler hat die Kriterien zusammengestellt. Fast alle lassen sich auf die Ilias, welche bekanntlich den Kampf um Troia dokumentiert, anwenden: die Funktion als sinnstiftende und orientierende Erzählung von gemeinsamen Ursprüngen und geschichtlichen Wendepunkten – „Bedeutungsinvestition in

---

33 So der Titel von Gerd Biegels Beitrag in diesem Sammelband: Hans-Joachim Behr, Gerd Biegel, Helmut Castritius (Hrsg.), Troia – Traum und Wirklichkeit. Ein Mythos in Geschichte und Rezeption, Braunschweig 2003, S. 68–85.

die Vergangenheit [...]", die sich in Gegenwart und Zukunft auszahle – der Vorrang der Bedeutsamkeit gegenüber der Wahrheit – die Unwiderlegbarkeit – das gefeit Sein gegen jegliches Veralten sowie die Brückenfunktion zwischen Vergangenheit und jeweiliger Gegenwart, wo Vergangenes nicht als etwas präsentiert wird, was nur der Vergangenheit angehört[34]. Wenn man dies bedenkt, möchte man meinen, dass man auf Troia nicht verzichten kann, also ein Scheitern der Griechen undenkbar ist, das heißt gar nicht gedacht werden darf. Was heißt, nicht gedacht werden darf? Im fiktionalen Zusammenhang sind alle Ereignisse gleichwertig. Man kann sie sich als nicht geschehen vorstellen; ohne dass dabei der Verlauf der Geschichte grundsätzlich verändert wird. Das geschieht im Rahmen der Ereignisgeschichte. Anders der politische Mythos! Auf ihn können ein Volk oder eine Gemeinschaft nicht verzichten. Ein diachroner Blick auf die Weltgeschichte genügt als Beweis. Was wir damit sagen wollen: Wenn es eines politischen Orientierungsmythos bedurfte, was als sicher gelten darf, vergleichbar dem Sturm auf die Bastille 1789 in Frankreich oder dem Unabhängigkeitskrieg in Nordamerika, dann musste ein großes Ereignis am Anfang stehen, eben ein Ereignis wie der Troianische Krieg. Nach unserer Vorstellung nur eben nicht der *Troianische* Krieg., nicht der Untergang von Troia. Die im 8. und 7. Jahrhundert v. Chr. sich herausbildende Gemeinschaft der Griechen bedurfte, auch wenn sie nicht primär politisch, sondern kulturell und verhaltensethisch bestimmt war, dieses verbindenden Elementes – ganz gleich, ob es nun ein Kampf um Troia oder um eine andere Stadt war oder ein anderes prägendes und heroisches Ereignis.

Anderseits müsste man aber auch mit einer Niederlage der Griechen, genau gesagt mit dem Scheitern der Griechen an der Eroberung der Stadt, auf den Troianischen Krieg nicht verzichten. Die Griechen hatten viele Troianer getötet. Hektor, des Königs Priamos ältester und tapferster Sohn, war unter den Toten. Man hatte grausame Rache geübt. Wäre das nicht genug Stoff für ein Heldenepos gewesen? Allerdings mit dem Makel behaftet, dass die feindliche Stadt nicht hat besetzt und zerstört werden können, worauf es nach dem zeitgemäßen Verständnis zweifellos ankam. Und noch etwas: Niederlagen lassen sich nicht umdeuten, wenn sie der Angreifer erlitten hat. Anders der Verteidiger, wie das Beispiel der Schlacht auf dem Amselfeld (1389) anschaulich macht, wonach zwar die Serben vom Heer der Osmanen besiegt wurden, sich aber fortan als Verteidiger des christlichen Europa gegen die Gefahr aus dem Osten darstellten und somit der Niederlage eine heroische Weihe verliehen. Noch 1989 hat der damalige Serbenführer, Slobodan Milošević, das Ereignis des Mittelalters aktualisiert, um Herzen, Sinne und Gefühle zu mobilisieren. Hier können wir also nicht mit einem Vergleich ansetzen.

Lassen wir noch einmal die geschichtsbildende Kraft des Troianischen Krieges an uns vorüberziehen! An der Größe dieses Krieges maßen die griechischen

---

34 Herfried Münkler, Die Mythen vom Kampf gegen Rom, in: zur debatte. Themen der katholischen Akademie in Bayern, Heft 7/2011, S. 13f.

Historiker die Größe späterer Kriege. Besonders denkwürdige Taten gab es nach ihrem Urteil bis zum Ende des 5. Jahrhunderts v. Chr. nur drei: den Troianischen Krieg, die Perserkriege und den Peloponnesischen Krieg. Die Auffassung der Griechen von Wettkampf, Krieg, Arbeit und Spiel, ihre Auffassung von Tapferkeit, Opferbereitschaft, Heldentum, vom Wettstreit auch in geistigen Leistungen, ihre Auffassung vom Kampf um Städte und deren Eroberung als Kristallisationspunkte historischer Wirklichkeit sowie Paradigmata der Leidensfülle orientierte sich am Troianischen Krieg. Wenn aber die Griechen Troia nicht erobern konnten, wüssten wir überhaupt etwas von Troia? Kaum! Wenn anderseits die Erinnerung an die Frühzeit nicht denkbar ist ohne einen politischen Orientierungsmythos, der den Gegensatz Ost – West, Orient – Okzident sowie ein die Einheit symbolisierendes Griechenheer zum Inhalt haben musste, dann gibt es nur einen Ausweg: Die fahrenden Sänger, die von den Heldentaten der Frühzeit kündeten und denen daran lag, die Griechen jener fernen Zeit als Gemeinschaft darzustellen, müssten ein anderes Identität formendes Schlüsselereignis besungen haben, das die Vorlage für ein Heldenepos bildete. Vielleicht hätte Raoul Schrott dann mehr Glück gehabt mit seiner These, Homer sei ein Schreiber in assyrischen Diensten gewesen, Vorlage für die Ilias seien Feldzüge der Assyrer gegen aufständische Kilikier, Ort der Belagerung sei die 676 v. Chr. zerstörte kilikische Festung Karatepe gewesen, in Kilikien finde man das Zentrum griechisch-orientalischer kultureller Kontakte. Nein, die These taugt auch unter veränderten Voraussetzungen nicht, um die Entstehung griechischer Identität und griechischer Erinnerung mit einer kriegerischen Großtat zu verbinden.

Die Griechen verlieren die Seeschlacht von Salamis (480 v. Chr.)

Salamis 480 v. Chr., die vereinigten Griechen siegreich gegen die persische Flotte – Actium 31 v. Chr., der spätere Kaiser Augustus siegreich gegen M. Antonius, seinen Rivalen um die Vorherrschaft im Römischen Reich – Lepanto 1571, Don Juan de Austria, Admiral der spanischen Flotte, Sieger über die Türken – Seeschlachten, welche Weltgeschichte schrieben. Und jedesmal markierten Abgrenzung und Frontstellung zwischen Asien und Europa, Orient und Abendland den historischen Rahmen.

Athens Sieg über das persische Expeditionsheer bei Marathon 490 v. Chr. sowie die Perserkriege von 481/479 v. Chr., die mit der erfolgreichen Abwehr des persischen Angriffs auf Griechenland endeten und das Ziel der Perserkönige vereitelten, Griechenland zu unterwerfen, abhängig und tributpflichtig zu machen, hatten eine außerordentlich starke Nachwirkung. Sie haben einerseits Athens Aufstieg eingeleitet, seinem Machttrieb und Selbstbewusstsein die ideologische Grundlage gegeben, sie waren andersseits der Hintergrund für das Streben nach innergriechischer Einheit (unter der Führung Athens oder Spartas oder garantiert durch den Machtausgleich beider?), dauerhafter Aussöhnung und Konzentration der Kräfte auf die Abwehr äußerer Gefahren. Immer wieder wurden sie als Widerstand gegen Gefahren aus dem Osten, das heißt Asien, oder, noch nach Jahrhunderten, als Symbol der Freiheit und des heldenhaften Einsatzes für das Vaterland idealisiert, zuletzt mit besonderem Nachdruck und lang anhaltender Wirkung während des Erstarkens des deutschen Nationalstaates sowie im Rahmen der humanistischen Bildung. Als Herodot um 430/420 v. Chr. seine Geschichte der Perserkriege schrieb, hatten jedoch die innergriechischen Gegensätze längst schon wieder die Oberhand und einen neuen Höhepunkt erreicht. Der Peloponnesische Krieg stand bevor oder hatte bereits begonnen. Die Zeit, da die militärisch stärksten und einflussreichsten Staaten des Mutterlandes sich zur Verteidigung im Hellenenbund zusammenfanden und als politische und militärische Einheit vorbildhaft handelten, war längst Vergangenheit und konnte nur durch das Medium der Geschichtsschreibung beschworen werden!

Den Gegensatz Asien – Europa hat Herodot bereits in den einleitenden Kapiteln seiner Universalgeschichte, wo von den mythischen Vorzeiten die Rede ist, stilisiert. Seit dem Troianischen Krieg, der selbst ein Beispiel für die Frontstellung zwischen Asien und Europa gewesen sei, hätten, so die von Herodot referierte Ansicht der Perser, die in Asien alles Hellenische als Feind angesehen[35]. Mit den Planungen des großen Rache- und Eroberungszuges durch König Xerxes hat Herodot stets

---

35 Herodot, Historien 1, 4.

die Eroberung Europas als Ziel des persischen Feldzuges herausgestellt, wobei er Europa sowohl synonym für Hellas verwendet als auch auf den ganzen Kontinent bezieht, dessen wirkliche Ausdehnung er allerdings nicht kannte, von dem er aber eine Vorstellung hatte wie etwa die, dass der Ister (die Donau) durch ganz Europa fließe[36].

Abb. 3: Triere, Großkampfschiff der Athener, das vom 6. bis zum 3. Jahrhundert v. Chr. das wichtigste Kriegsschiff im Mittelmeerraum war. (Abb. eines Nachbaus)

Wir gehen, was die Perserkriege betrifft, von anderen Voraussetzungen aus, nämlich von einer Niederlage der vereinigten Griechen in der Seeschlacht von Salamis und damit vom Zusammenbruch des griechischen Widerstandes, der Eroberung ganz Griechenlands durch die persische Armee und der Einrichtung einer neuen Satrapie (Provinz) unter dem Namen ‚Hellas'. Die Folgen? Kein aus den Perserkriegen hervorgegangenes Bündnis-System – kein ständig anwachsender Dualismus zwischen Athen und Sparta – kein aus diesem Dualismus und aus der Rivalität der Führungsmächte hervorgegangener Leidensweg der griechischen Welt, der damit endete, dass kein griechischer Staat mehr die Kraft hatte, als Ordnungsmacht stabilisierend einzugreifen – keine wechselnden Koalitionen und Konfrontationen – kein Peloponnesischer Krieg – keine Rivalitäten um die Vormacht in Griechenland – kein Ausgreifen der panhellenischen Idee – keine Entwicklung zur vollen Demokratie, vielmehr überall Aristokratenherrschaft oder Stadtregiment eines Einzelnen unter der Oberhoheit und mit Zustimmung des Perserkönigs – kein Erblühen Athens zur Kunst- und Literaturmetropole und zur schönsten Stadt der griechischen Welt – kein Neubau des Athena-Tempels auf der Akropolis – keine

---

36 Herodot, ebenda 2, 33 und 4, 49.

Tragödie des Aischylos über die Niederlage der Perser bei Salamis – keine Komödien des Aristophanes, weil es ohne Demokratie im politischen Leben nichts zu lachen gab – keine Darstellung der Perserkriege aus der Feder des Herodot, dessen Universalgeschichte, konzipiert auf dem Hintergrund der Auseinandersetzungen zwischen Asien und Europa, nur geschrieben werden konnte unter dem Eindruck eines Sieges der Griechen und ihres Freiheitsgedankens über die Zwangsherrschaft der Perser – keine historische Bearbeitung des Peloponnesischen Krieges durch Thukydides, also keine Grundlegung der wissenschaftlichen Geschichtsschreibung in Europa – keine panhellenischen Wettspiele mehr, also keine Olympischen Spiele, keine Isthmien auf der Meerenge von Korinth, keine Nemeen in Argos, keine Pythien am Fuß des Parnassos-Gebirges, weil keine Veranstaltung das gesamtgriechische Gemeinschaftsgefühl wach halten durfte und jede Ansammlung von Menschen, die panhellenischen Idealen dienen konnte, dem Herrschaftsanspruch der neuen Machthaber als konspirative Verschwörung verdächtig sein mußte! Also Grabesruhe, politischer, kultureller und geistiger Stillstand? Weitgehend! Auch wirtschaftlicher Stillstand? Nein; aber keine ungehinderte Entfaltung! Verbot der Kulte? Nein! Aber änderte dies etwas am allgemeinen Stillstand und dem Absinken in die Unfreiheit, die durch Heeresfolge, Tributpflichtigkeit und Anerkennung eines absolut regierenden Oberherrn gegeben waren?

Wir müssen diesen Gedanken nachgehen. Aber schauen wir zunächst auf die Verhältnisse in Griechenland vor der Schlacht bei Salamis! Die im Hellenenbund vereinigten Griechen hatten sich 481 v. Chr. eidlich verpflichtet, sich nicht kampflos dem Perserkönig zu unterwerfen, sondern die Heimat zu verteidigen. Athener und Lakedaimonier hatten bereits vorher die Boten der Perser abgewiesen, welche im Namen des Königs Erde und Wasser, die Zeichen der Unterwerfung, forderten[37]. Trotzdem waren sich die Beteiligten uneins, wie und wo man sich verteidigen solle. Die ersten Versuche, die Angreifer aufzuhalten, scheiterten im Hochsommer 480: die griechische Flotte zog sich vom Kap Artemision am Nordende Euboeas zurück, wo sie hartnäckig und verlustreich gegen die persische Flotte gekämpft hatte, nachdem die Verteidiger des Engpasses an den Thermopylen völlig aufgerieben worden waren und das persische Heer ungehindert nach Mittelgriechenland einfallen konnte. Auf seinem Vormarsch zerstörte es Städte und Dörfer. Nur Theben, das sich der vollen Unterstützung der vereinigten Griechen verweigert hatte, und Delphi, das sich perserfreundlich zeigte, blieben verschont. Diese Niederlagen und Rückschläge ließen die Uneinigkeit unter den griechischen Heerführern erneut und heftig aufflammen, wobei zum Nachteil einer sachlichen Diskussion immer wieder aus der Vergangenheit mitgetragene Vorurteile und Abneigungen, etwa der Korinther gegen die Athener, ins Spiel gebracht wurden. Die Peloponnesier drängten zum Rückzug auf den Isthmos von Korinth, wo sie einen Verteidigungswall

---

37 Herodot, ebenda 6, 48f.; 7, 32 und 132f.

anlegen wollten[38]. Das entsprach traditionellen Vorstellungen; denn ihr strategisches Planen war schon immer ausschließlich auf die Peloponnes gerichtet, was vor allem für die peloponnesische Führungsmacht, die Lakedaimonier, galt. Einzig die Athener setzten alles auf eine Karte. Sie räumten ihre Stadt, brachten Frauen, Kinder und alte Leute in Sicherheit und ließen nur auf der Akropolis eine Besatzung zurück, die aber gegen die Perser nichts ausrichten konnte und völlig aufgerieben wurde[39]. Im Streit um die richtige Strategie setzte sich schließlich ihr Flottenführer Themistokles gegen alle Widerstände der Peloponnesier, welche nur den Rückzug im Sinn hatten, mit seinem Plan durch, auf die Kampfkraft der Flotte zu vertrauen und den Gegner in der Meerenge von Salamis zu erwarten[40]. An einen Erfolg des Landheeres glaubte niemand bei den Griechen, die Peloponnesier allerdings hielten auch eine erfolgreiche Verteidigung zur See für höchst unwahrscheinlich und wiegten sich in der Illusion, die Peloponnes durch Mauer und Wall auf der Landenge von Korinth schützen zu können[41].

Abb. 4: Beisetzung eines Kriegers. Rotfiguriger Krater, um 500 v. Chr. (Ausschnitt)

38 Herodot, ebenda 8, 49; über neuerliche Beratungen 8, 71–73.
39 Herodot, ebenda 8, 50–54.
40 Herodot, ebenda 8, 49; 56–64; 70; 74–83 (List des Themistokles und Beginn der Schlacht).
41 Herodot, ebenda 8, 71–73.

Mit ihrer Einschätzung der Chancen behielten, wie wir uns das vorstellen, die Peloponnesier recht. Die Schlacht bei Salamis ging verloren. Die brüchige Einheit wurde nicht weiter auf die Probe gestellt. Der siegreiche Großkönig, Xerxes, veranstaltete eine Siegesparade. Er ließ Tropaia, Zeichen des militärischen Erfolges, aus erbeuteten attischen und korinthischen Schiffsschnäbeln aufstellen. Boten überbrachten der Mutter des Königs, Atossa, die Nachricht vom Sieg, deren Begeisterung keine Grenzen kannte, hatte doch ihr Sohn die Schande von Marathon getilgt und die Athener, von denen man sagte, sie wollten keines Menschen Sklaven sein und keinem fremden Manne untertan, botmäßig gemacht[42].

Beide Seiten, die persische und die griechische, haben die Schlacht bei Salamis zu einem Schlüsselereignis stilisiert. Die Perser waren überzeugt, ganz Hellas werde ihnen untertan, wenn sie nur Athen eroberten und die Seeschlacht, mit der sie Rache nehmen wollten an den Griechen, insbesondere an den Athenern, für die Niederlage von Marathon, gewännen. Xerxes hatte seinen Thron auf hohem Hügel nahe dem Meer aufgestellt, um das Geschehen aus nächster Nähe beobachten zu können. Auf griechischer Seite war es vor allem der athenische Flottenbefehlshaber Themistokles, der die vereinigten Griechen davon überzeugte, dass in ihrer Hand die Rettung von Hellas liege, wenn sie die jetzt eingenommene Stellung nicht aufgäben und von dem Gedanken abließen, zum Isthmos zu fahren[43]. Trotzdem blieb der Erfolg aus. Der griechische Widerstand brach rasch zusammen, die noch verbliebenen Schiffe fuhren, so weit das noch möglich war, in ihre Heimathäfen, die schon eroberten Städte mussten die Schiffe ausliefern oder zerstören. Das persische Landheer zog über die Peloponnes und brachte alle Staaten unter seine Gewalt. Auch die Lakedaimonier ergaben sich, da ihnen nach der schweren Niederlage an den Thermopylen die Wehrkraft fehlte, eine wirksame Verteidigung zu organisieren. Ohnehin war das aristokratisch orientierte und den Aufstieg Athens argwöhnisch beobachtende Sparta geneigt, sich zu günstigen Bedingungen zu arrangieren.

Wie ging es weiter in Griechenland? Die Griechen des Mutterlandes waren fortan zu Tributzahlungen und zur Heeresfolge verpflichtet, Zeichen der Unterwerfung unter die Oberhoheit des Perserkönigs, aus Sicht der Griechen Zeichen der Unfreiheit, ja geradezu der Versklavung. Besonders hart trafen die Maßnahmen der Besatzungsmacht die Athener. Nicht nur war nicht daran zu denken, den zerstörten Tempel der Stadtgöttin Athene auf dem Burgberg wieder aufzubauen, sie mussten es auch ertragen, dass auf der Akropolis eine Kultstätte für den höchsten persischen Gott, für Ahuramazda, errichtet wurde und der persische Satrap, der Statthalter, dort seinen Sitz nahm. Die Perser wollten den Athenern nachdrücklich und unnachsichtig vor Augen halten, wer fortan Herr in Griechenland war, hatten doch die Athener damals unter Dareios die persischen Boten, welche Erde

---

42 Aischylos, Perser 241f. (dort bezogen auf alle Hellenen des Mutterlandes).
43 Vgl. Anm. 35 und 38.

und Wasser als Zeichen der freiwilligen Unterwerfung forderten, getötet[44], die Perserfreunde aus der Stadt vertrieben, das Heer des Königs bei Marathon besiegt und wie kein zweiter griechischer Staat den militärischen und politischen Widerstand organisiert. Für die attische Demokratie, wie sie sich seit Kleisthenes so vorteilhaft und erfolgreich entwickelt hatte, bedeutete der verlorene Krieg einen herben Einschnitt. Die Perser duldeten kein Fortschreiten demokratischer Verfassungsformen, sondern förderten und begünstigten überall die aristokratischen Eliten. Besonders gelitten waren Stadtherren, im Verständnis der Demokraten die Tyrannen, weil sie getragen von der Gunst des Oberherrn regierten und sich am besten auf dessen Erwartungen einstellten. So lag es beispielsweise nahe, die an den Perserhof geflüchteten Peisistratiden, die im 6. Jahrhundert etwa fünfzig Jahre in Athen regiert hatten und 510 vertrieben worden waren, wieder als Stadtherren in Athen einzusetzen. Die Athener mussten sich notgedrungen fügen.

Wie auch sonst im Perserreich waren wirtschaftliche Betätigung und Handel frei. Wir können uns, um ein realistisches Bild zu zeichnen, an das halten, was aus der Zeit bis zu den Perserkriegen bekannt ist und etwa die Griechen in Kleinasien betraf. Dasselbe galt für Kultwesen und kulturelle Aktivitäten, soweit sie nicht auf die Verherrlichung einer einzelnen Stadt oder der griechischen Identität hinausliefen. Überhaupt legte sich eine Art Gleichheit über das ganze Mutterland, weil kein Raum mehr war für individuelle Entfaltung und Aufstieg. Alles, was einer einzelnen Polis Glanz, Erhabenheit und ideellen Ruhm, sei es durch herausragende Architektur oder Erzeugnisse der bildenden Kunst und Literatur, hätte verleihen können, war unterbunden.

Es fehlte der Schwung, den Freiheit und Aufstieg zumal nach großen Erfolgen verleihen. Besonders schmerzlich wird man vermerken, dass die Griechen nicht über die Vorstufen zur Geschichtsschreibung hinausgelangen konnten und nur die Anfänge, die Hekataios von Milet mit seinen geographischen und ethnographischen Erkundungen gegeben hatte, weiterführten. Es fehlte das Ereignis von außerordentlicher Größe, wie es der Krieg zwischen Hellenen und Barbaren im Falle eines griechischen Erfolges hätte sein können; und ebenso fehlte das Erleben grenzenlosen Leidens der griechischen Welt sowie der Totalität des Krieges, wie sie der Peloponnesische Krieg über die Griechen brachte. Es fehlte der Anstoß zu einer epochalen Innovation. Niederlagen, Rückschläge, Abhängigkeit vermögen nicht den kreativen Impuls zu geben, dessen es zur Einleitung von geistigen und intellektuellen Fortschritten bedarf, und sie eignen sich nicht zur heroischen Überhöhung ideeller Leistungen und Identität stiftender Erlebnisse, die seit Homers Epen den Sinn der historischen Darstellung ausmacht. Aber gab es nicht den Sieg der Athener bei Marathon 490 v. Chr.? Dieser zunächst so beflügelnde und wirkungsmächtige Erfolg verblasste angesichts der Niederlage in

---

44 Vgl. Anm. 34.

der entscheidenden Phase der Verteidigung, wo die Wende von Verteidigung zu Angriff nicht gelang!

Ließen die Griechen sich diese Erniedrigung gefallen? Duldeten sie Stillstand und Unterwerfung? Planten und inszenierten sie Aufstände? Konnten sich die Athener ein zweites Mal der Peisistratiden entledigen? Konspirierten die Griechen des Mutterlandes mit den Westgriechen in Unteritalien und auf Sizilien mit dem Ziel, deren ideelle und materielle Unterstützung zu gewinnen? Orientiert man sich auch bei diesen Fragen an den schon eroberten Gebieten, wird man sich der fast beständigen Unruhe im Großreich der Achaimeniden erinnern[45]: Babylonische Aufstände, Ägyptischer Aufstand, Ionischer Aufstand – ehrgeizige Satrapen, die bereit waren, sich gegen den König aufzulehnen – Wirren um die Nachfolge, wie sie aus der Zeit nach dem Tode Artaxerxes I. (465/4–425 v. Chr.) bekannt sind. Zwar war auch Makedonien zum Vasallenstaat herabgedrückt; aber dort konnten personelle und materielle Ressourcen mobilisiert werden, wenn die ohnehin latent oder offen gehegte antipersische Grundstimmung zu stärkender Einheit anschwoll. Es kam dann auf die Bereitschaft zur Führung an, die wir durchaus bei den Makedonen voraussetzen dürfen, zumal der damals regierende König, Alexander I., ein Freund der Griechen war und zu recht den Beinamen Philhellen erhalten hatte.

Ausschließen können wir persische Absichten zur weiteren Eroberung nach Westen. Zu deutlich waren der Aspekt der Rache und der Bestrafung sowie die Vorstellung, die Griechen des Mutterlandes im Wege der Arrondierung des Herrschaftsgebietes in das Imperium einzubeziehen. Wir müssen nicht nachdenken über die Folgen einer Jahrhunderte währenden Perserherrschaft für Kultur und Identitätsbildung in Europa. Spätestens das Ausgreifen Roms hätte der Persermacht ein Ende gesetzt. Aber so weit müssen wir nicht in die Zukunft hineinschauen. Die Perserherrschaft über Griechenland hatte keinen sehr langen Bestand. Freilich haben die griechischen Städte in ihrer kulturellen Entfaltung nur allmählich nachholen können, was ihnen die Perser im 5. Jahrhundert zu schaffen verwehrt hatten. Aufstände unbotmäßiger Satrapen und Thronwirren wie zum Beispiel 404 v. Chr. nach dem Tod Dareios II. ermunterten geradezu die Griechen, sich zu erheben und die Perserherrschaft dauerhaft abzuschütteln. Zwar war die Sorge, neuerlich zum Ziel persischer Rachepläne zu werden, nicht von der Hand zu weisen, solange im Mutterland kein Staat stark genug war, die Funktion einer Ordnungsmacht wahrzunehmen. Erst der Aufstieg Makedoniens nach 360 v. Chr. brachte eine dauerhafte Wende zugunsten der Griechen.

Unser Thema führt uns schließlich zu Fragen grundsätzlicher Natur, die an sich immer gestellt werden können, in unserem Falle aber, weil bereits Erörterungen vorliegen, die ein erneutes Nachdenken geradezu herausfordern: Es geht um die Unterscheidung von *endlosen* und *endlichen* Fiktionen. Alexander Demandt hält das Konzept der ‚ungeschehenen Geschichte' aus verschiedenen Gründen für wichtig.

---

45 Vgl. Alexander Demandt, Ungeschehene Geschichte (wie Anm. 2), S. 73. 83–85. 147.

Unter anderem fördere die Befassung mit ungeschehener Geschichte das Verständnis von Entscheidungssituationen[46]. Diese Einschätzung zieht Gregor Weber in seiner Einführung zu dem von Kai Brodersen herausgegebenen Sammelband über ‚Virtuelle Antike' in Zweifel. Als Beispiel wählt er die Perserkriege: Wenn man eine persische Herrschaft über Griechenland konstruiere, und es folglich keine athenische Demokratie und keinen Attischen Seebund gegeben habe, so komme man dazu, die athenischen Siege in der realen Geschichte hoch einzuschätzen und seine Freude darüber zu äußern, dass es so und nicht anders gekommen sei. Dies erbringe kein vertieftes Verständnis, sondern führe zu dem Wert- oder sogar Vorurteil, dass eine persisch-orientalische Herrschaft die abendländische Kulturentwicklung unmöglich gemacht hätte. Es sei sinnvoller, nach den Gründen und Motiven für eine Entscheidung zu fragen, als den Weg einer Alternative ins ‚Ungeschehene' zu verfolgen[47]. So weit zu gehen, würde auch bedeuten, dass man eine *endlose* Fiktion voraussetzt und überhaupt keine andere Möglichkeit in Erwägung zieht. Dagegen lassen sich unschwer Argumente beibringen: Wie oft war es, ich wiederhole, worauf ich bereits hingewiesen habe und was auch Demandt zu Recht betont, im Perserreich zu Aufständen von Satrapen, Erhebungen ganzer Reichsteile oder Thronwirren gekommen! Umso naheliegender die Vorstellung, die Griechen hätten mit der ganzen Kraft ihres Freiheitsdranges im Zuge eines solchen Ereignisses das persische Joch wieder abgeschüttelt. Eine solche Lösung passte durchaus in den Zusammenhang der uns überlieferten Grundgegebenheiten und deshalb geben wir ihr den Vorzug!

Es gibt aber vom methodischen Vorgehen her noch eine zweite Möglichkeit, die wir in der Einleitung bereits angedeutet haben, derer wir uns hier freilich nicht bedienen müssen: Wenn wir die Ausschnitte aus den großen Geschehensverläufen als Momentaufnahmen betrachten, dann müssen wir den für eine Fiktion entworfenen historischen Augenblick nicht verlängern. Überlassen wir es der Phantasie zurückzufinden!

---

46 Ebenda, Kapitel 2 ‚Zwecke'. Zur Bedeutung von Entscheidungssituationen als den Gelenken der Geschichte S. 25–28.
47 Gregor Weber, Vom Sinn kontrafaktischer Geschichte, in: Kai Brodersen (Hrsg.), Virtuelle Antike. Wendepunkte der Alten Geschichte, Darmstadt 2000, S. 11–23, hier S. 19f.

Hätte der Peloponnesische Krieg mit Perikles gewonnen werden können?

Einer meiner Frankfurter akademischen Lehrer, Otto Voßler, Historiker für neuere und neueste Geschichte, schärfte seinen Studenten ein, ein Historiker dürfe niemals mit 'hätte' und 'wenn' argumentieren. Und jetzt sollen wir darüber nachdenken, ob Athen den Peloponnesischen Krieg hätte gewinnen können, wenn Perikles nicht gleich im zweiten Kriegsjahr einer in Athen wütenden Seuche zum Opfer gefallen wäre. Ganz gegen die doch offenkundig guten Sitten der historischen Wissenschaft! Gegen einen methodischen Grundsatz! Vielleicht doch nicht ganz gegen die Regeln, wenn man bedenkt, daß ein anderer, jüngerer Historiker, der Heidelberger Neuhistoriker Volker Sellin, in seiner Einführung in die Geschichtswissenschaft die Überzeugung äußert (wir haben sie schon in der Einführung herangezogen), nicht so sehr irgendwelche handwerklichen Kenntnisse, sondern vor allem Phantasie und Erfindungskraft seien neben einem kritischen Verstand die wichtigsten Voraussetzungen für jede historische Arbeit. Dann mag es auch gestattet sein, auf der Basis von Quellenbefunden und gesicherten Erkenntnissen einer Fiktion wie der hier als Frage formulierten nachzugehen.

Mit dieser Absicht verbinden sich weiterreichende Fragen: Wäre ein siegreiches Athen ein Unheil für das griechische Mutterland gewesen? Wäre Athen politisch, strukturell und moralisch in der Lage gewesen, in verantwortungsbewußtem Handeln ein Imperium zu errichten und zu führen? Hätten sich der Niedergang der Poliswelt aufhalten, Einfluß und Einmischung der Perser zurückdrängen lassen? Oder wäre die Entwicklung, wie sie sich im 4. Jahrhundert vollzogen hat, in vielleicht etwas abgewandelter Form nur vorweggenommen worden? Man könnte aber auch eine ganz andere Richtung einschlagen und unter anthropologisch geschichtsphilosophischen Vorzeichen nach Athens Glück, nach Wohlstand und schicksalhaftem Wechsel, zumal im Blick auf einen anderen Verlauf des Krieges, fragen. Wie Herodot im Prooemium seines Werkes feststellt, er wolle die großen und kleinen Städte der Menschen in seine Darstellung aufnehmen: denn die Städte, die vormals groß gewesen seien, von denen seien viele klein geworden, und die groß seien zu seiner Zeit, seien früher klein gewesen[48]. Athen war objektiv gesehen nicht 'klein' am Ende des Peloponnesischen Krieges; aber im Verhältnis zu seiner Größe, Schönheit, Macht und überragenden Bedeutung unter Perikles zutiefst von Unglück und Wandel getroffen, also im übertragenen Sinn doch 'klein'!

Wir können später zu einzelnen dieser Fragen zurückkehren. Schauen wir zuerst auf Perikles, der den Mittelpunkt unseres Nachdenkens bildet, auf den Zustand

---

48 Herodot, Historien 1, 5.

Athens und, ganz allgemein, auf die politische und militärische Lage zu Beginn des Peloponnesischen Krieges! Perikles, geschaffen zur Führung des mächtigen Athen in Frieden und Krieg; Athen, geschaffen zur Führung von Hellas? Man könnte meinen, die Überlieferung stimme darin überein, mit Zustimmung zu antworten, wenngleich, was Athen betrifft, die zeitgenössischen Historiker Herodot und Thukydides ihre Wertung auf Grund ihrer Erfahrungen und Beobachtungen mit deutlicher Einschränkung und mit Vorbehalten versehen, weil sie die Gefahren hemmungslosen, durch die Mehrheit des Volkes legitimierten Machtstrebens in ihr Urteil einbezogen haben[49]. Seit etwa 450 v. Chr. war Perikles die überragende Gestalt im politischen Leben Athens, von einer Geistesgröße, welche im krassen Gegensatz zu Machtlust und Verführungskünsten der Demagogen stand, aber auch die Ernsthaften und Gemäßigten sowohl unter den politischen Freunden wie unter den Gegnern weit überragte. Das Urteil des Thukydides reicht jedoch nicht bis zur vollsten Anerkennung. Zwar gesteht er Perikles, wie schon Themistokles, dem großen attischen Strategen der Perserkriege, überragende politische Intelligenz und patriotische Gesinnung zu, nicht aber *arete*, vorbildliche Tugendhaftigkeit und ethische Vollkommenheit, das traditionelle, sittlich geprägte Mannesideal der Griechen[50].

Die Urteilsbildung wird auch dadurch erschwert, daß die Innenpolitik des Perikles Gefahren heraufbeschwor, die während des Krieges durchaus nachteilige, wenn nicht sogar verhängnisvolle Auswirkungen hatten, so etwa der immer radikalere Ausbau der demokratischen Verfassung, der schließlich die niederen Instinkte der Massen freisetzte, und die überaus hohe Belastung der attischen Finanzen durch die ständig gesteigerte öffentliche Bautätigkeit, welche Athen zwar zur prächtigsten Stadt der griechischen Welt aufsteigen ließ, anderseits aber die Stadt daran hinderte, genügend Rücklagen zu bilden, was sich im Kriegsfall angesichts der gewaltigen Kosten für Unterhalt und Bedienung einer ungewöhnlich großen Flotte als nachteilig erweisen mußte. Der Aufstieg der Massen hing nicht zuletzt mit der Ausweitung der städtischen Unterschichten zusammen. Je mehr Bedeutung Athen gewann, je lebhafter sich die Stadt entwickelte, je deutlicher Handel, Gewerbe und Handwerk tägliches Leben und ökonomische Entfaltung bestimmten, je weiter sich Athens Seeherrschaft ausdehnte, desto höher wurde der Anteil der in diesen Arbeitsbereichen tätigen Bürger an der Gesamtbevölkerung und desto einflußreicher wurden sie, desto nachhaltiger wuchsen aber auch Popularität, Beliebtheit und Geltungssucht der im Umgang mit Volksmassen begabten Politiker, ganz gleich,

---

49 Die beste Belehrung zu diesen Fragen finden wir bei Hermann Strasburger, vor allem in den beiden Aufsätzen ‚Herodot und das perikleische Athen' und ‚Thukydides und die politische Selbstdarstellung der Athener', in: Ders., Studien zur Alten Geschichte, hrsg. von Walter Schmitthenner und Renate Zoepffel, Bd. 2, Hildesheim/New York 1982, S. 592–626 und 676–708.

50 Hermann Strasburger, Der Geschichtsbegriff des Thukydides, ebenda S. 777–800 (hier S. 798).

ob von gemäßigter oder radikaler Gesinnung getragen, von Verantwortungsbewußtsein beseelt oder von blindem Ehrgeiz getrieben.

Abb. 5: Akropolis von Athen (Modell)

Perikles stützte sich auf die Volksversammlung. Sie war es, die ihn von 443 v. Chr. an ununterbrochen, das heißt jedes Jahr, bis zu seinem Tode zu einem der zehn Strategen wählte, so daß Thukydides urteilen konnte, Athen sei dem Namen nach eine Demokratie, in Wirklichkeit aber die Herrschaft des ersten Mannes[51]. Das war ungewöhnlich, aber entsprach durchaus demokratischen Regeln. Werden nicht auch in modernen Demokratien erfolgreiche, angesehene und in allen Bevölkerungsschichten geachtete Politiker wiedergewählt, so daß sie zwei, drei Legislaturperioden im Amt und damit 'an der Macht' sind? Perikles war zwar nur einer von zehn Strategen, welche als Kollegium ihre Amtsgewalt ausübten. Aber er hatte eben überragenden Einfluß und erfreute sich einer schier uneingeschränkten Autorität.

Die Volksversammlung zu 'handhaben', ihr gegenüber Selbständigkeit und Führerschaft zu bewahren, war von nicht zu unterschätzender Bedeutung: Sie war zuständig für alle wichtigen äußeren und inneren Angelegenheiten, sie wählte die zehn Strategen, sie entschied über Krieg und Frieden, über militärische

---

51 Thukydides, Der Peloponnesische Krieg 2, 65.

Unternehmungen und Verträge sowie über die finanziellen Aufwendungen des Staates Athen. Die Sitzungen erforderten die physische Präsenz der Bürger – und es fanden häufig Sitzungen statt, etwa vierzig im Laufe eines Jahres. In der Regel versammelten sich 5000 bis 6000 Bürger (die Anwesenheit von mindestens 6000 Bürgern war beispielsweise Voraussetzung für die rechtmäßige Durchführung eines Ostrakismos, des sogenannten Scherbengerichtes auf dem Nymphenhügel, wo ein Pnyx genanntes Halbrund der großen Zahl von Teilnehmern Platz bot. Die Sozialordnung spiegelte sich in unterschiedlicher Weise in der Volksversammlung. Allerdings war es für Kaufleute, Händler und Handwerker sowie für die städtischen Unterschichten leichter, an den Sitzungen teilzunehmen als für die oft weit entfernt wohnende ländliche Bevölkerung[52].

Nehmen wir noch einmal Politik ubd Persönlichkeit des Perikles in den Blick! Der Biograph Plutarch, seine aus zahllosen Quellen gespeisten Politikerbiographien entstanden um 100 n. Chr., rühmt die ernste Denkweise des Perikles, die erhabene Art zu sprechen und das auf Distanz nach allen Seiten bedachte Handeln[53]. Perikles war, so könnte man sagen, der geborene Herrscher; ein Vollblutpolitiker, dem es, wie es Vollblutpolitikern fast immer eigen ist, auch an Schauspielertalent und Ehrgeiz nicht mangelte; aber er war doch ein überzeugter Demokrat, immer in Opposition zur Mehrheit seiner aristokratischen Standesgenossen. Diese Vorliebe für die Demokratie lag in der Familie. Kleisthenes, der sich als kompromißloser und entschiedener Gegner der Stadtherrschaft der Peisistratiden einen Namen gemacht und 508/7 v. Chr. demokratische Reformen durchgesetzt hatte, war ein Vorfahre mütterlicherseits.

Perikles verfolgte seine Politik ehrlich und konsequent, wenn nötig mit Strenge. Im Widerstreit zwischen den aristokratischen und demokratischen Parteiungen, welche schon seit den Perserkriegen um richtungsweisenden Einfluß und Vorrang rivalisierten, wußte er radikale Ausschläge zu verhindern und sowohl die eine wie die andere Seite, vornehmlich aber das zu ungestümen Leidenschaften neigende Volk zu zügeln. Man darf annehmen, daß er sich in den Wechselfällen eines fortschreitenden Krieges nicht hätte täuschen lassen, sich nicht in waghalsige, unbedachte und unwägbare Abenteuer wie zum Beispiel die 415 v. Chr. begonnene Sizilienexpedition gestürzt hätte, sich nicht hätte vom Machtdrang und der Herrschsucht einer von ehrgeizigen, selbstgefälligen und von, sagen wir, attischem 'Nationalismus' getriebenen Demagogen verführten Masse fortreißen lassen. Er

---

52 Eine treffliche, knappe Einführung in die attische Demokratie gibt Chester G. Starr, The Birth of Athenian Democracy. The Assembly in the Fifth Century B.C., New York/Oxford 1990.
53 Plutarch, Leben des Perikles 5; 7f.; 38f.

hatte den zur Verhütung des Schlimmsten erforderlichen Einfluß und die Überzeugungskraft, obwohl bereits während der ersten beiden Kriegsjahre, als die attische Landbevölkerung, weil es Perikles' Strategie so wollte, hinter den Stadtmauern verschanzt und in Sicherheit die Verwüstung ihrer Felder, Ernten und Olivenhaine ertragen mußte, die Stimmung umzuschlagen drohte und sich Unzufriedenheit mit Perikles ausbreitete. Ja er wurde sogar heftig angegriffen und zu einer Geldstrafe verurteilt, dann aber alsbald wieder in die alte Machtvollkommenheit eingesetzt, die er wegen seines unerwarteten Todes allerdings nur noch kurze Zeit ausüben konnte[54].

Der menschlichen Größe entsprachen die politische und militärische Reife und Erfahrung, wie seine großen Erfolge vor 431 v. Chr. in allen Bereichen beweisen. Was wir über die Zeit vor Ausbruch des Peloponnesischen Krieges und aus den zu Anfang des Krieges gehaltenen Reden des Perikles, wie sie Thukydides überliefert beziehungsweise in Anlehnung an die wirklichen Reden gestaltet hat, wissen, weist in die Zukunft: im Sinne einer imperialen Vorherrschaft Athens zwischen Mutterland und den griechischen Siedlungsgebieten im westlichen Kleinasien, einer Zurückdrängung Spartas auf die Peloponnes und einer nachhaltigen Schwächung dieser Stadt und ihres Einflusses, einer Ausbreitung demokratischer Herrschaftsformen überall dort, wo Athen die Vormacht haben würde. Und alles unter panhellenischen, antipersischen Zielsetzungen, gesteuert von einer Stadt, welche sich schon vor dem großen Krieg dank der Initiativen des Perikles zur größten, schönsten, prächtigsten und repräsentativsten in Hellas entwickelt hatte. Zugleich aber schärfte Perikles den Athenern ein, für die Flotte, das sicherste Instrument ihrer militärischen Stärke, Sorge zu tragen, während des Krieges auf eine Ausdehnung der Herrschaft zu verzichten und ihr Gemeinwesen nicht in Gefahr zu bringen[55]. Sie taten das Gegenteil!

---

54 Thukydides, Der Peloponnesische Krieg 2, 55–65; Plutarch, Leben des Perikles 37.
55 Thukydides, ebenda 1,144; 2, 62 und 65.

Abb. 6: Tetradrachmon VS: Bild der Athena, 490–486 v. Chr.

Abb. 7: Tetradrachmon RS: Eule der Athena, 430–407 v. Chr.

So gesehen darf man folgern: mit Perikles als Führungsfigur bestanden alle Voraussetzungen für ein erfolgreiches Bestehen des Krieges. Aber das ist eine rein personalisierte Sichtweise, abgeschottet gegen alle Seiten. Das heißt, so einfach können wir es uns nicht machen! Es gab innere und äußere Gefahren, Unsicherheiten, Unwägbarkeiten, welche die aussichtsreiche Strategie und bisherigen Erfolge auch des fähigsten Mannes hätten gefährden, gar zunichte machen können!

Athen selbst hatte zwar eine stattliche Flotte, zusammen mit seinen Bundesgenossen die größte, die man sich denken kann; aber es hatte kein allzu großes und schlagkräftiges Landheer. Jedenfalls war seine Armee den Heeren der Lakedaimonier und des von Sparta geführten Peloponnesischen Bundes nicht gewachsen. Im Bündnissystem der Athener gab es schwache Mitglieder, die zum Abfall neigten, und Umtriebe verjagter Aristokraten; denn die Athener führten konsequent und rücksichtslos überall die Demokratie ein, wo sie die Oberherrschaft übernahmen. Die attische Bevölkerung neigte zum Wankelmut, wenn die Erfolge ausblieben, das Glück einmal nicht auf Athens Seite stand oder Geduld statt Draufgängertum gefordert war. Leicht konnte in solchen Situationen ein vorschneller, verhängnisvoller Volksbeschluß gefaßt werden, wie Perikles schon zu Lebzeiten erkennen mußte, wo er alles tat, um folgenreiche Mißgriffe zu verhindern. Immerhin darf man daraus schließen, daß er dank seiner überragenden Autorität viel, wenn nicht alles vermochte, wenn es nur zum Nutzen Athens war. Wenn er die Athener doch von ihrer Vorbildfunktion in Hinsicht auf Lebensführung und Staatsverfassung überzeugen konnte, mußte es ihm auch gelingen, die Stadt in noch schwierigeren Situationen als sie schon in den ersten beiden Kriegsjahren eingetreten waren, sicher zu führen. Allerdings hätten die Kriegsereignisse Perikles gezwungen, häufig auf dem Kriegsschauplatz nach dem Rechten zu sehen, während in der Heimat die politischen Geschäfte ihren Lauf nahmen und womöglich in falsche Hände gerieten. Die Sizilienexpedition ist ein sinnfälliges Beispiel gerade für diese Gefahr: die Expedition sei zwar ein verhängnisvoller Fehler gewesen, schreibt Thukydides, allerdings seiner Meinung nach nicht so sehr durch die falsche Beurteilung der Feinde, gegen die sich der Zug richtete, wie durch das Versagen der Heimat, wo man über den Streitigkeiten um die Volksherrschaft die Angelegenheiten des Feldzuges vernachlässigt habe[56]. Eine Garantie, alles in seinem Sinne zu lenken, hätte es mithin für Perikles nicht gegeben, und der Fortgang des Peloponnesischen Krieges hat gezeigt, wohin die radikalen und machtbesessenen Kräfte steuern, wenn ihnen keine Zügel mehr angelegt werden können.

---

56 Thukydides, ebenda 2, 65.

Abb. 8: Ideale Ansicht der Akropolis von Athen, Leo von Klenze, 1846

Ein weiteres Risiko lag in der Versorgung Athens mit Grundnahrungsmitteln. Längst war der Anbau von Getreide nicht mehr der volkswirtschaftlich wichtigste Erwerbszweig und längst reichte die heimische Produktion nicht mehr aus, um die ständig wachsende Bevölkerung Attikas mit Getreide zu versorgen. Athen war auf den Import zumal aus den Schwarzmeerregionen angewiesen und so lange es den pontischen Handel beherrschte, bestand auch nicht die Gefahr einer Hungersnot. Würden die attischen Schiffe jedoch an der freien Durchfahrt durch die Meerengen gehindert, wäre die Lage für Athen heikel.

Schließlich war das Perserreich mit seinen schier unerschöpflichen materiellen Mitteln die vielleicht größte, weil jederzeit instrumentalisierbare Bedrohung. Das persische Geld vermochte Heere und Flotten auszurüsten, und Athens Gegner, allen voran die Lakedaimonier, waren bereit, diese Hilfe in Anspruch zu nehmen. Der Perserkönig hatte mit seinen Subsidien einen langen Atem, wenn die Griechen nur die personellen und materiellen Ressourcen aufbrachten. Die Lakedaimonier waren im übrigen gegenüber den Griechen Kleinasiens gleichgültig, hatten sie doch schon nach den Perserkriegen 479/78 v. Chr. vorgeschlagen, diese umzusiedeln, um nicht in die Verlegenheit zu kommen, etwa für deren Freiheit mit den Persern Krieg zu führen[57]. Jetzt lockte persisches Gold, mit dem man den Erzfeind Athen in die Knie zwingen konnte.

---

57 Herodot, Historien 9, 106.

Abb. 9: Stater aus Korinth, RS: Darstellung des Pegasos, 430–415 v. Chr.

Ein Kampf bis zur Erschöpfung diente keiner Seite. Das wußte Perikles genau. Er zielte auf rasche Entscheidungen, was angesichts verschiedener Faktoren wie etwa der staatlichen und politischen Gegebenheiten im Mutterland und in der Ägäischen Inselwelt sowie der mentalen Voraussetzungen schwierig war. Sie stellten sich auch nicht ein, was Athen immer mehr Nachteile brachte. Aber Perikles hatte auch um Geduld geworben. Die brachte die immer einflußreicher werdende Kriegspartei unter der Führung des Alkibiades nach Ende des Archidamischen Krieges 421 v. Chr. nicht auf. Der Nikiasfrieden und das bald darauf zwischen Athen und Sparta geschlossenes Bündnis hielten nicht. Ein Kampf bis zur Erschöpfung wurde der Peloponnesische Krieg also schließlich doch! Athen lag 404 v. Chr. am Boden; aber auch Sparta war so geschwächt, daß es keine starke Führungsrolle übernehmen konnte – zum Nachteil des Mutterlandes und der Griechen Kleinasiens. Ein Sieg Athens hätte vielleicht die unaufhaltsam um sich greifende Frage des Vorrangs, der Vormachtstellung gelöst, freilich unter Vorwegnahme der Entwicklungen des 4. Jahrhunderts. Der Niedergang des autonomen Polisstaates hätte früher begonnen; denn jede imperiale Herrschaft schränkte zwangsläufig die staatliche Selbständigkeit der ihr unterworfenen, ehemals freien, nach innen und außen souveränen Staatsgebilde ein: Verlust der Hoheit über die äußeren Angelegenheiten, Heeresfolge, Tributzahlungen wären die Folge gewesen. Wir kennen das vom Perserreich, den späteren hellenistischen Flächenstaaten oder von Rom. Aber es ist nicht einmal nötig, den Blick so weit zu lenken! Athen hatte bereits Erfahrung mit dieser Herrschaftsorganisation. Allerdings litt sein Bündnissystem an organisatorischen Mängeln wie etwa dem Fehlen einer einheitlichen Organisationsstruktur, an der ständigen Gefahr der Destabilisierung durch fehlende Bereitschaft der Bundesgenossen zur Unterordnung sowie durch die Unfähigkeit der gesellschaftlichen Elite Athens, in Hinsicht auf die nach außen gerichteten politischen Ziele geschlossen zu handeln.

Das sind vorsichtige Antworten auf die eingangs gestellten Fragen. Wir bewegen uns mit diesen Fragen in einem größeren Rahmen. Kommen wir noch einmal zum Kern der Überlegungen: Athen hätte mit Perikles siegen können. Zumindest wäre eine Niederlage erträglicher ausgefallen, weil er unsinnige Abenteuer vermieden hätte und es nicht zum äußersten militärischen Niedergang hätte kommen lassen. Oder war die Masse der Athener so aufgehetzt, so sehr zu Leidenschaften erregbar, daß sie je länger desto weniger vernünftigen Argumenten zugänglich gewesen wäre? Sollen wir etwa Friedrich Nietzsche folgen, wenn er feststellt: Je mehr Leute direkte Demokratie ausübten, desto eher komme es zur Diktatur der Mittelmäßigkeit? Darum endet unsere Betrachtung unentschieden! Athen war nicht dem Zorn der Götter ausgeliefert, und es ist nicht Opfer innergriechischer Rivalitäten geworden. Es hat seinen Niedergang selbst verschuldet.

Karl Marx äußerte einmal, große Ereignisse und große Persönlichkeiten kämen in der Geschichte immer zweimal vor, einmal als Tragödie und einmal als Farce. Nehmen wir Perikles als Repräsentant der Tragödie!

Theben als Vormacht – Die Thebaner gewinnen die Schlacht bei Mantineia (362 v. Chr.) – Epameinondas stirbt nicht den Heldentod

Die Thebanische oder, wenn man will, Boiotische Hegemonie, die im Mittelpunkt des Themas steht, ist eingebettet in die Epoche, mit der man den Niedergang der griechischen Poliswelt, der Welt der autonomen Stadtstaaten, verbindet. Epameinondas, der diese Hegemonie auf ihren Höhepunkt führte, war während dieser Zeit eine Leitfigur unter den Repräsentanten des Mutterlandes, eine Persönlichkeit, deren Wille und Talent die Ereignisse und Verhältnisse ihrer Zeit weitgehend mitbestimmte. Es ist die Epoche, die 404 v. Chr. mit dem Ende des Peloponnesischen Krieges begann. Worum ging es in diesem Krieg? Es war ein Krieg um die Vormachtstellung, die Hegemonie, im Mutterland, den zwar Athen verloren, den aber Sparta, Athens stärkster Gegenspieler, auf dessen Seite auch Theben und die Boioter standen, nicht wirklich gewonnen hat. Den größten Nutzen zog der Perserkönig durch seine Einflussnahme und materielle Hilfeleistung für Sparta und dessen Verbündete aus der Zerrissenheit der griechischen Staatenwelt.

Die Zeitstimmung war einerseits beherrscht von der Sehnsucht nach Frieden, anderseits vom Kampf um die Autonomie der Staaten des Mutterlandes, ein Ziel, für das Sparta, jedenfalls in seiner Propaganda nach außen, 431 v. Chr. gegen Athen in den Krieg gezogen war, sowie vom Drängen einiger mächtiger Staaten nach hegemonialem Vorrang. Die Idee einer alle Griechen des Mutterlandes einschließenden Friedensordnung, einer ‚koine eirene', eines ‚allgemeinen Friedens', hatte konkurrierend zu den ständigen Rivalitäten und kriegerischen Auseinandersetzungen in gewissem Sinne schon immer bestanden. Sie war eine Form des panhellenischen Gedankens, der seit dem Troianischen Krieg die Griechen von Zeit zu Zeit auch politisch zusammenführte, in jedem Falle aber die Grundlage der griechischen Kulturnation gewesen ist. Die im 4. Jahrhundert immer häufigeren Rufe nach dem allgemeinen Frieden und die Erfolglosigkeit aller Bemühungen lassen mich an die Feststellung eines politisch aufgeschlossenen Mannes denken: dass nämlich das, worüber man ständig spreche, am wenigsten verwirklicht sei. Heute bezöge man diesen Ausruf auf Schlagworte wie Bürgernähe, Abbau von Bürokratie, Datenschutz – die Römer der ausgehenden Republik haben mehr als je zuvor von der altehrwürdigen, überkommenen Staatsordnung gesprochen, die es zu wahren gelte, die aber in Wirklichkeit schon längst im Sterben lag. Die Griechen des 4. Jahrhunderts v. Chr. hofften, von Friedenssehnsucht erfasst, dass es möglich sein könne, zu einem allgemeinen Frieden zu gelangen – aber die Zielsetzungen der Politik waren in Wirklichkeit andere, eben das Streben nach Vorherrschaft oder, wenn wir die persische Seite nehmen, das Schüren von Rivalitäten, um jegliche kraftvolle Machtbildung zu verhindern und um die Oberhoheit über die Griechen in Kleinasien zu behalten.

Die Gründe für die Errichtung einer Hegemonie oder das Streben nach hegemonialem Vorrang waren entweder offensiver Natur wie etwa das Ziel, die eigene Macht und Herrschaft auszudehnen oder sie waren defensiver Natur wie zum Beispiel die Sorge um die eigene Sicherheit oder die Furcht vor inneren und äußeren Feinden. Die Hegemonien im alten Griechenland waren in der Regel völkerrechtlich abgesichert: Dann bestanden zweiseitige, allerdings aufgezwungene Abkommen zwischen dem vorherrschenden Staat und anderen, schwächeren Staaten. Teil dieser Abkommen waren Festlegungen verschiedener Art, des Oberbefehls, welcher stets vom vorherrschenden Staat wahrgenommen wurde, der bedingungslosen Heeresfolge, der verbindlichen Beschlussfassung durch den vorherrschenden Staat in Hinsicht auf den Einsatz des Heeres, die finanziellen Leistungen sowie die Einstufung von nicht zur Hegemonie gehörenden Staaten als gemeinsame Freunde oder Feinde. So habe die Ordnung des Peloponnesischen Bundes in der Hauptsache auf der schon seit dem 6. Jahrhundert v. Chr. bestehenden Heeresfolgeklausel beruht[58]. Entscheidend für die Willensbildung in einer Hegemonie waren allein die Zielsetzungen und Absichten der dominierenden Macht, welche auch jederzeit in die inneren Angelegenheiten der abhängigen Partner eingreifen konnte, um beispielsweise deren Verfassung in ihrem Sinne zu regeln. Die Lakedaimonier etwa waren stets darauf bedacht, Aristokratien, die Athener, Demokratien einzurichten. Anderseits wird der Begriff ‚Hegemonie' auch für tatsächlich bestehende, wenn auch rechtlich nicht abgesicherte Vorherrschaft verwendet, eine Form, welche im weiteren Verlauf unserer Betrachtung zu bedenken sein wird. Die bedeutenden Hegemonien der griechischen Geschichte waren insgesamt sieben[59]. Bis in die Zeit der sogenannten Thebanischen Hegemonie, welche als zu ephemer gilt, um mitgerechnet zu werden, drei: die *lakedaimonische Hegemonie*, welche sich während des 6. Jahrhunderts v. Chr. herausbildete und bis zum Frieden des Antalkidas (386 v. Chr.) in der griechischen Welt die erste Rolle spielte, die *erste athenische Hegemonie*, welche sich im Rahmen des gegen die Perser gerichteten Hellenenbundes von 481 v. Chr. entwickelte und bis zur Niederlage Athens im Peloponnesischen Krieg (404 v. Chr.) bestand und die *zweite athenische Hegemonie*, entstanden im Anschluß an den Frieden des Antalkidas mit dem Ziel, ein Gegengewicht gegen lakedaimonische hegemoniale Absichten zu bilden.

---

58 Fritz Gschnitzer, Ein neuer spartanischer Staatsvertrag und die Verfassung des Peloponnesischen Bundes, in: Ders., Kleine Schriften zum griechischen und römischen Altertum, Band 2, hrsg. von Catherine Trümpy und Tassilo Schmitt, Historia Einzelschriften Heft 167, Stuttgart 2003, S. 51–93 (hier S. 86–88); zu den Hegemonien außerdem Adalberto Giovannini, Les relations entre États dans la Grèce antique du temps d'Homère à l'intervention romaine (ca. 700–200 av. J.-C.), Historia Einzelschriften 193, Stuttgart 2007, S. 169f. und 361–363.
59 Giovannini, ebenda S. 362f.

Die alte Ordnung, die mit dem Peloponnesischen Krieg zu Ende ging, hatte darin bestanden, dass Sparta um seiner inneren Sicherheit willen, das heißt aus Furcht vor Aufständen der Heloten und der in die Unfreiheit herabgedrückten Messenier, auf der Peloponnes eine hegemoniale Stellung aufgebaut hatte, welche das Eindringen fremder Armeen auf die Peloponnes beziehungsweise in das Hoheitsgebiet Spartas verhindern sollte. Nach den Perserkriegen von 481/479 v. Chr. hatte Spartas Anspruch auf hegemonialen Vorrang in dem erstarkenden Athen einen Konkurrenten erhalten, so dass sich seit den Perserkriegen zwei Hegemonialsysteme rivalisierend gegenüberstanden, deren Gegnerschaft sich im Peloponnesischen Krieg entlud, nach dem Geschichtsschreiber Thukydides die gewaltigste Erschütterung, welche die griechische Welt bis dahin erlebt hatte[60]. Mit dem Ende der alten Ordnung war allerdings eine für das griechische Mutterland höchst nachteilige politische Konstellation verbunden, nämlich das in ihrem Drang, die Oberhand über die Athener zu gewinnen, den Lakedaimoniern höchst willkommene Eingreifen des Perserreiches in die innergriechischen Angelegenheiten, das zu einem Dauerzustand wurde. Das bedeutete, je nach Lage der Dinge, eine antiathenische, antilakedaimonische oder antithebanische Partei- und Einflussnahme des Perserkönigs, dessen Geld als materielle Hilfeleistung begehrt war.

Abb. 10: Kopf einer Sphinx aus dem Tempel des Apollon Ismenios (?), Theben, 540–530 v. Chr.

---

60 Thukydides, Geschichte des Peloponnesischen Krieges 1, 1 und 23.

Warum dieses weite Ausgreifen, wenn es um Ereignisse aus der ersten Hälfte des 4. Jahrhunderts geht? Weil wir diese nur auf dem Hintergrund der früheren Entwicklungen und einer bis ins fünfte Jahrhundert zurückreichenden Standortbestimmung verstehen können.

Nach diesen einführenden Bemerkungen sind wir gerüstet, uns den Ereignissen während der ersten Hälfte des 4. Jahrhunderts zuzuwenden. Griechenland kam nicht zur Ruhe. Sparta versuchte zwar, seine Machtstellung zu festigen, konnte aber Athens neuerlichen Aufstieg nicht verhindern, der sich vor allem in einem Defensivbündnis Athens mit den Boiotern unter der Führung Thebens, sodann in der Seeschlacht von Knidos (394 v. Chr.), wo eine Koalitionsflotte unter Führung Athens die spartanische Flotte besiegte, was dazu führte, dass die Lakedaimonier Kleinasien räumen mussten und ihre Besatzungen aus den Städten vertrieben wurden, und schließlich im Wiederaufbau der attischen Hafenbefestigungen und der Langen Mauern mit persischem Geld sowie in einer weiteren Niederlage Spartas gegen Athen im Jahre 392 v. Chr. äußerte. Diese Entwicklung entsprach aufs Vortrefflichste den Zielen des Perserkönigs, der darauf bedacht war, stets ein Gegengewicht gegen den jeweils einflussreichsten Staat des griechischen Mutterlandes zu schaffen. Für die Perser war Sparta nach wie vor der gefährlichste Gegner. In der Tat versuchte Sparta erneut, jenseits der Ägäis Fuß zu fassen, musste aber 391 v. Chr. wieder eine Niederlage hinnehmen und von seinem Vorhaben ablassen. So strebte Sparta sowohl nach einem Ausgleich mit Athen, der nicht zustande kam, als auch mit dem Perserkönig und nach der Beendigung des seit 400 v. Chr. bestehenden Kriegszustandes zwischen Sparta und dem Perserkönig. Das Ergebnis war der von dem Spartiaten Antialkidas vermittelte Friedens- und Bündnisschluß, der aber nicht im ersten Anlauf, sondern erst 386 erreicht werden konnte. Was seit den Perserkriegen von 481/479 v. Chr. den Lakedaimoniern im Sinn lag, nämlich die Griechenstädte Kleinasiens der persischen Oberhoheit zu überlassen, um auf diese Weise Ruhe in das Verhältnis zwischen dem Perserkönig und den Griechen des Mutterlandes zu bekommen, war der wesentliche Teil des Abkommens. Außerdem einigte man sich darauf, die Autonomie aller Griechenstädte festzulegen, was bedeutete, dass Athen die neu gewonnenen Besitzungen wieder verlor, Argos auf eine Vereinigung mit Korinth verzichten musste und Thebens Hegemonie im Boiotischen Bund wirkungslos wurde. Nur die Inseln Skyros, Lemnos und Imbros, zwischen Euboia und den Meerengen gelegen, blieben, wie es seit langem der Fall war, unter der Hoheit Athens.

Der Unmut über diese den Griechen aufgezwungene allgemeine Friedensordnung war groß, die Chancen, erfolgreich aufzubegehren, waren jedoch gering; denn die Staaten, welche ihre Zustimmung verweigerten, bedrohte die Sanktionsformel mit Krieg. Der attische Redner Isokrates hat den Vertrag als Befehl oder Gebot, als Diktat, bezeichnet. Das war die athenische Sicht, die zu übernehmen, eine Frage der Interpretation ist. Völkerrechtlich gesehen waren die Vereinbarungen jedenfalls ein zweiseitig geschlossenes Bündnis zwischen Sparta und dem Perserkönig. Nach dessen Willen sollte Sparta die Ausführung des Friedens überwachen, das zu diesem Zweck noch im selben Jahr einen Friedenskongreß veranstaltete, auf dem tatsächlich alle Teilnehmer, auch Korinther und Thebaner, die Bedingungen annahmen. Die Thebaner allerdings beanspruchten, im Namen aller Boioter zu schwören. Der spartanische König Agesilaos, welcher die Versammlung leitete, bedeutete den Thebanern, dass sie auf Grund der Vereinbarungen verpflichtet seien, die Unabhängigkeit aller boiotischen Städte anzuerkennen, wozu sie schließlich auch bereit waren. Damit war der Boiotische Bund aufgelöst.

Das war die Lage am Ende des Friedenskongresses: Sparta in einer vom Perserkönig garantierten Vormachtstellung, ohne wirklich als Führungsmacht, außer im Rahmen des Peloponnesischen Bundes, anerkannt zu sein; Athen und Theben aller hegemonialen Merkmale und Voraussetzungen entkleidet; die Regieführung in der Hand des Perserkönigs, der gewissermaßen als ‚Schiedsrichter' und ‚Garant des Friedens', wie seine Position in einer Rede des Isokrates umschrieben wird, agierte. Sparta versuchte während der folgenden Jahre, seine Hegemonie auf Mittel- und Nordgriechenland auszudehnen, und hatte dabei, weil der Perserkönig die Lakedaimonier gewähren ließ, durchaus Erfolge: Sie besetzten die Kadmeia, Thebens Burg, verhalfen den thebanischen Oligarchen zu neuem Einfluß, griffen in Nordgriechenland in die Auseinandersetzungen zwischen dem Chalkidischen Bund und Makedonien ein, wo sie zusammen mit dem König der Makedonen als Beschützer der chalkidischen Städte gegen die Ansprüche Olynths auftraten und schufen schließlich eine Einteilung ganz Griechenlands von der Peloponnes bis Thrakien in zehn Militärbezirke oder Kreise, welche die organisatorische Grundlage der spartanischen Heeresgefolgschaft bildeten.

Die siebziger Jahre waren geprägt vom ständigen Wechsel der Machtverhältnisse sowie von einer Erstarkung Thebens, welche das Kräftespiel im griechischen Mutterland merklich veränderte, von den konkurrierenden Staaten wie etwa Athen und Sparta aufmerksam beobachtet wurde, teils die Zustimmung Athens, teils dessen Argwohn erregte, jedenfalls die Feindschaft Spartas gegenüber Theben nur noch verstärkte. Zunächst ereignete sich 379 v. Chr. in Theben ein folgenschwerer Umschwung: Verbannte Demokraten kehrten zurück und vertrieben die von Sparta abhängigen Oligarchen. Der thebanische Demos, also die Volksversammlung, betrieb mit Eifer die Wieherstellung des Boiotischen Bundes, was auch gelang, indem nach und nach die boiotischen Städte befreit und in den Bund aufgenommen wurden. Weitere, für Sparta nachteilige Veränderungen folgten: 377 entstand ein neues, von Athen geführtes Bündnissystem, das (im Gegensatz zu dem von Athen geführten Bündnis des 5. Jahrhunderts) die Autonomie der Bündner zur Grundlage machte, indem jedes Mitglied in der Bundesversammlung eine Stimme hatte. Athen stellte allerdings die meisten Schiffe und hatte den Oberbefehl inne, was ihm einen deutlichen Vorrang einräumte. Feldzüge Spartas nach Boiotien blieben ohne Erfolg. Thebens Hegemonie im Boiotischen Bund war nicht mehr umstritten und stärkte seine Stellung nachhaltig, von der spartanischen Vorherrschaft hatte es sich befreit. Zur See waren die Athener den vereinigten Peloponnesiern deutlich überlegen, was sich nicht nur in einem Seesieg, sondern auch in einem Bündnis mit Amyntas III., dem König der Makedonen, äußerte. Sparta war isoliert, ohne dass der Perserkönig eingegriffen hätte.

Thebens aggressive Politik, die Vernichtung Plataiais, das zwar eine boiotische Stadt war, aber seit alters im Bündnis mit Athen stand, führte gegen Ende der siebziger Jahre zu einer neuerlichen Annäherung zwischen Athen und Sparta. Und wieder sollte 371 ein Friedenskongreß in Sparta Ordnung schaffen, wieder auf Anregung des Perserkönigs, wieder mit dem Instrumentarium des sogenannten Königsfriedens. Als der erstmals in der politischen Öffentlichkeit auftretende Boioter Epameinondas, damals einer der Boiotarchen, der Oberbeamten des Boiotischen Bundes, die Forderung erhob, in der Urkunde ‚Thebaner' durch ‚Boioter' zu ersetzen, kam es zu heftigem Widerstand, weil der Austausch der Ethnika den Boiotischen Bund völkerrechtlich anerkannt hätte, was der Forderung nach Autonomie der Einzelstaaten zuwiderlief. Der Friede war wenige Tage nach Unterzeichnung hinfällig, dafür trat Theben um so heftiger als Gegenspieler Spartas und Athens auf und hätte seinen Anspruch auf Vormachtstellung nicht deutlicher in die griechische Öffentlichkeit tragen können! Nur zwanzig Tage nach dem Friedenskongreß hat Theben mit dem eindrucksvollen Sieg in der Schlacht bei Leuktra bewiesen, dass es diesem Anspruch gewachsen ist. Untrennbar verbunden mit diesem Sieg ist die Kriegskunst des Epameinondas, dem Theben und die Boioter auch die weiteren Erfolge und ihren Aufstieg verdankten. Mit der ‚schiefen Schlachtreihe', seiner Erfindung, brach er die Kampfkraft der Lakedaimonier und führte sein Heer zu einem glorreichen Sieg, der in die Erinnerungskultur der Weltgeschichte einging.

Wer war dieser Epameinondas? Ein Aristokrat aus Überzeugung, der Demokratie abgeneigt, eine Haltung, die durchaus boiotischer Tradition entsprach. Gebildet wie kein anderer Thebaner, musisch erzogen, in der Philosophie unterwiesen, vorbereitet auf die Lenkung des Staates ebenso wie auf die Führung des Heeres. Die kurze, von dem römischen Schriftsteller Cornelius Nepos (1. Jahrhundert v. Chr.) verfasste Biographie (die fünfzehnte in Nepos' Sammlung) würdigt Epameinondas (im Lateinischen: Epaminondas) in zum Teil überschwenglicher Weise: Auf dem Sportplatz habe er sich mehr um Schnelligkeit bemüht als um die Stärkung der Körperkräfte; denn die seien für Athleten wichtig; für den Krieg aber komme es neben der Übung im Umgang mit den Waffen auf Schnelligkeit an. Wenn die Thebaner die Herrschaft über die Peloponnes, mehr noch, die Führer von Hellas sein wollten, müssten sie sich die Feldlager zunutze machen, nicht die Palästra, die Sportanlage. Vor Troia hätten die Griechen zehn Jahre gebraucht, um den Feind zu bezwingen, er, Epameinondas, habe Hellas an einem Tag befreit und Theben zum Haupt ganz Griechenlands gemacht[61]. Wir sehen, Cornelius Nepos hat in der Retrospektive den panhellenischen Gedanken zum Leitmotiv des genialen thebanischen Staatsmannes und Heerführers

---

61 Cornelius Nepos, Biographie des Epameinondas 3 und 5; ergänzend Xenophon, Hellenika (Griechische Geschichte) 7, 5, 18f.

erhoben. Was erfahren wir sonst über Epameinondas? Nepos rühmt seine Seelengröße, seine Sieghaftigkeit, seine Bescheidenheit, Wahrheitsliebe und Unbestechlichkeit, seine Beredsamkeit, die Liebe zu Untertanen und Gemeinwesen, seine Sorge um deren Wohlergehen[62]. Alles, was wir über Epameinondas erfahren, entspricht dem Herrscherideal der Tugendkataloge, wie sie sich seit dem 5. Jahrhundert v. Chr. entwickelt hatten und in der hellenistischen Zeit richtungweisend wurden für die Auffassung vom guten Regenten[63].

Abb. 11: Grabstele eines Athleten aus Theben, 550–500 v. Chr.

---

62 Vgl. die Textstellen Anm. 61.
63 Zur Einführung in diese Thematik vgl. Kleines Wörterbuch des Hellenismus, hrsg. von Hatto H. Schmitt und Ernst Vogt, Wiesbaden 1988, s. v. Herrscherideal.

Während der folgenden Jahre reihte sich für das von Theben geführte Boiotien Erfolg an Erfolg. Tatsächlich waren die Boioter die Führer von Hellas, was allerdings zur Folge hatte, dass Athen und Sparta sich erneut annäherten. Trotzdem gelang es Epameinondas, die Messenier zum Aufstand gegen Sparta zu bewegen, ein Ereignis, das zur Gründung eines unabhängigen messenischen Staates führte und Sparta aufs schwerste traf. 367 schlossen die Boioter sogar mit dem Perserkönig einen Vertrag, der die Unabhängigkeit Messeniens bestätigte. Sie rüsteten sogar eine Flotte aus, um den Athenern ein militärisches Gegengewicht entgegenzustellen. Gegen Ende des Jahrzehnts zwangen Veränderungen auf der Peloponnes die Boioter, für den Erhalt ihrer Vormachtstellung noch einmal in den Krieg zu ziehen. In der Schlacht von Mantineia (362 v. Chr.) sei Epameinondas gefallen, so die Überlieferung. Theben und die Boioter seien ihres führenden Kopfes beraubt worden. Stellen wir uns vor, es war nicht so. „Wie eine Triere", so der Geschichtsschreiber Xenophon in seiner Griechischen Geschichte, hätten die Boioter die Schlachtreihe des Gegners durchbrochen[64]. Epameinondas war wieder der glorreiche Sieger und lenkte kraft seiner außerordentlichen Autorität auch fortan die Geschicke des Boiotischen Bundes. Wie Thukydides über Athen in der Zeit, als Perikles Jahr für Jahr zu einem der zehn Strategen gewählt wurde, sagt: Athen sei dem Namen nach eine Demokratie gewesen, in Wirklichkeit aber die Herrschaft des ersten Mannes – so war Epameinondas zwar nur einer der sieben Boiotarchen, genoß aber im Boiotischen Bund die höchste Autorität. Er führte dank seiner genialen militärischen Begabung und seines überlegenen diplomatischen Geschicks Theben und die Boioter zu einer über längere Zeit nicht gefährdeten Vormachtstellung.

Wie äußerte sich diese? Theben widersetzte sich erfolgreich dem Aufstieg der Phoker und war darauf bedacht, dass die Pyläisch-Delphische Amphiktyonie, der Zusammenschluß von zwölf griechischen Stämmen mit dem Auftrag der Fürsorge für Heiligtum und Orakel des Apoll in Delphi, unter seinem bestimmenden Einfluß blieb. Theben und der Boiotische Bund griffen ein, als die Phoker ein Bündnis mit Sparta schließen wollten, sie verhinderten, dass die Phoker Delphi unter ihren Einfluß brachten und die Tempelschätze zur Ausrüstung eines Söldnerheeres missbrauchten. Sie vermieden es, sich gegen den Perserkönig zu stellen und in die in Kleinasien immer wieder aufflammenden Satrapenaufstände einzugreifen. Sie konnten die Kontrolle über die Geschehnisse auf der Peloponnes behaupten. Theben brauchte Sparta nicht mehr zu fürchten, musste aber Athen als Machtfaktor respektieren, obschon das noch einmal erstarkte Bündnissystem Athens seit etwa 355 v. Chr. bedeutungslos geworden war. In Hinsicht auf die Idee eines Nationalkrieges gegen Persien, die zumal in Athen immer stärker die politische Diskussion bestimmte, war Theben allerdings zurückhaltend und stand entschieden im Widerspruch zu den Vorstellungen, dass dieser nur unter Makedoniens Führung begonnen werden könne. Diese Zurückhaltung entsprach durchaus den

---

64 Xenophon, Hellenika 7, 5, 23.

politischen Traditionen Thebens, von denen sich auch der sonst so kluge und weitsichtige Epameinondas nicht entfernte. Erinnern wir uns! Theben hatte in den Perserkriegen von 481/479 v. Chr., als es um die Freiheit des Mutterlandes ging, mit den Persern sympathisiert. Außerdem gelang es Theben unter Epameinondas nicht, den raschen Aufstieg Makedoniens unter Philipp II., zumal dessen Einfluß auf Thessalien und die Pyläisch-Delphische Amphiktyonie einzudämmen. Im Kampf Makedoniens um die Hegemonie über Griechenland unterlag Theben zusammen mit Athen dem Angreifer. Epameinondas fiel in der Schlacht bei Chaironeia (338 v. Chr.).

Im Unterschied zu der langen Hinführung haben wir uns jetzt verhältnismäßig kurz gefasst. Aus naheliegenden Gründen! Zu zeigen war, dass im Griechenland des 4. Jahrhunderts die Spielräume auch für große politische Figuren eng waren. Die Möglichkeiten, wirkungsvoll und nachhaltig, mit übergreifenden Folgen zu handeln, waren für die Staaten des Mutterlandes höchst beschränkt. Die Muster zwischenstaatlichen Handelns waren bis zur Aufrichtung der Vorherrschaft Makedoniens über Griechenland, welche sowohl den innergriechischen Rivalitäten als auch der persischen Einflussnahme ein Ende setzte, dieselben: Was Theben betrifft, so waren die politischen und militärischen Gegebenheiten nach dessen Erfolgen bei Leuktra und, wie wir voraussetzen, auch bei Mantineia kaum andere als vorher. Sparta mangelte es gänzlich an Ressourcen, durch die ständig abnehmende Zahl an Spartiaten, den lakedaimonischen Vollbürgern, vor allem an Wehrkraft. Aber auch Athen war nicht stark genug für eine dauerhafte hegemoniale Vormachtstellung. Der Drang auch der im Verhältnis zur Masse der schwachen Staaten stärksten Kräfte, Athen, Sparta und Theben, nach hegemonialem Vorrang einerseits und die durch den Mangel an Wehrkraft und materiellen Ressourcen ausgelöste Unfähigkeit zu kontinuierlich wirkungsvollem Einsatz, das heißt zur Durchsetzung expansiven Willens anderseits (wie das etwa die Römer mit Bravour konnten und darum auch die entsprechenden Erfolge erzielten), führte zu einer Art Aporie, zu einer sich stetig steigernden Pathogenese des griechischen Mutterlandes. Unterordnung unter die Hegemonie einer Vormacht fiel den griechischen Staaten ohnehin schwer, es sei denn, diese Unterordnung wurde mit überlegener Heeresmacht erzwungen, wie das die Könige der Makedonen, zuerst Philipp II., dann Alexander dank militärischer, personeller und materieller Überlegenheit der Makedonen durchgesetzt haben. Nicht Theben und der Boiotische Bund, sondern Makedonien drückte Griechenland fortan seinen Willen auf.

Die Römer verlassen nach der Eroberung Roms durch die Gallier ihre Stadt (389 v. Chr.)

Trotz der flammenden, patriotischen Rede, die M. Furius Camillus, damals als Inhaber des außerordentlichen Amtes der Diktatur mit höchsten Vollmachten ausgestattet, vor der Volksversammlung gehalten hatte, und die der Geschichtsschreiber Titus Livius in seine Römische Geschichte aufnahm[65], beschloß die Volksversammlung mit großer Mehrheit, das völlig zerstörte Rom zu verlassen und in das etwa 15 km nördlich gelegene, bis vor kurzem noch etruskische Veji auszuwandern.

In den Geschichtsbüchern lesen wir es anders! Danach ist der historische Hintergrund dieser Ereignisse folgender: Die in Oberitalien, in der Poebene siedelnden Kelten, von den Römern Gallier genannt, fielen immer wieder in die Länder südlich des Apennin ein und plünderten die fruchtbaren Regionen Etruriens. Um 390 v. Chr. drangen sie unter Führung eines gewissen Brennus weiter nach Süden vor. Nach neuerlichen Erfolgen in Etrurien bedrohten sie Rom. Der Versuch der Römer, die keltischen Scharen am Fluß Allia aufzuhalten, endete mit einer schweren Niederlage des römischen Heeres. Rom lag ungeschützt vor den Feinden, wurde über Monate belagert und schließlich niedergebrannt. Nur das Kapitol konnte gerettet werden. Reste des geschlagenen römischen Heeres hatten sich bereits gleich nach dem mißglückten Waffengang an der Allia auf das rechte Tiberufer, also auf das ehemalige Territorium von Veji, zurückgezogen, was wie ein Zeichen, dass man Rom aufgegeben habe, wirken mußte. Camillus jedoch gab die römische Sache nicht verloren. Er konnte die Römer überzeugen, einen Angriff gegen die Gallier zu wagen. Zunächst kämpften sie in den Trümmern der Stadt, dann mit großem Erfolg beim achten Meilenstein, wo sie die Gallier vernichtend besiegten. Obwohl die Gallier nach dieser Niederlage abzogen und Rom gerettet war, neigte die Masse der Plebejer, welche den Hauptteil der Volksversammlung ausmachten, dazu, die Stadt aufzulassen, zumal nicht nur ihre Wohnstätten, sondern auch die öffentlichen Gebäude, die Heiligtümer, Vorratshäuser und Versammlungsplätze zerstört waren. Und noch einmal gelang es Camillus, einen Umschwung herbeizuführen, so daß die Römer alsbald mit dem größten Eifer begannen, die Stadt wieder aufzubauen und überzeugt waren, daß nur dieser Platz, von den Göttern ausersehen, ihrer Stadt eine große Zukunft schenken werde.

Nein, die Römer verließen die Stadt! Waren es Vorbehalte gegen Camillus, der sich an der Beute aus dem Krieg gegen Veji bereichert haben sollte, Vorbehalte wegen seines anmaßenden Auftretens beim Triumph, war es der Zorn der Plebejer

---

65 Titus Livius, ab urbe condita (Römische Geschichte von der Gründung der Stadt an) 5, 50–54. Natürlich lag die Rede des Camillus dem Geschichtsschreiber nicht im Wortlaut vor. Letztlich ist die von Livius gestaltete Rede auch eine Fiktion.

auf die patrizischen Großen, welche die Politik Roms bestimmten und immer noch allein die höchsten Ämter besetzten, das Streben der plebejischen Führungsschicht nach mehr Einfluß und Macht, die Trauer über die Niederlage[66] und der Haß gegen die, welche diese verschuldet hatten, das Gewahrwerden der ideellen und materiellen Verluste, welches die Gemüter erregte und die Stimmung aufheizte, war es das Versäumnis, eine Stadtmauer, welche Schutz geboten hätte, gebaut zu haben, die allgemeine Ermattung und Resignation infolge der Hungersnot – die Masse der noch verbliebenen Römer wollte die zerstörte, niedergebrannte Stadt verlassen und sich in Veji ansiedeln, wohin sich bereits, wie wir eben hörten, Teile der römischen Bevölkerung geflüchtet hatten. Auch Camillus vermochte diese Entschlossenheit nicht zu brechen. Das patriotische Pathos, das zwar oft schon das Handeln der Römer beeinflußt hatte, verhallte dieses Mal ungehört. Dagegen zeugt jedoch die nicht alltägliche Hartnäckigkeit neuerlich vom Selbstbewußtsein der Plebeier, das diese im verflossenen Jahrhundert dank ihrer großen Zahl und des sozialen Aufstiegs ihrer Führungsschicht bekanntlich mehrmals eindrucksvoll und mit Erfolg gegen die Patrizier eingesetzt hatten.

Woran hatte Camillus die Römer erinnert, um sie gegen die Volkstribunen, welche sich mit aller Kraft für die Auswanderung aussprachen, aufzubringen? Mit welchen Argumenten wollte er die Römer zum Bleiben überreden? Die Heimat, das Vaterland (*patria*) der Römer, sei an den Ort gebunden, an dem Rom einst gegründet und erbaut worden war. Es sei undenkbar, sich irgendwo in der Welt ein neues Vaterland zu schaffen. In dieser Stadt hier verlaufe alles glückhaft, wenn die Bürger den Willen der Götter wahrnähmen, ihn ernsthaft befolgten und in der Verehrung der Gottheiten nicht nachliessen – Unglück aber breche über sie herein, wenn sie die Zeichen der Götter mißachteten und die Pflege der Kulte vernachlässigten. Der noch vor aller Augen stehende Schicksalsschlag habe die Bürgerschaft an ihre religiösen Verpflichtungen erinnert, die wieder aufgenommen worden seien und wieder peinlich genau, wie im Kalender festgelegt, eingehalten würden. Wer die Stadt verlasse, lasse die dort wohnenden Gottheiten im Stich. Unmöglich könne man die vorgeschriebenen Opfer in Veji darbringen, unmöglich das Festmahl zu Ehren Jupiters irgendwo anders als auf dem Kapitol begehen, unmöglich, das Feuer der Vesta aufgeben, das brenne, seit diese Stadt bestehe. Wozu seien die Kapitolinischen Spiele gestiftet, wozu fremde Götter nach erfolgreichen Kriegen, wie jetzt mit Juno Regina geschehen, nach Rom geholt worden, wenn nicht, um dieser Stadt und ihrer Bürgerschaft weitere Siege zu schenken. Und jetzt wolle man diese Stadt aufgeben!

Für die Verfassungsorgane gelte dasselbe: Die Versammlungen des Volkes könnten rechtmäßig nur an der dafür bestimmten Örtlichkeit stattfinden. Eine Übersiedlung nach Veji nach der Niederlage mehre nur noch den Ruhm der Gallier, erwecke den Eindruck als seien wir Römer nicht fähig, unsere Stadt wieder aufzubauen.

---

66 Roms Niederlage am Fluß Allia, welche der Belagerung Roms vorausgegangen war.

Das verlassene Rom werde neuen Scharen der Gallier als Wohnsitz dienen, oder Aequer und Volsker, die alten Feinde, stünden bereit, sich in Rom festzusetzen. Könne das der Wille der Bürgerschaft sein? Das sei doch das Schönste für eine Bürgerschaft, sich vom Boden des Vaterlandes und dessen Erde, welche sie 'Mutter' nenne, festhalten zu lassen. Dieser Platz sei gemeinsam von Göttern und Menschen ausgewählt worden, er biete alle Vorzüge, die man sich nur denken könne, sei für das Wachstum einer Stadt in einzigartiger Weise geschaffen, es sei der Platz, von dem es bereits während ihrer Anfänge geheißen habe, dort werde die Hauptstadt der Welt und die Summe aller Macht beheimatet sein.

Obwohl gerade das, was Camillus über die Götterverehrung gesagt hatte, viele nachdenklich werden ließ, die Zweifel, ob man sich angesichts der Katastrophe gegen die argwöhnischen und immer eifersüchtigen Latinerstädte und gegen die oft nur mit Mühe in Schach gehaltenen, expansionslüsternen Aequer und Volsker derart geschwächt würde behaupten können, ließen sich nicht ausräumen. Selbst die so überzeugend vorgebrachte Aussicht auf eine an diesen Ort gebundene Weltgeltung vermochte die Gemüter nicht zu beruhigen. Jedenfalls zogen die Volkstribunen mit ihrem Antrag auf Auswanderung die Mehrheit auf ihre Seite. Ein langer Zug machte sich auf den Weg nach Veji. Die Götter glaubte man zu besänftigen, indem man ihre Bilder oder Statuen auf Wagen lud und mitführte. Manche Bürger nahmen auch kleine Trümmerstücke oder eine Hand voll Erde mit in dem Gefühl, mit diesen Zeugnissen im Gepäck werde man Kraft schöpfen für den Neubeginn.

Wenden wir uns noch einmal Livius und der Camillus-Rede zu! In der Einführung zu einer Ausstellung über ein historisches Thema heißt es: "Geschichten in der Geschichte scheinen oft eher anekdotischen Charakter zu haben. Und doch sind sie aufschlußreich, informativ, machen Geschichte lebendig und vermitteln ungewohnte Einblicke in den Gang von Ereignissen, die ihrerseits wieder Geschichten schreiben [...]"[67]. Was Livius uns überliefert, zumal die Rede des Furius Camillus und der Anlaß dazu, ist eine Geschichte in der Geschichte. In unserem Kontext wird sie zur Fiktion in der Fiktion. Schlimme Niederlagen gebären sozusagen traumatische Erinnerungen. Das trifft in besonderer Weise auf den Gallier-Sturm von 390/389 zu. Den historischen Tatsachen gemäß ging es trotz der Verluste und Zerstörungen wieder aufwärts mit Rom. Die geschlagene Bürgerschaft gelangte zu neuer Kraft und erhob sich nach wenigen Jahren wieder machtvoll über die alten Feinde und Rivalen in Latium und den angrenzenden Regionen. Solch vorteilhafte Entwicklungen erleichtern die propagandistische Pflege der einstigen Niederlage und ermöglichen deren Stilisierung zum Wendepunkt. Genau das hat Livius getan und sich dazu der historischen Fiktion bedient, um zugleich die restaurative und ganz auf die ruhmvolle Geschichte sowie die Größe Roms ausgerichtete Kultpflege, wie

---

67 Zitiert aus einem Werbetext des Braunschweigischen Landesmuseums, der anlässlich der 2008 gestalteten Ausstellung ‚Curiose Welfen – Welfische Curiositäten' verteilt wurde.

sie Augustus, unter dessen Herrschaft Livius seine Römische Geschichte schrieb, zum Programm erhoben hatte, zu würdigen.

Der große Theodor Mommsen ist in seiner Römischen Geschichte – immerhin trug sie ihm den Nobelpreis für Literatur ein – den Vorgaben des Livius gefolgt und hat Patriotismus und Taten des Camillus im Sinne der auch in seiner Zeit aus tiefster Überzeugung idealisierten Vaterlandsliebe gefeiert[68].

Und wie geht es in unserer Fiktion weiter? Erfolgreich war die Auswanderung nicht. Die nach der Schlacht an der Allia und während des Angriffs der Gallier auf Rom nach Veji geflüchteten Römer und die Auswanderer einigten sich auf die Rückkehr. Es war in der Tat die starke Bindung an die Heimatstadt, es war die Überzeugungskraft einflußreicher Männer aus der damals schon gemischt zusammengesetzten patrizisch-plebejischen Führungsschicht, der verblassende Einfluß der Volkstribunen, die den nach Tausenden zählenden Angehörigen der römischen Unterschichten in Veji weder materielle noch ideelle Hilfe zu bieten vermochten, welche die Stimmung umschlagen ließen. Nur noch wenige, anders als vor Wochen in Rom, brachten Einwände vor: Wie die Heimatstadt sich verändert habe, ob man bei dem Ausmaß der Zerstörung überhaupt von einer Rückkehr sprechen könne, da doch 'Heimat' die Vertrautheit mit den Verhältnissen bedeute. Die Mehrheit ließ gerade dies nicht gelten. Für sie hing Vertrautheit nicht am zufälligen Zustand der Gebäude, für sie schuf der *genius loci* die Vertrautheit, welche das Heimatgefühl ausmacht – ganz so, wie Camillus dies vor Augen geführt hatte. "Heimat ist das, was sich nicht übertragen läßt!"[69]

So kam es, dass diese Ereignisse tatsächlich als Wendepunkt, als zweite Gründung Roms in die Erinnerung eingingen und Camillus als ein zweiter Romulus und 'Vater des Vaterlandes' gefeiert wurde, eine Überlieferung, in der sich die nachträgliche Heroisierung des erfolgreichen Retters ebenso spiegelt wie in der fiktiven Rede, mit der wir uns eben beschäftigt haben. Der Gallier-Sturm, mit dem wir unser 'Spiel' der historischen Fiktion getrieben haben, ist letztlich ein sinnfälliges Beispiel für die, wie wir heute gerne sagen, Instrumentalisierung der Geschichte, die Aktualisierung historischer Ereignisse und ihre Anpassung an politische Bedürfnisse der jeweiligen Gegenwart. Die historischen Tatsachen im Zusammenhang mit dem Überfall auf Rom, mit Belagerung und Zerstörung sind kurz und bündig berichtet, das historische Urteil wird erschwert durch die Legendenbildung, die das Ereignis wohl schon sehr bald zur höheren Ehre Roms einkleidete.

---

68 Theodor Mommsen, Römische Geschichte, Bd. 1, Berlin 1874, S. 329–333; vgl. auch Alfred Heuß, Römische Geschichte, 7. Aufl. Paderborn u. a. 2000, S. 23f. zum Trauma als Folge der Niederlage an der Allia.
69 Diese über alle Zeiten gültige Empfindung las ich in Angelika Overaths überaus anregendem Senter Tagebuch ‚Alle Farben des Schnees', München 2010, S. 149.

Alexander der Große verliert die Schlacht bei Issos (333 v. Chr.)

Eine entscheidende Schlacht verloren, und der Glanz der Unbesiegbarkeit ist verblasst! Eine entscheidende Schlacht gewonnen, und der Mythos der Sieghaftigkeit und der heroischen Überhöhung mit Symbolkraft ist geboren! So auch bei Alexander dem Großen, in dessen Aufstieg zu historischer Größe und überragendem Feldherrntum der Schlacht bei Issos eine Schlüsselstellung zukam. Erfolgreich geführte Kriege befördern die Geburt von Mythen. Die gemeinsame Hinsicht auf einen äußeren Feind wirke nach innen integrierend, begünstige das kollektive Zusammenwirken und die „Entstehung mythisch aufgeladener Kriegshelden". Alexander ist aus der vielköpfigen Reihe großer Gestalten eines der wirkungsvollsten und schönsten Beispiele für die den diachronischen Vergleich anregende Analyse Wolfram Pytas in seinem grundlegenden Werk über Paul von Hindenburg, dessen Kapitel 4 über den Kriegshelden vornehmlich dem Thema der militärischen Erfolge als Grundlage charismatischer Herrschaft gewidmet ist[70].

Abb. 12: Münze Alexanders d. Gr., 336–323 v. Chr.

---

70 Wolfram Pyta, Hindenburg. Herrschaft zwischen Hohenzollern und Hitler, München 2007, S. 91–113 (hier vor allem S. 91). Allgemein zu Alexander die außerordentlich anregende Alexander-Biographie von Pedro Barceló, Alexander der Große, Darmstadt 2007.

Was war geschehen im November 333 v. Chr.? Alexander war bereits über die Bucht von Issos hinaus bis Myriandros in Syrien gelangt, als die Kundschafter meldeten, dass Dareios ihn mit einem gewaltigen Heer in der Ebene von Issos zur entscheidenden Schlacht erwarte. So machte Alexander kehrt, zog als Herausforderer in die erste direkte Begegnung mit dem Herrscher des Perserreiches, dem damals größten und mächtigsten Staatswesen, gegen das Alexander im Namen des Korinthischen Bundes, des von König Philipp II. von Makedonien 338 v. Chr. erzwungenen Bündnisses fast aller Griechen des Mutterlandes und der Inseln, einen Rachefeldzug führte: Rache für die durch die Perser 480/479 v. Chr. in Griechenland angerichteten Zerstörungen und Befreiung der Griechen in Kleinasien aus der Herrschaft der Perser als Kriegsziele, so die offiziell in Griechenland verbreitete Botschaft, welche die Griechen mobilisieren und motivieren sollte! Alexander triumphierte in einer lange unentschiedenen und blutigen Schlacht, die vornehmlich durch die vorzeitige Flucht ihres Königs für die Perser verloren ging. Der Weg sowohl in das Innere des Perserreiches als auch nach Syrien, Phönikien, Palästina und Ägypten war für Alexander frei, die vollständige Eroberung, die sicher von Anfang an sein Plan war, konnte beginnen.

Stellen wir uns einen anderen Ausgang der Schlacht vor! Dareios floh nicht, sein Heer siegte, Alexanders Truppen mussten zurückweichen und sich geschlagen geben. Die entscheidende Schlacht war ein Sieg des Perserkönigs.

Lassen wir, bevor wir uns dem Schauplatz zuwenden und nach dem möglichen weiteren Verlauf der Ereignisse fragen, beispielhaft an uns vorüberziehen, was unter diesen Voraussetzungen alles anders verlaufen, was ungeschehen, ungeschaffen, ungeschrieben, ungedacht geblieben wäre: Mit dem historischen Wirken Alexanders verbinden wir Weltherrschafts- und Weltreichsidee, Universalmonarchie und Herrscherkult; einheitliche, als griechische Koine das Weltreich durchdringende Sprache; weltumspannenden Verkehr, Weltkultur, welche sich niederschlug in Städtegründungen, in der Ausstrahlung und im bleibenden Erfolg der von den Griechen entwickelten Urbanität sowie in den damals entstandenen Voraussetzungen für die Ausbreitung von Weltreligionen. Mit einer Niederlage bei Issos wäre all dies zunächst Stückwerk geblieben, nur langsam und unter anderen Voraussetzungen begonnen worden. – Alexandria in Ägypten, das sich zum bedeutendsten Wissenschafts- und Bildungszentrum des Altertums entwickelte und die größte Bibliothek beherbergte, wäre nicht gegründet worden. – In Pompeji wäre nicht das berühmte Mosaik entstanden. – Plutarch, der gelehrte Schriftsteller der frühen römischen Kaiserzeit, hätte für seine Parallelbiographien kaum einen geeigneten griechischen Partner für Caesar gefunden. – Ausgeschlossen, dass das Porträt Alexanders unter diesen Umständen auf das frühe Christusporträt hätte Einfluß nehmen können. – Albrecht Altdorfer hätte nicht in dem berühmten Gemälde von 1529 die Schlacht bei Issos zum Symbol des Triumphes über den Orient machen können, in einer Zeit, als Europa vor den Türken zitterte, die seit der Schlacht bei Mohacz 1526 Europa bedrohten und 1529 zum ersten Mal vor Wien standen. – Ungemalt geblieben wäre das von würdevoller Stille und Andacht geprägte, 1708 entstandene Bild von Giovanni Antonio Pellegrini „Alexander an der Leiche des Darius". – Und Andy Warhol hätte keinen in jugendlicher Schönheit strahlenden Alexanderkopf geschaffen, um nur drei der zahllosen Kunstwerke aus unterschiedlichen Epochen hervorzuheben! – Johann Gustav Droysen hätte kaum sein immer wieder zitiertes historisches Urteil, Alexander bezeichne das Ende einer Weltepoche, den Anfang einer neuen, niederschreiben und Alexander nicht als zentrale Figur in der weltgeschichtlichen Tradition des Gegensatzes und der Auseinandersetzung zwischen Orient und Okzident stilisieren können. – Alexander würde nicht vom griechischen Nationalismus unserer Tage, welcher die in Mazedonien lebende slawische Minderheit bedrängt, missbraucht, weil sich kein Alexander-Mythos gebildet hätte. – Alexander wäre allenfalls am Rande in die Geschichtsbücher gekommen, als weiteres Beispiel für den vergeblichen Versuch, ein Großreich zu erobern.

Fragen wir, was Alexander bis zur Schlacht bei Issos erreicht hatte, und ob das Erreichte Bestand hätte haben können. In der Nachfolge seines Vaters Philipp hat Alexander zunächst die Machtstellung Makedoniens gegen die Balkanvölker und gegen Erhebungen in Griechenland erfolgreich gesichert. Bei diesen Unternehmungen tat sich der junge König durch militärische Führungsstärke, entschlossenes Handeln, Schnelligkeit und Härte hervor. Er trat die Nachfolge seines Vaters als Hegemon des Korinthischen Bundes an, setzte die Planungen für den panhellenischen Rachefeldzug gegen das Perserreich fort und eröffnete diesen Feldzug im Frühjahr 334 v. Chr. mit dem Übergang über die Meerengen, den er, wie es der Perserkönig Xerxes 481 v. Chr. auf seinem Feldzug gegen Griechenland getan hatte, als symbolhaftes Ereignis stilisierte. Nach seinem Sieg über ein von den Satrapen der westlichen Provinzen geführtes persisches Heer am Fluß Granikos im Nordwesten Kleinasiens zog er über Sardes nach Süden, befreite die Griechenstädte von der persischen Oberhoheit und erneuerte die städtische Selbstverwaltung, wobei er jeweils die von den Persern unterdrückte demokratische Richtung zum Zuge kommen ließ. Auf dem weiteren Marsch durch Kleinasien sicherte er die gewonnenen Gebiete, indem er die Provinzorganisation der Perser, natürlich unter der Leitung von Leuten seines Vertrauens, beibehielt. Sein Ziel war es, möglichst bald mit Dareios III., dem Herrscher des Perserreiches, in einer entscheidenden Schlacht zusammenzutreffen, so dass er sich, was die Sicherung der eroberten Provinzen betrifft, auf das unbedingt Notwendige beschränkte. Damit kehren wir zurück zu jener entscheidenden Schlacht, um die es uns geht, und deren Ausgang wir uns als Erfolg des Perserkönigs vorstellen.

Da Alexander von Osten her in die Ebene von Issos vorgerückt war, hatte er im Rücken feindliches Land und war infolge der Niederlage von einem direkten Rückzug abgeschnitten. Zunächst galt es, die verbliebenen Truppen zu sammeln, einer Verfolgung möglichst zu entkommen und sich über den Zustand der einzelnen Heeresabteilungen, sofern sie sich überhaupt hatten retten können, Rechenschaft zu geben. Zum Glück war das persische Heer wegen seiner Größe und seiner

Organisationsformen für schnelle Bewegungen ungeeignet. Auch stellte es seine Führung, was die Versorgung mit Nahrung und Wasser betraf, vor erhebliche Probleme. Blenden wir das weitere Vorgehen Alexanders für einen Moment aus und überspringen fürs erste das, was unmittelbar folgte!

Abb. 13: Alexanderschlacht, Gemälde von Albrecht Altdorfer, 1528/29

Welches Ziel hatte Dareios? Dem Angreifer in einer siegreichen Schlacht Einhalt zu gebieten, klarzustellen, wer Herrscher ist. Das war gelungen. Aber Dareios war weder auf einen Bewegungskrieg vorbereitet, eine Form des Krieges, die ohnehin nicht zur Strategie der Perserkönige gehörte, noch auf einen längeren Feldzug, etwa einen Zug gegen Makedonien und Griechenland eingerichtet. Es lag nahe, entweder zu der schon zuvor eingeschlagenen Taktik, nämlich den Gegner, sollte er sich wider Erwarten erneut sammeln, hinzuhalten und zu demoralisieren, zurückzukehren oder ihm so rasch es ging einen zweiten Schlag zu versetzen. Eine weitere Möglichkeit, die Dareios unbedingt nutzen mußte, betraf das von Alexander eroberte Kleinasien. Es war der Überlegung wert, Heeresabteilungen nach Westen in Marsch zu setzen, welche sich gegen die von Alexander an zahlreichen Orten zurückgelassenen Besatzungen hätten vorkämpfen müssen, um Kleinasien zurückzugewinnen. In den griechischen Städten ergab sich dabei eine besondere Situation, da die von Alexander zugunsten der Demokraten vertriebenen Aristokraten erneut an die Macht kommen konnten, hatten sie doch bis zur Befreiung der Städte durch Alexander in für sie günstiger Weise mit den persischen Oberherren konspiriert, um sich an der Macht zu halten. Alexander hatte auch nicht alle Griechenstädte von Abgaben befreit, was die Stimmung durchaus nicht zu seinen Gunsten beeinflußte. Heeresfolge und Tribute widersprachen nämlich ganz entschieden der Vorstellung der Griechen von Gemeindefreiheit. An einen sofortigen Aufbruch eines Teiles des Heeres war allerdings wegen der Jahreszeit nicht zu denken: es war Mitte November, in der Ebene hatten bereits die heftigen Regen eingesetzt, in den Gebirgslandschaften, durch die das Heer hätte ziehen müssen, hatte der Winter begonnen und die Pässe unpassierbar gemacht.

Und Alexander? Für ihn taten sich, abgesehen von der Situation vor Ort, eine Reihe von Unsicherheiten und Unwägbarkeiten auf, welche die bisher eroberten Gebiete, außerdem die Ägäis und die Meerengen sowie das griechische Mutterland betrafen. Von Kleinasien war schon die Rede. Schauen wir uns die beiden anderen Schauplätze ebenfalls näher an! Die Niederlage bei Issos warf Alexander auf die Verhältnisse zurück, die sich im Frühjahr 333 v. Chr. angebahnt hatten. Bevor er den Entschluß faßte, dem Perserkönig entgegenzuziehen, stand Alexander während seines Aufenthaltes in Gordion nämlich vor der Frage, ob es nicht geraten sei, den Vormarsch abzubrechen, um die Gefahren, die von der persischen Flotte ausgingen, sowie die in Kleinasien und im Mutterland drohenden Erhebungen zu beseitigen und dann den Feldzug neu zu beginnen. Mit solcher Vorsicht zu Werke zu gehen, war allerdings nicht Alexanders Sache. Er wusste auch, daß nur ein rasches Aufeinandertreffen mit Dareios und ein möglichst glanzvoller Sieg sein Unternehmen weiterbringen konnte.

Die Nachrichten von Alexanders Niederlage verbreiteten sich wie ein Lauffeuer. Für die immer noch starke antimakedonische Opposition im Mutterland hätte es natürlich keine willkommenere Neuigkeit geben können. Überall, zumal in Athen, erhoben die Feinde der Makedonen ihre Stimme: die griechischen Kontingente sollten möglichst sofort das Heer verlassen und Alexander den Rücken kehren, auf Truppennachschub aus Griechenland brauche Alexander nicht mehr zu hoffen, der Korinthische Bund, dem man ohnehin unter Zwang und militärischem Druck der Makedonen beigetreten sei, werde am besten aufgelöst, die griechisch-persische Annäherung könne man nun offen vorantreiben. Zwar war Memnon, der erfolgreiche Führer der persischen Flotte, der selbst aus der griechischen Militärelite stammte und mit der Tochter eines der vornehmsten Perser verheiratet war, unerwartet verstorben, doch kam der Flotte auch unter Pharnabazos, ihrem neuen Befehlshaber, weiterhin eine Schlüsselrolle zu. Mit Memnon hatten schon während Alexanders Feldzug durch Kleinasien Vertreter verschiedener griechischer Poleis

Gespräche geführt. Athen und Sparta hatten sogar bereits Gesandtschaften an den persischen Hof geschickt, um die Chancen einer Erhebung zu erkunden. Was bisher unter der Decke schwelte, brach offen aus, und die meisten Städte des Mutterlandes stellten sich offen gegen die Makedonen und damit gegen deren militärischen Führungsanspruch. Griechenland schöpfte Hoffnung in dem Bewusstsein, eine neue Unabhängigkeit erreicht zu haben.

Das Ägäische Meer, der andere Schauplatz, stand schon bisher dank der von Memnon geführten starken Flotte unter der Kontrolle der Perser. Der Verzicht Alexanders auf eine eigene Flotte, er hatte die ohnehin schwachen Verbände während des Jahres 334 v. Chr. aufgelöst, hatte sich schwer gerächt und zur Folge gehabt, dass die Perser diesen kapitalen strategischen Fehler ausnutzten, ihre Hoheit zur See konsequent ausweiteten und schon während der zurückliegenden Monate eine Reihe von Griechenstädten in ihre Gewalt gebracht hatten. Nach Alexanders Niederlage setzte Pharnabazos diese Aktivitäten umso heftiger fort. Er brachte die Meerengen unter seine Kontrolle, verhängnisvoll für das geschlagene Heer, weil die wichtigen Nachschubwege in Feindeshand waren, für Athen dagegen wegen der unverzichtbaren Getreidezufuhr aus den nördlichen Schwarzmeerländern ein Anlaß, noch stärker um ein gutes Verhältnis zum Perserkönig bemüht zu sein.

Und Makedonien selbst? Antipater, den Alexander als Stellvertreter zurückgelassen hatte, um Makedonien zu sichern und die Griechen in Schach zu halten, griff nicht in die antimakedonische Bewegung in Griechenland ein, obwohl ihm ein schlagkräftiges Heer zur Verfügung stand. Die Situation war zu heikel, die antimakedonischen Emotionen zu mächtig. Makedonien und die bis zu den Meerengen reichende makedonische Einflusssphäre zu schützen, war das Gebot der Stunde, und diese Aufgabe erledigte Antipater mit Erfolg. Allerdings war es ihm wegen der fehlenden Kriegsschiffe nicht möglich, Einfluß auf die Meerengen zu gewinnen.

Mit der Betrachtung der verschiedenen westlichen Schauplätze sind wir den Ereignissen vorausgeeilt. Zunächst ging es doch um Alexander selbst, die verzweifelte Lage der vom direkten Rückzug abgeschnittenen Reste seiner Armee; es ging um sofort zu treffende Maßnahmen; denn keinesfalls durften die noch vorhandenen Truppen in die Hände der Perser fallen. In dieser Situation war von Vorteil, dass Alexander fast aus dem Anmarsch heraus Dareios zur Schlacht gezwungen hatte, also alle mit dem Einrichten eines Lagers und längerer Rast verbundenen organisatorischen Maßnahmen unterblieben waren, was selbst in der Niederlage Beweglichkeit verschaffte. Nur wohin sich wenden? Wollte man nicht plündernd und brandschatzend ziellos durchs Land ziehen und schließlich sich selbst aufs Spiel setzen, was nicht in Frage kam, musste Alexander auch in der Not planvollem Handeln den Vorzug geben.

Wir wissen von Depressionen, Wutausbrüchen, verzweifelter Niedergeschlagenheit, Lähmung aller Energien, Gemütszuständen, denen Alexander immer wieder ausgesetzt war. Wir wissen, daß er sich dann in sein Zelt einschloß, jeden Kontakt mit seinen Soldaten, selbst seinen vertrauten Gefährten, mied. Aber sich Schmerz, Trauer oder Zorn hinzugeben, dazu war jetzt keine Zeit, wenn nicht alles im Chaos enden und verloren gehen sollte. Eilboten brachen auf, um die Garnisonkommandeure in den eroberten Provinzen zu benachrichtigen. Das gewonnene Gebiet musste gehalten, mögliche Aufstände persertreuer Gruppierungen unterdrückt werden. Was nützten jetzt noch die Spezialeinheiten der Pioniere, Ingenieure, Belagerungsexperten, Landvermesser, Schrittmesser, Handwerker und Baumeister! Was nützten die Wissenschaftler, Künstler und zumal Historiker, unter ihnen Kallisthenes als der bekannteste, welche die Chronik des Feldzuges schreiben und den Ruhm Alexanders der Nachwelt überliefern sollten! Würde jemals noch Bedarf an einer Geschichte Alexanders sein?

Abb. 14: *Alexanderschlacht. Mosaik in Pompeji*

Die Reste des Heeres stellte Alexander unter die Führung einiger der angesehensten Makedonen aus dem Kreis der nächststehenden Gefährten, unter ihnen Krateros und Ptolemaios. Sie sollten auf Umwegen möglichst rasch zur Königsstraße gelangen, wenn sie überhaupt dem feindlichen Heer entgehen konnten. Aller Ballast, alles, was den Zug verlangsamt hätte, blieb zurück. Alexander selbst nahm außer einer Schar ausgewählter makedonischer Reiter einige der getreuesten und ergebensten Freunde und verschaffte sich in einer Art Handstreich Zugang zum direkten Weg nach Westen. Er wollte über die Kilikische Pforte, die er noch unbesetzt hoffte, was infolge der Unfähigkeit der Perser zu raschem, gezieltem Handeln auch zutraf, in die westlichen Satrapien gelangen und die Grundlage für einen neuen Feldzug schaffen. Zumindest sollte das gewonnene Land bis zur Kilikischen Pforte nicht wieder in die Hand der Perser fallen. Aber der große, unerhörte Schwung war gebrochen, das heroische Pathos erkaltet und die Basis der Mythenbildung zusammengestürzt!

Oder war es doch ganz anders? Hat sich Alexander nach der Niederlage das Leben genommen? Ja! Denn mit dieser Niederlage war alles verloren. Da ist zunächst das unmittelbare Umfeld: Alexanders Herrschaft und das Unternehmen gegen das Perserreich waren keineswegs auf festen Grund gebaut. Nicht lange vor der Schlacht bei Issos hatte Alexander Lynkestes, ein Makedone aus vornehmem Hause, Schwiegersohn des Makedonien stellvertretend regierenden Antipater und Befehlshaber der thessalischen Reiterei, einer der wichtigsten Heeresabteilungen, sich vom Perserkönig für eine Verschwörung anwerben lassen, die aber vorzeitig aufgedeckt wurde. Alexander handelte, was die Bestrafung des Verschwörers betraf, zunächst vorsichtig, wusste er doch, dass es unter den vornehmen Makedonen nach wie vor Gegner seiner auf großräumige Eroberung gerichteten Ambitionen gab. Er hatte im engsten Umkreis persönliche Feinde und Konkurrenten. Dann gab es die unsicheren Verbündeten, die Kontingente der griechischen Städte; denn sie empfanden in der Heeresfolge mehr Zwang als Freiwilligkeit oder gar national motivierte Überzeugung. Nur zu gern ließen sich die Griechen vom Perserkönig nach der Niederlage als Söldner anwerben oder nach Hause schicken.

Und was war bis dahin erreicht? Kleinasien war bis Kilikien erobert, die Widerstände waren aber längst noch nicht gebrochen. Die Ägäis beherrschte der Gegner – wir haben dieses Thema schon berührt. Die Befreiung der Griechenstädte in Kleinasien war im Urteil der Griechen sicher ein Erfolg, für den Herrschaftsanspruch Alexanders aber bedeutungslos im Vergleich zu den Möglichkeiten, die eine Befreiung Ägyptens oder des Zweistromlandes von der persischen Fremdherrschaft geboten hätte! Mit dieser Niederlage war alles verloren. Das Tor zu den zentralen Ländern des Perserreiches, zum hoch entwickelten, kulturell und ideell so bedeutenden Ägypten, zur Metropole Babylon blieb verschlossen. Was blieb einem Menschen voller Herrscherphantasie, voller Träume von Größe, Macht, voller weltumspannender Pläne? Nichts! Lieber tot sein und für kurzen Ruhm gelebt haben als in der Enge des bescheidenen Makedonenthrones als regionale Herrscherfigur ein Bauernvolk regieren, für sichere Grenzen sorgen und sich über die Griechen ärgern!

Bei diesem Ende bleibt der Fortgang der Weltgeschichte ganz außer acht, jedenfalls dann, wenn wir uns mit dieser historischen Momentaufnahme begnügen und darauf verzichten, den historischen Augenblick zu verlängern, so wie wir das in der Einleitung als Möglichkeit angedeutet haben. Das ist, zumal bei diesem Thema, eine unbefriedigende Lösung. Also blicken wir zurück auf die Weltgeschichte! Die können wir nicht umschreiben, weil wir sonst alles, was sich während der folgenden Jahrzehnte bis weit ins zweite Jahrhundert v. Chr. ereignet hat, in Frage stellen, ja sogar ungeschehen denken müssten. So haben sich die Ausbreitung der griechischen Kultur und ihr Aufstieg zur Weltgeltung, auch die Hellenisierung Ägyptens, unter anderen Bedingungen vollzogen, wobei es nicht schwerfällt, sich den bereits absehbaren Untergang der Achaimenidenherrschaft in Thronwirren, Aufständen und in einer Regionalisierung des Großreiches vorzustellen. Der Anstoß zu einer zweiten, von Griechen getragenen großen Kolonisation war ebenfalls schon gegeben.

Die Römer verlieren den ersten Punischen Krieg

In einem zeitgeschichtlichen Beitrag, den ich kürzlich las, ist mehrmals vom Krieg die Rede – vom Krieg als weltgeschichtlichem Phänomen und mit unterschiedlichen Wertungen: In der Geschichte sei alles immer durch Kriege geregelt worden. Jede Generation müsse einmal einen Krieg mitgemacht haben[71]. Es gebe nur wenige Kriege, von denen sich ohne Einschränkung sagen lasse, sie seien gerecht gewesen, und dass auch noch die Richtigen gewonnen hätten[72]. Eine Aufreihung historischer Urteile, die in dieser allgemeinen Form natürlich auch für das Altertum gelten können. Konzentrieren wir uns auf zwei Urteile! Wer entscheidet, ob ein Krieg gerecht ist? Die Römer führten nur gerechte Kriege. Das war ihre Überzeugung und Ideologie, welche sie durch genau festgelegte, einen Krieg einleitende Rituale öffentlich zur Schau stellten. Und die Frage nach den richtigen Siegern? Die Römer haben, so die Geschichte, den Ersten Punischen Krieg gewonnen. Wenn aber die Karthager diesen Krieg gewonnen hätten, wie wir es uns vorstellen, wer waren dann die richtigen Sieger? Es gab bereits im Altertum den römischen und den karthagischen Standpunkt – je nach Standpunkt waren die einen oder die anderen die richtigen oder falschen Sieger, die richtigen oder falschen Verlierer. Diese gegensätzlichen Standpunkte und Wertungen ziehen sich durch die historischen Urteile bis in unsere Gegenwart. Wir in Europa haben einen Konsens in dieser Frage, dass nämlich mit den Römern die Richtigen gesiegt haben, wären wir doch, wenn man, was in visionären Ausblicken gerne geschieht, einen grundlegend anderen Verlauf der Geschichte voraussetzt, ohne die Römer nicht romanisch, sondern punisch-karthagisch, das heißt, bis zu einem gewissen Grad orientalisch, geprägt. Nicht christlich, sondern schließlich muslimisch geworden? Wenn also die Karthager den Krieg gewonnen hätten? Hier könnte man einen weiten Bogen spannen, was aber nicht meine Absicht ist, und was auch nicht die Logik der Unabdingbarkeit für sich hätte!

---

71 Diese Äußerungen stammen von Sir Winston Churchill. Zitiert nach Klaus Wiegrefe, „Sieg um jeden Preis", in: Der Spiegel, Nr. 33, 2010, S. 56–67 (hier S. 57 und 60).
72 Ebenda S. 58.

Abb. 15: Schlachtenszene aus dem Ersten Punischen Krieg

Im Ersten Punischen Krieg stießen der römische und der karthagische Imperialismus zum ersten Mal feindlich aufeinander. *Karthago* war als Handelsstaat eine bedeutende Land- und Seemacht, die seit dem 5. Jahrhundert beständig gewachsen war. Militärisch äußerte sich seine machtvolle Stellung vor allem in einer starken Flotte. Es beherrschte die Küstenlandschaft Nordafrikas von der Grenze der Kyrenaika bis jenseits der Straße von Gibraltar (damals die ‚Säulen des Herakles' genannt), das westliche Sizilien und bereits kleinere Abschnitte der Südküste der Iberischen Halbinsel, die Balearen sowie Sardinien und Korsika. *Rom* war noch Anfang des 3. Jahrhunderts v. Chr. eine reine Landmacht. Systematisch hatte es seit dem 5. Jahrhundert die südlich des Apennin angesiedelten Völker und Städte der italischen Halbinsel unterworfen und in ein von ihm geführtes Bündnissystem eingegliedert.

In welchem Verhältnis standen Römer und Karthager bis dahin? Beide Stadtstaaten waren auf hegemoniale Vorherrschaft bedacht. Die Karthager strebten dabei weniger die Unterwerfung ganzer Landesteile an, sondern konzentrierten sich auf die Errichtung von Handelsstützpunkten und die Kontrolle der Küstenstreifen, während es den Römern bis in die Zeit dieses ersten Krieges mit Karthago um die herrschaftliche Durchdringung Mittel- und Unteritaliens ging. Für den Historiker Alfred Heuß gab es seit den Tagen des „etruskischen" Rom einen römischen „Imperialismus". Zu Konflikten mit Karthago war es trotzdem bisher nicht gekommen, man hatte sogar den Eindringling Pyrrhos gemeinsam besiegt. Die diplomatischen

Beziehungen zwischen Rom und Karthago begannen früh, etwa 508/7 v. Chr., also zu Beginn der Republik, mit einem ersten Vertrag. Der zweite Vertrag wird auf 348 v. Chr. datiert, der dritte in die Zeit des Krieges mit König Pyrrhos von Epirus (280/275 v. Chr.), den die mit Rom verfeindete Griechenstadt Tarent zu Hilfe gerufen hatte, und der mit dem Übersetzen nach Sizilien die karthagischen Besitzungen dort gefährdete. Die beiden ersten Verträge enthielten Regelungen auf Gegenseitigkeit für den Handel und die dem Handel dienende Schiffahrt, welche auch Einschränkungen einschlossen, sowie Schutzbestimmungen. Der Inhalt des dritten Vertrages war ganz von der gemeinsam zu organisierenden Abwehr des Pyrrhos bestimmt.

Roms Aufstieg in Italien war wechselhaft und vollzog sich nicht ohne herbe Rückschläge in Form von militärischen Niederlagen. Aber es gewann immer wieder die Oberhand, so dass wir für die Zeit um 270 v. Chr. Roms Position folgendermaßen beschreiben können: Innere Konsolidierung, so etwa die Lösung sozialer und sicherheitspolitischer Probleme durch eine weitsichtige Siedlungspolitik, Verschmelzung der traditionellen, patrizischen Führungsschicht mit der neu entstandenen plebejischen Elite. Ausweitung der Teilhabe am Staatsleben einerseits, tatkräftiges Handeln nach außen, das heißt Abwehr von Feinden und Erweiterung des Staatsgebietes anderseits verliefen zum Teil parallel. Seit etwa 360 v. Chr. stand aber die äußere Entwicklung ganz im Mittelpunkt. Die Keltengefahr war gebannt; aber noch nicht ausgeräumt. Ganz Italien südlich des Apennin-Gebirges befand sich unter Roms Hegemonie. Unter Roms Führung war die römisch-italische Wehrgemeinschaft entstanden. Seine Aktivitäten nach außen galten bisher ausschließlich dem italischen Festland. Die Verträge mit Karthago waren unter friedlichen Voraussetzungen und unter Wahrung gegenseitiger Interessen geschlossen worden. Um die sizilischen Angelegenheiten hatte sich Rom bisher nicht gekümmert. Ob man aus diesen Tatbeständen den Schluß ziehen kann, die Herrschaft über die Apenninenhalbinsel habe Rom bereits zu einer Großmachtstellung im westlichen Mittelmeer verholfen und damit sei unweigerlich die Frage nach dem Verhältnis Roms zu Karthago, der anderen in diesem Raum maßgeblichen Großmacht, aufgeworfen worden, wie das Alfred Heuß tut, ist die Frage. Die Römer gehörten nicht zu den seefahrenden Völkern. So könnte man meinen, es habe ihnen von Hause aus ferngelegen, den Karthagern Schwierigkeiten zu machen. Wie aber, wenn der Anstoß zur Parteinahme von einer politischen Macht außerhalb Italiens, eben einer auf Sizilien gelegenen Stadt ausging und die Absender des Hilfegesuchs auch noch italischer Herkunft waren, so dass die Römer sich um so mehr auf Grund ihres auf Herrschaft, Expansion und Protektion bedrängter Staaten ausgerichteten politischen Denkens und Handelns zur Hilfeleistung geradezu verpflichtet fühlten? Wir werden sehen!

Abb. 16: Die Insel Mozia (Motya)

Für Karthago waren immer die äußere Politik und der Drang, Handel zu treiben, das hervorstechende Merkmal. Das galt schon für die Punier, die einst die Küste der Levante verlassen hatten, um sich im westlichen Mittelmeer anzusiedeln. Karthago wurde ihre bedeutendste Gründung. Bis an die Küste Südhispaniens reichten die Handelsstationen. In diesem Kontext hatte Sizilien, das etwa in der Mitte zwischen Phönikien im Osten und den Säulen des Herkules im Westen an den wichtigen Schiffahrtsrouten des Mittelmeeres lag und den kürzesten Weg zwischen Italien und Afrika bot, einen besonderen Rang und war geradezu Voraussetzung für die Kontrolle des Meeres. Abgesehen von dem Stadtstaat Messana, einer ehemals rein griechischen Stadt, in der sich kampanische Söldner, die Mamertiner, mit Duldung des Herrschers von Syrakus, in dessen Diensten sie gestanden hatten, angesiedelt hatten, teilten sich Griechen und Karthager Sizilien, wobei die Griechen den größeren Teil der Insel bewohnten, die Karthager auf die Küstenstreifen im Nordwesten und Westen beschränkt waren. Die heutigen Städte Trapani (Drepanum) und Marsala (Lilybaeum) sowie die kleine Insel Mozia (Motye) waren die Zentren karthagischer Besiedlung und Handelstätigkeit. Allerdings waren kleinere oder ausgedehntere, leichtere oder schwerere Konflikte zwischen Karthagern und Griechen an der Tagesordnung. Es gibt sogar eine Überlieferung, nach welcher Perser und Karthager 481/480 v. Chr. ihre Angriffe auf die Griechen des Mutterlandes und Siziliens koordiniert hätten; aber da hat wohl zufälliges zeitliches Zusammentreffen die in der Rückschau auf die Ereignisse entstandene Deutung beeinflusst. Allenfalls kam den Karthagern der sich nur langsam entwickelnde Feldzug der Perser gelegen, weil sie sicher sein konnten, dass die sizilischen Griechen nicht auf Hilfe aus dem Mutterland hoffen konnten. Griechen und Karthager waren jedenfalls

Gegenspieler, Konkurrenten, und die Punier beziehungsweise Karthager haben mehrfach versucht, die Griechen zurückzudrängen.

Bisher hatte allerdings keine sizilische Griechenstadt Roms Hilfe gesucht – anders als auf dem italischen Festland, wo Rom sei es von campanischen Städten, von Neapel, von Apulern und Lucanern gegen die Samniten oder von süditalischen Griechenstädten gegen das mächtige und expansive Tarent um militärischen Schutz angegangen worden war. Das änderte sich mit dem Beschluß der Mamertiner, nicht nur die Karthager, die traditionellen Gegner von Syrakus, sondern auch Rom, die Vormacht Italiens, um militärische Unterstützung gegen Syrakus zu bitten. Die Karthager willigten ein und übernahmen entschlossen die Rolle der Schutzmacht. In Rom war die Angelegenheit jedoch angeblich umstritten, es heißt sogar, man habe Skrupel gehabt, die nicht gerade beliebten, eher als Freibeuter und Räuber verhaßten Mamertiner zu schützen; schließlich habe man aber den Verlockungen eines leichten Triumphes nachgegeben. Auch das sind Erklärungen im Rückblick auf die Ereignisse, die, was die Bedenken betrifft, auch dazu dienten, Roms Anspruch auf moralisch integres politisches Handeln zu beweisen. Aus einer kurzen Intervention und aus der erhofften leichten Beute wurde nichts. Jedenfalls ankerte eine karthagische Flotte bereits im Hafen von Messana und karthagische Truppen waren als Besatzung in der Burg, als die Römer eintrafen. Die nahmen ihren Auftrag jedoch sehr ernst und vertrieben Karthager und Syrakusaner, die sich angesichts der verwickelten Lage kurzfristig verbündet hatten, nachdem Verhandlungen der Befehlshaber gescheitert waren. Die Entscheidung des römischen Heerführers, es war einer der beiden Konsuln, entsprach dem längst zur Regel gewordenen Grundsatz, nicht nachzugeben, wenn einmal eine Unternehmung begonnen worden war, eine begonnene Hilfeleistung auch durchzuführen und unter römischem Schutz stehende Bundesgenossen nicht im Stich zu lassen. Zwar waren die Mamertiner in Messana keine römischen Bundesgenossen; aber ein Rückzug hätte bedeutet, den Karthagern das Feld zu überlassen und dies, obwohl ein Teil der Bürgerschaft des bedrängten Messana gerade von den Römern die entscheidende Unterstützung gegen Syrakus erhoffte. Natürlich konnten die Karthager ebenfalls nicht den Schauplatz verlassen, als ob nichts geschehen sei. Die Karthager mussten nach den von den Römern unternommenen kriegerischen Handlungen die weitere Anwesenheit römischer Truppen auf Sizilien als feindlichen Akt deuten.

Damit war der Krieg eröffnet, den, wie es in der wissenschaftlichen Literatur immer wieder heißt, keine der beiden Seiten gewollt habe. Eine langwierige kriegerische Verwicklung nahm ihren Lauf. Hieron, der Stadtherr von Syrakus, verhielt sich in diesem Konflikt neutral, was für Syrakus Frieden und weiter wachsenden Wohlstand bedeutete. Bekanntlich kam Syrakus erst während des Zweiten Punischen Krieges unter römische Oberhoheit.

Es genügt, über Beginn und Verlauf des Krieges das Wichtigste festzuhalten, insbesondere in Hinsicht auf Strategie, Ressourcen, militärische Stärke und Kriegsziele. Die Ziele waren klar umrissen: Karthago verteidigte seine Position, das heißt es ging den

Karthagern darum, ihre Stützpunkte zu behalten und möglichst viel Einfluß auf der Insel zu gewinnen. Die Römer, einmal vor Ort, wollten die Karthager in die Schranken weisen, vor allem verhindern, dass sie ganz Sizilien unter ihre Oberhoheit bringen und sich zur Bedrohung des italischen Festlandes entwickeln. Der griechische Geschichtsschreiber Polybios, der als Bewunderer des römischen Imperialismus in der zweiten Hälfte des zweiten Jahrhunderts v. Chr. seine Historien schrieb, bewertete die Ereignisse in einem größeren, geopolitischen Zusammenhang und stellt fest, die Ausdehnung der karthagischen Macht habe den Römern keine andere Wahl gelassen als den Krieg aufzunehmen. Das ist ein historisches Urteil, welches alles, was sich bis zur endgültigen Vernichtung Karthagos 146 v. Chr. zwischen Römern und Karthagern ereignet hat, einschließt; denn von einer gefährlichen Ausdehnung der karthagischen Macht, überhaupt von einer sich andeutenden Ausdehnung der Macht kann für die Zeit um 264 v. Chr. wohl kaum die Rede sein.

Der Verlauf des Krieges war wechselhaft, vor allem zog sich dieser Krieg lange hin. Sicher wurden nicht jedes Jahr Schlachten geschlagen; aber 23 Jahre waren eine Zeitspanne, welche die Zeitgenossen schon fast an den Peloponnesischen Krieg erinnern mochte. Ein Erfolg für die Römer war die schon im zweiten Kriegsjahr getroffene Entscheidung des Hieron von Syrakus, sich den Römern anzuschließen. Aber trotz dessen Unterstützung, trotz der Eroberung der starken karthagischen Flotten- und Heeresbasis Akragas (Agrigent) und Korsikas durch die Römer, trotz einiger nachhaltiger Erfolge in Seeschlachten und trotz der Landung einer römischen Armee im Hoheitsgebiet Karthagos: die Überlegenheit Karthagos zur See war schließlich ausschlaggebend für den Ausgang des Krieges. Erstaunlich ist allerdings, wieviel Ausdauer, Durchhaltevermögen, Anpassungsfähigkeit und materielle wie ideelle Opferbereitschaft die Römer zeigten. Sie mussten mehrmals ihre Flotte ergänzen oder neue Flotten bereitstellen, zuletzt, als die Staatskasse leer war, mit privaten Anleihen aus den Reihen der Oberschicht. Sie rüsteten zum ersten Mal Schiffe mit Enterhaken und Brücken aus, so dass Infanteristen die feindlichen Schiffe stürmen konnten. Trotzdem war der Gegner stärker und behielt dank ständiger Nachrüstung und der größeren maritimen Ressourcen die Oberhand. Der Erste Punische Krieg war ein Krieg, der nur zur See gewonnen werden konnte. 241 v. Chr. willigten die Römer endlich in einen Waffenstillstand und einen Friedensvertrag ein.

Was war das Ergebnis des Krieges? Roms Macht blieb auf Italien beschränkt, die römisch-italische Wehrgemeinschaft unberührt vom Ausgang des Krieges. Natürlich hatten die Römer keinerlei Gewinn erzielt, vielmehr hatte ihr Ansehen als Vormacht Italiens gelitten, zumal sie den Krieg eröffnet hatten. Die Großmacht Karthago in die Schranken zu weisen und selbst in den Status einer Großmacht aufzusteigen, war misslungen. Als einzigen Ertrag konnten die Römer für sich verbuchen, dass sie jetzt in der Lage waren, auch Kriege zur See zu führen, das heißt sie waren rein theoretisch darauf eingestimmt, sich auf außeritalische Unternehmungen einzulassen. Karthagos Position war gestärkt, nicht nur auf Sizilien, das bis auf das Herrschaftsgebiet von Syrakus jetzt ganz unter dessen Kontrolle stand, sondern auch im westlichen Mittelmeer. Sizilien war von nun an eine starke Basis für weitergehende militärische Operationen, die bisher ausgeblieben waren; denn im Gegensatz zu den Verhältnissen vor diesem Krieg waren allein durch den Umstand der Gebietserweiterung und der Kontrolle der Insel bis an die Italien gegenüberliegende Küste neue Optionen gegeben. Karthagos erweiterter Einfluß war zu einer ernsten und unmittelbaren Bedrohung für die italische Halbinsel geworden, welche die Römer in ihrer Verantwortung für die Bundesgenossen und Bürgerkolonien ernst nehmen mussten. In Gefahr war auch Syrakus, das schon bald nach Kriegsbeginn die Seiten gewechselt hatte und seither zu den Gegnern Karthagos zählte. Unter den gegebenen Umständen war es für Rom schwierig, dem Bündnispartner im Ernstfall beizustehen.

Und wie ging es weiter? Es war nicht Art der Römer, nach einer erlittenen Schmach Ruhe zu geben. In den Jahrhunderten vor dem ersten Krieg mit Karthago haben die Römer einige Niederlagen hinnehmen müssen, gegen Veji, gegen die Kelten und Samniten, bevor sie die schlimmen Schläge durch Erfolge ihrer Heere wettmachen konnten. Auf die Schnelle ließen sich jetzt die Machtverhältnisse allerdings nicht zu Roms Gunsten verändern. Wie vor dem Krieg konzentrierten sich daher Roms außenpolitische Ziele wieder auf die Sicherung Mittel- und Unteritaliens, wozu auch die Abwehr der Gallier und neuerdings der Schutz für die das Adriatische Meer und die Italien gegenüberliegende Illyrische Küste befahrenden Kaufleute gehörten. Es musste Rom darauf ankommen, dem Anspruch auf die italische Hegemonie wieder Überzeugungskraft zu geben; denn die hatte gelitten. Es galt, von neuem aus der römisch-italischen Wehrgemeinschaft Kraft zu schöpfen für weiterreichende Unternehmungen. Den 238 v. Chr. ausgebrochenen Aufstand der karthagischen Söldner auf Sardinien konnte Rom noch nicht nutzen. Es ergriff aber einige Jahre später die Gelegenheit zum Handeln, in der Absicht, Karthagos Ausgreifen auf der Iberischen Halbinsel eine Grenze zu setzen. Wahrscheinlich schlossem die Römer auf Drängen des mit ihnen seit alters verbündeten Massilia (Marseille) oder griechischer Städte in Nordhispanien wie zum Beispiel Emporion (Ampurias) mit der Stadt Sagunt, strategisch günstig an der wichtigen Küstenstraße zwischen der karthagischen Stadt Karthago Nova (heute Cartagena) und dem Ebro gelegen, ein Bündnis. Damit waren Konflikte um die Vorherrschaft auf der Iberischen Halbinsel, wie sie tatsächlich wenige Jahre später begannen, vorauszusehen. Unsere Erkenntnis ist, dass eine Niederlage im ersten Krieg mit Karthago zwar ein herber Rückschlag war; aber keine verheerenden Folgen haben musste. Und selbstverständlich fiel Sizilien in die Hand der Römer; aber erst im Zweiten Punischen Krieg!

Mußte Karthago zerstört werden?

Um es gleich klarzustellen: nein! Karthago mußte 146 v. Chr. durchaus nicht dem Erdboden gleichgemacht werden. Ebensowenig wie Korinth, das die Römer im selben Jahr zerstörten, oder die Tempel von Sardes, der Hauptstadt der persischen Satrapie Lydien, welche die mit den aufständischen Ionern vereinigten Athener im Jahre 500 v. Chr. niederbrannten, oder der Tempel der Athene auf der Akropolis, das Wahrzeichen und zentrale Heiligtum Athens, das die Perser 480 v. Chr. zerstörten, oder Persepolis, die Residenz der Perserkönige, die Alexander 330 v. Chr. einäscherte. Spektakuläre Beispiele aus dem Altertum! Solche aus Mittelalter und Neuzeit ließen sich unschwer anfügen!

Die Römer hatten den Dritten Punischen Krieg (149–146 v. Chr.) siegreich beendet. Karthago war dauerhaft geschwächt, nach außen war es zur Ohnmacht verurteilt, an eine Wiederherstellung der alten Herrlichkeit war nicht zu denken. War genau genommen schon nach dem Zweiten Punischen Krieg nicht mehr zu denken; denn die Römer hatten mit dem Königreich Numidien der Handelsstadt Karthago, bildlich gesagt, einen Wächter vor die Tore gesetzt. Zumal der den Römern ergebene König Massinissa war darauf bedacht, jegliche freie Entfaltung Karthagos zu unterbinden. Er durfte sich in seinem Eifer stets der Billigung durch den römischen Senat sicher sein, obwohl die Karthager die Verpflichtungen aus dem Friedensvertrag von 202 v. Chr. ohne Widerstände erfüllten. Allerdings nahm die antirömische Stimmung in Karthago zu. Sie entlud sich schließlich in einem Krieg mit Massinissa. Endlich war eine *causa iusta*, wir würden sagen, ein Vorwand, in der Vorstellung der Römer ein gerechter Grund, gefunden, um einzuschreiten und reinen Tisch zu machen, was schon lange das Ziel der phanatisch antikarthagisch eingestellten Senatsmehrheit gewesen war. Dieser Senatsmehrheit genügte der Sieg nicht. Karthago mußte zerstört werden!

Zu diesem Schritt habe jede drängende Not gefehlt, so Alfred Heuß in seiner Römischen Geschichte. Mißtrauen und Angst, Früchte einer unzulänglichen Außenpolitik, seien die Triebfeder gewesen, und es sei unmöglich, für das römische Vorgehen rationale Motive ausfindig zu machen[73]. Anderseits war die Sorge, es könne nach dem Tod des schon neunzig Jahre alten Massinissa zu einem Umschwung der politischen Lage kommen und die antirömischen Kräfte könnten die Oberhand gewinnen, nicht unbegründet. Dann könnte man sich die gegenteilige Sichtweise zu eigen machen, andere vergleichbare Städteschicksale, angefangen bei den oben erwähnten, bis hin zur Vernichtung Berlins, der Hauptstadt des Deutschen Reiches und Symbol der nationalsozialistischen Schreckensherrschaft, im

---

73 Alfred Heuß, Römische Geschichte, herausgegeben, eingeleitet und mit einem Forschungsteil versehen von Jochen Bleicken, Werner Dahlheim und Hans Joachim Gehrke, 7. Aufl. Paderborn u. a. 2000, S. 121f.

Zweiten Weltkrieg, bedenken und zu der Aussage gelangen: Ja, die Römer mußten nicht nur den Erzfeind Karthago völlig besiegen, sondern auch dessen Hauptstadt vernichten. Nur so konnte Genugtuung erlangt, nur so die Vorstellung, der Feind könne eine neuerliche Gefahr werden, ausgelöscht werden. Karthago sollte nicht mehr ein Ort des Erinnerns an und des Wissens um seine ehemalige Größe und Bedeutung sein. Zerstörung der, in anderem Rahmen würden wir sagen: nationalen Identität war, bewußt oder unbewußt, das Ziel des Siegers. Mit der Vernichtung der Paläste der besiegten Könige, der Hauptstädte der verhaßten Feinde, oder der Tempel der Stadtgottheiten, also der Symbole der Herrschaft, diese Herrschaft demütigen, wenn nötig ein für allemal austilgen, darum ging es!

Das sind im Unbewußten der Psyche angelegte Reaktionen, Formen der Herrschaftsideologie, welche in der Retrospektive zum diachronen Vergleich anregen. Den meisten römischen Politikern ging es damals vordergründig sicher um einen Feind, den sie fürchteten und um die Vorstellung, Karthago könne trotz der Demütigung neuerlich erstarken und seine alte Macht und Herrlichkeit wiedergewinnen. Stellen wir uns vor, dies habe sich wirklich ereignet!

Die Handelsstädte des Vorderen Orients unterstützten Karthago in diesem Bemühen: Wiederaufnahme der Rüstungen, Bau einer schlagkräftigen Flotte, Vormachtstellung in der Region, imperiales Ausgreifen, Festigung von Handelsstützpunkten, Gefährdung römischer Besitzungen, Angriffe auf Sizilien und Sardinien, Störung der Nachschubwege für überseeisches Getreide, auf das Rom angesichts des wachsenden Bedarfs und der veränderten landwirtschaftlichen Produktionsweise in Italien angewiesen war, Plünderungen an Italiens Küsten, erfolgreiches Aufwiegeln einzelner römischer Bundesgenossen wie Italiker oder griechische Städte, Gewinnung von Verbündeten etwa unter Roms Feinden auf der Iberischen Halbinsel, am Adriatischen Meer oder in Makedonien und Griechenland. Die karthagische Aristokratie war hartnäckig, den Römern gegenüber kompromißlos feindselig und auf Rache und Vergeltung eingestellt. Erbfeindschaften zwischen Völkern, Staaten, Städten waren schon damals ein dankbares Thema für Propaganda, Mythenpflege und politische Instrumentalisierung. Karthago also als Hindernis und Bedrohung, als Faktor der Unsicherheit auf Roms Weg zur uneingeschränkten Vorherrschaft im Mittelmeer und beim Ausbau seines Herrschaftssystems. Karthago zumindest in Seefahrt und Handel ein gleichberechtigter Konkurrent! Welche Vorstellung! Ein Horrorszenarium für die Römer! Ein neuerlicher Krieg war unvermeidlich! Doch so lange Roms Kräfte durch die Ereignisse auf der Iberischen Halbinsel, die Aufstände der Keltiberer und Lusitaner, welche gute zwanzig Jahre (154–133 v. Chr.) dauerten und Roms Ressourcen über die Maßen beanspruchten, gebunden waren, schien es dem Senat unmöglich, sich auf das Abenteuer eines vierten Waffenganges einzulassen. Rom hatte sogar Schwierigkeiten, die Verluste in Hispanien durch neue Aushebungen auszugleichen. Zunächst mußte also die Wehrkraft auf den alten Stand gebracht werden oder es mußten, was die Rekrutierung betrifft, Neuerungen durchgesetzt werden, welche das Bürgerheer wieder zur schlagkräftigsten Armee der damaligen Welt machten. Außerdem mußten die Römer eine Kriegsflotte bauen; denn daß der neue Krieg sich wie der Zweite Punische Krieg fast ausschließlich zu Lande abspielen würde, war höchst unwahrscheinlich.

Es ist allerdings dieses Mal nicht meine Absicht, den eingeschlagenen Weg weiter zu verfolgen. Ich weiche von der sonst verfolgten Linie ab, um einen anderen Gedankengang aufzunehmen, den der Bildung von Denkschemata, der Entwicklung und Konservierung von Vorbehalten, der Festigung von Neigung oder, wie in unserem Falle, Abneigung, Mißtrauen, ja geradezu Haß. Wenden wir also den Blick und fragen, wie es nach der uns erhaltenen Überlieferung mit dem zerstörten Karthago weiterging. Dabei stoßen wir auf fiktive Argumentationen römischer Politiker und Schriftsteller.

Wir begeben uns ins 5. Jahrhundert n. Chr. Längst hat das Christentum sich im Römischen Reich ausgebreitet und ist die Religion der römischen Kaiser geworden. In allen nordafrikanischen Römerstädten bestehen christliche Gemeinden, die meisten von ihnen sind Bischofssitze, auch Karthago, dessen Bischof den Vorrang in der Provinz Africa proconsularis innehat. Ja, Karthago gibt es noch, eine blühende Metropole, seit Jahrhunderten Hauptstadt einer der reichsten Provinzen. Der Ort, an dem das punische Karthago gestanden hatte, wurde in einem ersten, allerdings gescheiterten Versuch 126 v. Chr., und dann endgültig auf Anordnung Caesars 44 v. Chr. als Bürgerkolonie unter dem Namen Colonia Iulia Concordia Karthago neu gegründet, obwohl nach der Zerstörung der Boden verflucht und die Anlage von Neubauten verboten worden war. Also mußte man den Fluch feierlich aufheben. Jetzt siedelten dort römische Veteranen und Angehörige der stadtrömischen Unterschichten, eine Bevölkerung, die wahrscheinlich rasch neuen Zuzug erhielt und sich im Laufe der Jahre auch mit einheimischen Bevölkerungselementen vermischte. Die Stadt stieg bald zu neuem Glanz auf, in dem sie während der ganzen Kaiserzeit strahlte. Karthago war jetzt eine römische Stadt. Aber es behielt, sagen wir es volkstümlich, sein schlechtes Image, seinen anrüchigen, von Argwohn und Feindseligkeit geprägten Ruf. Freilich, wer damit argumentieren wollte, mußte in die Mottenkiste der Geschichte greifen, längst vergangene Geschehnisse, Gerüchte, Feindbilder und Vorurteile aktualisieren und ein historisches Konstrukt erzeugen. Das hat Salvian, im 5. Jahrhundert Presbyter in Massilia, Moralist, Eiferer, fanatischer Christ, in seiner Abhandlung 'Über die Herrschaft Gottes' (De gubernatione Dei) getan: Karthago nennt er die feindseligste Stadt; aber im afrikanischen Erdkreis sei es so viel wie Rom, was die Menge und Vortrefflichkeit der öffentlichen Einrichtungen, die Bildungsangebote, die Schönheit der Gebäude, das urbane Gepräge betreffe. Das völlige Gegenteil sei jedoch, so Salvian, das Leben dort, Karthago ein Sündenpfuhl ohnegleichen: eine Stadt, in der es von Lastern nur so wimmelt, eine Stadt voller Unsittlichkeiten, voller Schande, wo die Menschen durch die Verdorbenheit und Ruchlosigkeit ihrer Untaten einander übertreffen, sei es durch Raubsucht, sei es durch Unreinheit, die einen vollgefressen, die anderen aufgedunsen, alle trunken von Sünde. Salvian will sagen: So war diese Stadt schon immer, eben im Kern, in Gesittung und Wesen eine punische Stadt[74]!

Abb. 17: Prospekt von Karthago mit Hafen

So lenken wir den Blick noch einmal zurück auf die Ereignisse des 2. Jahrhunderts v. Chr.! Die Zerstörung war, so belehrt uns die römische Überlieferung, umstritten. Wortführer der unnachgiebigen, rachdurstigen Senatoren war M. Porcius Cato, Cato der Ältere. In Rom hatte man die Vorstellung, Karthago sei seit dem Zweiten Punischen Krieg durch Gebietsverluste und Tributzahlungen sowie die strenge Einschränkung seines Handelns nach außen geschwächt. Cato, der eine Senatsgesandtschaft nach Africa geleitet hatte, welche die Gründe für den Krieg zwischen Massinissa von Numidien und den Karthagern erkunden sollte, brachte andere Eindrücke nach Rom mit: Karthago befinde sich nicht in trauriger Lage und Niedergeschlagenheit; es verfüge über eine zahlreiche waffenfähige Bevölkerung, über Waffen und Kriegszeug die Fülle, es sei reich und selbstbewußt. Diesen Aufschwung müsse man unterbrechen, so Catos Überzeugung, sonst sei Rom bald in derselben Gefahr wie vor einigen Jahrzehnten. In seinen öffentlichen Auftritten in Rom hob er hervor, nicht die Macht, nur die Unbesonnenheit Karthagos sei gemindert, man warte in Karthago nur auf einen bequemen Augenblick für einen neuen Krieg. Und bei jeder Gelegenheit fügte er die berühmt gewordene Mahnung hinzu: "...Übrigens bin ich auch der Ansicht, daß Karthago zerstört werden muß[75]!"

---

74 Salvian, de gubernatione Dei (Über die Herrschaft Gottes) 7, 67–71.
75 Plutarch, Cato maior (Biographie des älteren Cato) 26f.

Für Cato und andere Senatoren, die so dachten wie er, kam noch ein weiteres Argument hinzu, das in den innerrömischen Verhältnissen seinen Ursprung hatte: Der unaufhaltsame Aufstieg Roms, die großräumigen Eroberungen und Landgewinne, die Einverleibung reicher und fruchtbarer Länder, die sozialen und wirtschaftlichen Veränderungen hatten Folgen für die Lebensgrundlagen der einfachen Leute, für Moral und Gesittung der Römer. Längst waren schlichte Lebensweise, harte Arbeit, Genügsamkeit und Sparsamkeit Vergangenheit. Genußsucht und Verschwendung, Übermut und Machtgier, Leichtsinn und Gewinnstreben hatten Einzug gehalten. Nicht wenige Mitglieder der alten und angesehenen Familien fürchteten für Roms Stärke und sorgten sich um seine Wehrkraft. Deshalb waren sie wie ihr Wortführer Cato der Meinung, man müsse alle äußeren Gefahren für Roms Herrschaft beseitigen, um Zeit und Kraft für eine Heilung im Inneren zu haben[76]. Natürlich wirkt das formelhaft und plakativ. Aber in Zeiten des gesellschaftlichen und ökonomischen Wandels, wo die Grundlagen willkommener Beständigkeit und lange bewahrter Traditionen ins Wanken geraten, nehmen die Hell-Dunkel-Bilder und die Sehnsucht nach der, wie man gerne argumentiert, besseren Vergangenheit sowie deren Beschwörung den ersten Platz in der öffentlichen Diskussion ein. Hinzu kam schon damals die Beliebtheit des Umgangs mit Feindbildern als propagandistischem Kampfmittel.

Aber es gab auch eine andere Sichtweise! Wortführer der gegenteiligen Ansicht in Hinsicht auf die Zerstörung Karthagos war P. Scipio Nasica, ein Politiker aus einem der vornehmsten Geschlechter Roms. Nicht aus Mitleid wollte er Karthago schonen; schon garnicht aus Achtung vor geschichtlicher Tradition und ehrwürdigem Ansehen, nicht etwa aus Ehrfurcht vor einer anderen, der römischen gleichwertigen Kultur, sondern aus politischen Erwägungen, welche ebenfalls die gesellschaftlichen Veränderungen, den bei den Römern wahrzunehmenden Verfall der guten Sitten und die Leidenschaften, die das einfache Volk mitzureißen drohten, zum Anlaß nahmen, über Abhilfe nachzudenken. Nasica beharrte darauf, Karthago bestehen zu lassen. Es sollte der feste Zügel bleiben, um die römischen Unterschichten zur Vernunft zu rufen und vom Ausleben der Leidenschaften fernzuhalten. Die Macht Karthagos sei zu gering, um einen Triumph über Rom zu erringen; aber doch so groß, daß man sie nicht verachten dürfe und ernst nehmen müsse[77]. Das wirkt fast wie der Gedanke von der 'balance of power', dem Gleichgewicht der Kräfte, die sich gerüstet und stets kampfbereit gegenseitig in Schach halten: Der Feind muß weiterleben und durch seine Machtentfaltung so viel Angst erzeugen, daß man selbst in Angst lebt, wachsam bleibt, die Schlagkraft nicht vernachlässigt, gewissermaßen in Stellung bleibt und sich nicht ablenken läßt. Das war die Position Nasicas.

---

76 Vgl. ebenda.
77 Vgl. ebenda.

Wir wissen über diese Auseinandersetzungen aus der späteren Überlieferung; aber die Berichte haben ihren Ursprung sicher in den politischen Debatten der Zeit des Dritten römisch-karthagischen Krieges. Sie spiegeln die Gegensätze innerhalb der regierenden Aristokratie. Die Position Catos hat sich durchgesetzt. Karthago wurde zerstört. Salvian hätte es am liebsten noch einmal zerstört; aber nicht aus machtpolitischen, sondern aus moralischen und religiösen Gründen. Eine Neigung zu fundamentalistischer Halsstarrigkeit hatten sie beide, Cato und Salvian. Und die Karthager? Hannibal? Unwillkürlich lenkt man angesichts der Debatten von 146 v. Chr. den Blick zurück auf diesen genialen Karthager und seine groß angelegte Offensive, welche den Zweiten Punischen Krieg (218–201 v. Chr.) eröffnet hatte, eine Art antiker Weltkrieg, wenn man bedenkt, dass außer Rom und Italien die Iberische Halbinsel, Nordafrika, die illyrischen Regionen jenseits der Adria, Makedonien, Teile Griechenlands sowie das Ptolemäerreich direkt oder indirekt beteiligt waren.

Abb. 18: Ruinen des antiken Karthago

Dieser Krieg schuf mehr noch als die erste römisch-kathagische Auseinandersetzung (264–241 v. Chr.) das Gespenst einer schicksalhaften Bedrohung durch Karthago, den *metus Punicus*. Und diese Angst war untrennbar mit der Erinnerung an Hannibal verbunden. Sie war die Quelle der unerbittlichen Feindschaft der Römer gegenüber den Karthagern, hatte doch der Karthager Hannibal wie kein anderer auswärtiger

Gegner die Existenz ihres Gemeinwesens in Frage gestellt. Hatte er nicht schon als Kind seinem Vater geschworen, ewigen Haß gegen die Römer zu bewahren? Eine von den Römern erfundene Geschichte! Aber in ihrem Kern ein Stück Wahrheit! Wollte Hannibal nicht Rom angreifen und zerstören? So wird es überliefert. Sicher war das auch seine Vision! Warum sonst der schier unermeßliche kriegerische und diplomatische Aufwand? In Wirklichkeit hatte er jedoch, trotz Roms schlimmer Niederlage bei Cannae (218 v. Chr.), nicht die militärische Kraft, Rom, die Stadt und den Herrschaftssitz seiner und der Karthager Erzfeinde, anzugreifen, gar zu erobern, um die Vorstellung von einem Gegenmodell zu einem römisch geprägten Mittelmeerreich zu verwirklichen. Zu keiner Zeit während seines Feldzuges, auch nicht in der siegreichen Anfangsphase, hatte er diese Kraft. Rom war ihm auch in den für seine Herrschaft schwärzesten Stunden an 'manpower', also personellem Nachschub, sowie materiellen und ideellen Ressourcen überlegen. Die Römer waren und blieben die Stärkeren. Aber aus der römischen Vorstellungskraft ließ sich der den Bestand bedrohende Hannibal nicht mehr verbannen[78]. Das Machtzentrum dieses Feindes, das Symbol seiner Herrschaft mußte nun, fünf Jahrzehnte später, endlich ausgelöscht werden. "Ceterum censeo Carthaginem esse delendam!" Vorher wie nachher haben Sieger nach dieser Devise gehandelt.

---

78 Vgl. Pedro Barceló, Hannibal, Stratege und Staatsmann, Stuttgart 2004, S. 150–156 und 244f.

L. Cornelius Sulla bleibt dictator rei publicae constituendae et legibus scribundis (79 v. Chr.)

Im Zusammenhang mit dem Untergang der römischen Republik und dem Aufstieg des späteren Kaisers Augustus äußerte ein Historiker kürzlich im Rahmen eines Vortrags, das Römische Weltreich habe seine Eroberer unter sich begraben. Die Träger der Herrschaft, die Senatsaristokratie, habe sich selbst als regierende Formation aufgelöst[79]. Was ist damit gemeint? Dass die kollektive Ausübung von Macht und Herrschaft auf der Grundlage eines vorbildlichen Konsenses, über Jahrhunderte durch die Berufung auf Herkommen, Brauch, Gottesverehrung, kollektive Moral, Disziplin sowie durch militärische Überlegenheit und Formierung eines Weltreiches so außerordentlich erfolgreich, schließlich gescheitert war. L. Cornelius Sulla, dessen Familie zwar zum ältesten patrizischen Adel gehörte, aber damals eine nur unbedeutende Rolle spielte, stand mitten in diesem Prozeß des Zusammenbruchs und der Wandlung: ohne Zweifel als genialer Feldherr und Soldatenführer, talentierter Organisator, machtbewußter und skrupelloser Politiker, ob auch als echter Staatsmann, das ist die Frage.

Seit dem Volkstribunat des Ti. Sempronius Gracchus 133 v. Chr. erschütterten immer wieder bürgerkriegsähnliche Zustände die Stadt Rom. Die Fronten verliefen quer durch die Führungsschichten, den Senatoren- und Ritterstand, überhaupt die römische Gesellschaft. Es war nicht gelungen, Gewalt und Rechtsbrüche im öffentlichen Leben, zumal im Umgang mit der Staatsordnung einzudämmen. Immer deutlicher stellten die mit außerordentlichen Vollmachten ausgestatteten Einzelpersönlichkeiten ihre Ansprüche heraus und erhoben die Sorge um ihre Würde, ihr Ansehen (*dignitas*) und ihren Einfluß (*auctoritas*) zum alleinigen Maßstab. Anderseits: warum vergaben Volk und Senat wieder und wieder außerordentliche militärische und zivile Vollmachten, die dann zu dieser für die Einheit von Volk und Senat so gefährlichen persönlichen Machtaneignung führten? Die Größe der äußeren und inneren Belange in dem zum Weltreich aufgestiegenen Gemeinwesen erforderte Lösungen, denen die immer noch geltende stadtstaatliche Ordnung nicht mehr gewachsen war. Der Senat jedoch erwies sich seit Jahrzehnten als unfähig, seine Autorität gegen Missbrauch von Amtsgewalt, Korruption und Ausbeutung der Provinzen durchzusetzen. Eine allgemeine Lähmung auf der einen Seite, ein umso rücksichtsloseres Ausspielen von Macht durch Einzelne auf der anderen Seite waren die Folge. Die Ausrichtung allen politischen Handelns auf das Gemeinwohl, das genuin republikanische Prinzip, symbolhaft und zeitlos beispielhaft etwa wiedergegeben in einer am Regierungspalast von Ragusa (Dubrovnik)

---

79 Michael Stahl, Vom ‚kalten Terroristen' zum Friedenskaiser? Über die Wende im politischen Wirken von Octavian zu Augustus, in: Potestas 4 (2011), S. 87–105, hier S. 89–91.

angebrachten Inschrift: „Obliti privatorum, publica curate" („Vergeßt die privaten Dinge, kümmert Euch statt dessen um die öffentlichen Angelegenheiten"), hatte seine richtungweisende Geltung und prägende Kraft verloren.

Abb. 19: Aureus des Lucius Cornelius Sulla / L. Manlius. VS: Roma. RS: Sulla in Triumphquadriga, ca. 82 v. Chr.

Der Historiker Sallust, ein scharfsinniger Analytiker des Verfalls, schreibt über das Übel der Parteiungen und gefährlichen Klüngelbildung: Nach der willkürlichen Entscheidung weniger Leute sei in Krieg und Frieden Politik gemacht worden; in deren Händen hätten auch Staatsschatz, Provinzen, Ämter, Ehren und Triumphe gelegen; das Volk sei von Kriegsdienst und Armut bedrückt worden; Eltern und Kinder der Soldaten seien durch mächtige Nachbarn von Haus und Hof vertrieben worden. Die Angesehenen hätten begonnen, ihre Machtstellung, das Volk habe danach geeifert, seine Freiheit in Willkür ausarten lassen. So sei alles in zwei Parteiungen auseinandergerissen worden, das Gemeinwesen, einst Gemeingut aller, sei zerfleischt worden. Soweit Sallust[80]! So war auch, als im Jahre 82 v. Chr. die Volksversammlung den *interrex* L. Valerius Flaccus ermächtigte, Sulla zum *dictator legibus scribundis et rei publicae constituendae* (Diktator mit dem Auftrag, Gesetze beschließen zu lassen und die Staatsordnung funktionsfähig zu machen) zu ernennen, längst klar, dass die bürgerkriegsähnlichen Auseinandersetzungen mit wechselndem Ausgang weder Friede noch Verständigung durch Verhandlungen oder Einigung herbeiführen würden. Nur der vollständige und dauerhafte Sieg *einer* Partei, oder sagen wir: *einer* herausragenden Persönlichkeit mit festen Zielen und Durchsetzungskraft vermochte Abhilfe zu schaffen und das Staatsschiff in ruhige Gewässer zu lenken. Wenn aber dieser Mächtige wie etwa Sulla nur die vollständige materielle und physische Vernichtung der Gegner durch Proskriptionen und Hinrichtungen, eben nicht äußerer Feinde, sondern römischer Bürger anderer Gesinnung, zum Ziel hatte? Zu jeder Stunde etwas Schreckliches erleben müssen, ertragen müssen, wie das Gefühl für Menschlichkeit, der *sensus omnis humanitatis*, gänzlich verlorengeht, diese Sorge äußerte M.Tullius Cicero in einer Rede, als er die Zeiten Sullas in den Blick nahm[81]. Oder die andere Möglichkeit, die der Hoffnung auf inneren Frieden und Sicherheit: Sich nicht durch Grausamkeit gegen Römer, *domestica crudelitas*, verhaßt machen, sondern durch Milde, *clementia*, und Versöhnung eine neue Art des Siegens einüben, wie sie wenige Jahrzehnte später C. Iulius Caesar zum Programm erhob; allerdings auch erst, nachdem er im neuerlichen Bürgerkrieg gesiegt hatte[82]!

Was bedeutete unter diesen Vorzeichen die 82 v. Chr. verliehene außerordentliche Vollmacht? Gesetzgebungskompetenz und Kompetenz zur Ordnung des Gemeinwesens in seiner überkommenen Form oder in einer Form, die der Inhaber der außerordentlichen Amtsgewalt für richtig und nötig erachten würde. Das war letztlich bereits die Grundlage einer monarchischen Herrschaft, der Sulla durch den Gebrauch dieses machtpolitischen Instrumentarium nur Gestalt und Dauer geben

---

80 C. Sallustius Crispus, Bellum Iugurthinum (Der Krieg gegen Jugurtha) 41.
81 Cicero, Rosc. Amer. 134; vgl.zu Sulla die informative und vielfältige Einblicke gewährende, kurz gefasste Monographie von Hans Volkmann, Sullas Marsch auf Rom, München 1958.
82 Pedro Barceló, Escritos politicos al servicio del poder: en torno a una carta de César, in: Potestas 3 (2010), S. 5–16.

musste. Das hat er nicht getan. Statt dessen trat er zurück. Dieser Rücktritt ging leise über die Bühne. Weder Beifall noch Dankesbekundungen oder Anträge auf Ehrungen begleiteten den Schritt[83]. Eher bemächtigte sich der Menge ungläubiges Erstaunen. Ganz anders bei seinem Triumph im Jahre 81, als vornehme Römer, die zu Sulla geflüchtet waren, um dem Wüten der Marianer zu entkommen, Sulla als ‚Retter und Vater' feierten. Aber das waren ungleiche Voraussetzungen! Der Dank weniger Begünstigter für das Ende des Bürgerkriegs im einen Falle, das Verharren des Stadtvolkes in Ungewissheit im anderen. Doch das Verhalten macht nachdenklich: Ungläubiges Erstaunen, ausbleibende Jubelrufe auf die mit der Niederlegung der außerordentlichen Vollmachten gänzlich wiedergewonnene republikanische Ordnung! Hatten sich Senatoren und Volk, das heißt in erster Linie die in Rom stets präsente *plebs urbana*, mit Sullas gleichsam monarchischer Stellung abgefunden?

Stellen wir uns vor, Sulla hätte 79 v. Chr. seine außerordentlichen Vollmachten nicht niedergelegt. Seine *dictatura* war, im Unterschied zur traditionellen Gepflogenheit der Eingrenzung auf sechs Monate, zeitlich nicht beschränkt, die Legitimation durch den von der Volksversammlung beschlossenen Auftrag ohnehin gegeben. Seine vor allem aus seinen überragenden militärischen Erfolgen und seiner Führungsposition abgeleitete *auctoritas* übertraf die aller anderen Amtsinhaber. Er konnte seine Macht weiter ausüben und gewissermaßen unter seiner Oberaufsicht den Senat regieren lassen.

Bevor wir jedoch weiter nachdenken, gehen wir gleichsam noch einmal hinter die Linie zurück und fragen zunächst, wie Sullas Rückzug aus der Politik von den Zeitgenossen aufgenommen wurde und wie er in der Forschung bewertet wird, danach, was Sulla bis dahin erreicht hatte und worin die Grundlagen seiner Machstellung bestanden. War, so wird weiter zu fragen sein, mithin die Zeit reif für die Einrichtung der Monarchie, zu der unweigerlich die Fortsetzung der Diktatur geführt hätte, der einzigen Alternative zur republikanischen, letztlich immer noch stadtstaatlichen Ordnung?

---

[83] Vgl. Volkmann, Sullas Marsch, S. 84–86.

Abb. 20: Aureus des Aulus Manlius. VS: Roma. RS: Reiterstatue des Lucius Cornelius Sulla, ca. 82/81 v. Chr.

Können wir in Hinsicht auf seine überragende *auctoritas* Sulla mit Augustus vergleichen? Nicht ohne Vorbehalte, weil Sullas innerer Weg nach oben von noch mehr Opfern und Machtmissbrauch befleckt war als der des Augustus. Eher gilt das für sein politisches Programm, das in dieselbe Richtung weist, die dann auch Caesar einschlug, bis schließlich Augustus zum Wohle des Reiches das Werk vollendete, nämlich Italien Ruhe, den Provinzen Frieden und dem Reich Sicherheit zu geben. Das bedeutete erstens, dass Sullas Blick über den traditionellen Bezugsrahmen, der seit alters ganz auf die Stadt Rom gerichtet war, hinauswies und sich damit an den Gegebenheiten einer imperialen, ein riesiges Territorium umschließenden Herrschaft orientierte; zweitens, dass die Bürgerkriege nicht wieder aufflammen sollten und drittens, dass die gesamte Reichsbevölkerung unbehelligt von inneren und äußeren Störungen leben könne. Wir stellen also, was die zentralen Ordnungsfaktoren der auf Italien und das Reich gerichteten Ziele betrifft, eine Kontinuität von Sulla über Caesar zu Augustus fest. Sulla erkannte auch, dass die Verwaltung den veränderten Gegebenheiten, so etwa dem Anwachsen zum riesigen Flächenstaat mit zahlreichen Provinzen als regionalen Einheiten, angepasst werden musste. Er vermehrte die Beamtenstellen, um alle Provinzen mit Statthaltern zu versorgen und personelle Engpässe oder Behelfe zu vermeiden. Dagegen hat er die militärische Befehlsgewalt der Konsuln nicht von ihren Zivilkompetenzen abgetrennt. Diese immer noch vertretene Ansicht beruht auf einem Missverständnis, das bis in die Fühe Neuzeit zurückreicht. Die Konsuln waren wie eh und je Inhaber der höchsten zivilen und militärischen Gewalt, und das trifft ungeschmälert auch für den Oberbefehl zu[84].

Neben überragender *auctoritas*, außerordentlicher Amtsgewalt, auf das Reich bezogenem politischem Programm, das den stadtbezogenen Bezugsrahmen ablöste, einer auf die Bedürfnisse des Reiches zugeschnittenen Ämterreform, den eindrucksvollen Siegen auf den Schlachtfeldern, mit denen er sich als Garant der Sicherheit nach außen profilierte, der Freilassung und Ansiedlung vieltausender Sklaven der getöteten politischen Gegner, einer Maßnahme, welche das Sulla nicht unbedingt gewogene italische Land mit Anhängern durchsetzte, mit den Erfolgen als Heerführer und der Bildung einer soliden, außerordentlich breiten Heeresklientel, wozu die Ansiedlung der Veteranen beitrug, war es die Förderung des Senates als zentralem Verfassungsorgan und des Senatorenstandes als Träger der Ordnung, worin wir die wichtigsten Stützen der Herrschaft erkennen. Allerdings fehlte in diesem Gefüge der Ritterstand. Sulla hatte die Ritter von der Besetzung der Richterkollegien an den ständigen Gerichtshöfen ausgeschlossen. Außerdem waren viele Ritter den von ihm veranlassten Proskriptionen, mit denen er diese Gesellschaftsschicht in ihrer Gesamtheit schwächen wollte, die seit 95 v. Chr. die nachhaltigsten Schwierigkeiten bereitet hatte, zum Opfer gefallen. Maßnahmen wie die radikale Beschneidung der

---

84 Adalberto Giovannini, Consulare Imperium. Schweizerische Beiträge zur Altertumswissenschaft, Heft 16, Basel 1983.

tribunizischen Kompetenzen trieben darüber hinaus auch einen Teil der Senatoren in die Opposition. Alle diese unerbittlichen Entscheidungen hatten Wunden geschlagen, die längst nicht verheilt waren, so dass wir kaum von einer *concordia ordinum*, einer Einheit der Stände, sprechen können, wie sie später Augustus so erfolgreich propagiert und, jedenfalls im Bewusstsein einer Mehrheit von Römern und Nichtrömern, verwirklicht hat. Trotzdem war die Basis breit und solid genug, um die Fortsetzung des Ausnahmezustandes zu wagen und ihn in ein reguläres monarchisches Regiment umzuformen. Sulla hatte zudem die alte römische Felicitasvorstellung, das heißt die Vorstellung glückhaft zu handeln und durch außerordentliches Glück begnadet zu sein, für sich nutzbar machen können und war in eine charismatische Sphäre aufgestiegen. Ganz in diesem Sinne entsprach das Volk seinem Wunsch, Felix, der Glückliche, genannt zu werden, mit einem zustimmenden Beschluß.

Junge Römer übten sich in ihrer rhetorischen Ausbildung mit dem Entwurf von Reden, wie sie Sulla bei der Niederlegung der Diktatur gehalten haben könnte. Nehmen wir gemäß unserer Aufgabe den gegenteiligen Verlauf als historische Wirklichkeit und stellen uns vor, er habe seinen festen Entschluß, durch die zeitlich unbegrenzte Wahrnehmung seiner Ausnahmestellung auf die Einrichtung der Monarchie hinzuarbeiten, vor Senat und Volk begründet: Er verwies auf seine militärischen Erfolge, seine Sieghaftigkeit, welche den Provinzen den Frieden sicherte, auf sein Bemühen um Ruhe und Ordnung, mit dem er auch die Proskriptionen begründete, seine patronale Fürsorge, zumal für seine Soldaten, auf die Verantwortung für Rom, Italien und das Reich, seine patriotische Gesinnung, vor allem aber verwies er auf die Rolle des Senates als des Baumeisters des Imperium und des Garanten römischer Größe, dessen Geschlossenheit und Entschlusskraft er unter seiner Führung erneuern wolle zum Wohle des Gemeinwesens und des Reiches. Sulla fiel es umso leichter, seinen Anspruch herauszustellen, als sein Sieg über den gefürchteten Mithridates alles überstrahlte: Sulla fuhr über die via sacra zum Kapitol und brachte dem Jupiter Optimus Maximus ein Dankopfer dar; aus der Verbannung zurückgekehrte ehemalige Gegner des Marius priesen Sulla als ‚Retter und Vater'; Sulla selbst verwies auf sein einzigartiges Glück und erhielt die Zustimmung des versammelten Volkes, also der Bürger von Rom, zu seinem Wunsch, der ‚Glückliche' genannt zu werden; der Senat beschloß, Sulla mit einer vergoldeten Reiterstatue vor den Rostra, der Rednerbühne auf dem Forum, zu ehren, welche die Inschrift trug: „Für L. Cornelius Sulla Felix, den Imperator". Diese ganze feierliche Szenerie und die inhaltsschweren Ehrungen: War das nicht schon die freiwillige Unterwerfung unter die Herrschaftsgewalt des Mächtigen und ein wichtiger Schritt hin zur ideologischen Unterfütterung einer Monarchie[85]?

---

85 Vgl. Volkmann, Sullas Marsch, S. 65f.

Abb. 21: Denar des Faustus Cornelius Sulla. VS: Diana. RS: Bocchus vor Sulla, ca. 58 v. Chr.

Welche Aufgaben harrten einer Lösung? Außen- und sicherheitspolitisch waren es zwei Feinde, die eine große Gefahr bedeuteten, und die es auszuschalten galt: der Herrscher des Pontischen Reiches, Mithridates VI. Eupator, der Roms Besitzstand im reichen und zivilisatorisch wie kulturell hoch entwickelten Kleinasien bedrohte, und der politische Gegner und Populist Q. Sertorius, der darauf zielte, auf der Iberischen Halbinsel eine Gegenherrschaft aufzurichten oder gar die Absicht verfolgte, nach Italien überzusetzen und Sulla direkt anzugreifen. Gerade gegen Sertorius hatten die von Sulla entsandten Truppen bisher nichts ausrichten können. Umso mehr galt es, Sertorius so rasch wie möglich zu vernichten. Beide Feinde hoffte Sulla mit bewährten Helfern wie etwa Cn. Pompeius ausschalten zu können, wobei er mit Pompeius, wie sich bald zeigte, ein Risiko einging; denn Pompeius reagierte zurückhaltend auf den monarchischen Kurs Sullas, weniger, weil er womöglich selbst Ambitionen gehabt hätte oder aus republikanischer Überzeugung als aus Rücksicht gegenüber dem Senat, die den systemkonformen Aufsteiger Pompeius gewissermaßen hemmte, ungeniert, skrupellos und befreit von Bindungen an die herrschende Schicht einen auf schiere Erweiterung der eigenen Macht gerichteten Weg einzuschlagen.

Die plebs urbana jubelte Sulla zu, wie sie jedem zum Führer des Volkes begabten Politiker zujubelte; aber das genügte nicht als Basis für die weitreichenden Pläne. Innenpolitisch ging es daher vor allem um ein angemessenes Verhältnis zu den durch den Bundesgenossenkrieg in den Besitz des römischen Bürgerrechts gelangten Italikern, den ehemaligen Bundesgenossen, welche durch ihre Einsatzbereitschaft und Treue zu Rom dessen Erstarken zur Großmacht mitgetragen hatten. Die von Sulla vertretene konservative Richtung tat sich schwer mit diesen, sagen wir, Neubürgern. Noch vor wenigen Jahren hatte man deren gleichmäßige Verteilung auf die Bürgerlisten aller Bezirke (*tribus*) strikt und kompromisslos abgelehnt und wollte statt dessen durch die Einschreibung nur in die städtischen Tribuslisten ihren Einfluß so gering wie nur möglich halten, was nicht durchzusetzen war. Ebenso mußte Sulla ein angemessenes Verhältnis zum einflussreichen Ritterstand suchen, der ihm mehrheitlich infolge der Proskriptionen feindlich gesinnt war, hatte er doch 1600 Ritter, die gesamte politisch führende Schicht des *ordo equester* beseitigt. Aber auch das Verhältnis zum Senatorenstand musste sich je deutlicher die monarchische Herrschaftsform zutage trat umso problematischer gestalten. Denn letztlich wurde der Senat unter solchen Voraussetzungen zum Beratergremium herabgestuft. Man könnte also von Sullas Sieg über den Senat sprechen. Vom Ende der Republik! Sulla als er erste Monarch, als den ihn schon der Historiker Leopold von Ranke bezeichnet hat[86].

Sulla ging das Wagnis ein. Er hatte die politische Leidenschaft, derer es dazu bedurfte. Er hatte Visionen, und er wusste, dass der Senat nicht dazu in der Lage

---

86 Vgl. zu Sullas Neuordnung Chr. Meier, Res publica amissa, Wiesbaden 1966, S. 246–266. Dort auch zu Sulla Felix und zu den Proskriptionen.

war, selbst mit den schwierigen Aufgaben fertig zu werden. Freilich ohne den Senat konnte sich auch Sulla selbst eine Monarchie nicht denken. Letztlich aber ergab sich aus dem scharfen Gegensatz zwischen vielen der führenden Senatoren und dem Diktator eine unüberwindbare Konfliktsituation. Christian Meier hat in seinem Buch Res Publica Amissa darüber nachgedacht, ob ein Zusammenwirken zwischen der großen, machtvoll und zielsicher nach Unabhängigkeit strebenden Einzelpersönlichkeit und dem Senat denkbar gewesen wäre und ob es möglich gewesen wäre, auf friedlichem Wege so viel Monarchisches in das überkommene Gemeinwesen einzufügen wie dieses zur Bewältigung aller aus seiner Größe und zugleich Schwäche erwachsenen Probleme gebraucht hätte[87]. Beide Fragen muß man wohl mit ‚Nein' beantworten. Es gab nur eine Lösung: entweder ‚Monarchie' oder ‚Republik'. So wie auch Theodor Mommsens These von der unter Augustus geschaffenen Dyarchie, der Zweierherrschaft von Princeps und Senat, eine glatte Fehlinterpretation gewesen ist. Augustus hat wirklich und dauerhaft, nicht unangefochten, aber erfolgreich die Monarchie geschaffen. Den ersten Versuch, sie einzurichten, hat Sulla unternommen – allerdings ist er mit diesem Versuch gescheitert; denn er wurde, noch bevor er die großen Aufgaben anpacken und eine auf Versöhnung gerichtete Politik richtig beginnen konnte, ermordet. Zu stark waren die Vorbehalte gegen ihn, und zu stark noch die aus echter Überzeugung handelnden republikanischen Kräfte. Leicht konnte sich eine Verschwörung bilden. Noch während der Rüstungen gegen Mithridates und Sertorius fiel Sulla den Verschwörern zum Opfer.

    M. Porcius Cato der Jüngere, Zeitgenosse und zutiefst republikanisch gesinnter, unerbittlicher Gegner vor allem Caesars, hätte schon den eben zum *dictator* erhobenen Sulla am liebsten getötet, als er diesem vorgestellt wurde. Die Republikaner waren zu jener Zeit noch eine feste Front. Den nach Alleinherrschaft strebenden Mächtigen zu töten, entsprach damals noch der politischen und moralischen Richtschnur der Mehrheit des Senatorenstandes. Sulla also eine tragische Figur! Eine, wenn wir uns den Blickwinkel der politischen Gegner zu eigen machen, gescheiterte Existenz! Aus eigenem Verschulden? Sicher nicht nur aus eigenem Verschulden. Mit den Plänen zur Einrichtung der Monarchie zu früh auf der politischen und gesellschaftlichen Bühne und zu wenig charismatische Herrschaftsfigur, um Erfolg zu haben. Kommt einem nicht unwillkürlich die fünfte Strophe aus Bertolt Brechts ‚Lied von der Unzulänglichkeit menschlichen Strebens' in den Sinn? „Ja, renn nur nach dem Glück / Doch renne nicht zu sehr / Denn alle rennen nach dem Glück / Das Glück rennt hinterher."

---

87 Ebenda S. 288; der weitere Zusammenhang S. 280–300.

Der Anschlag auf C. Iulius Caesar schlägt fehl – der 'Herrscher' lebt

Herrscher? Rom war im Jahre 44 v. Chr. doch immer noch die Stadtrepublik, die seit bald 500 Jahren bestand. Nur daß diese Stadtrepublik – Ämterwesen und politisches Bezugssystem waren tatsächlich noch wie seit Jahrhunderten auf die Stadt Rom hin ausgerichtet – inzwischen ein Herrschaftsgebiet von gewaltiger Ausdehnung erobert hatte; vom Römischen Reich zu sprechen, längst Gewohnheit war, und Caesar nach dem gewonnenen Bürgerkrieg auf dem besten Wege war, eine Alleinherrschaft einzurichten. Wie der Kaiserbiograph C. Suetonius Tranquillus, der um 100 n. Chr. lebte, Caesar als Begründer der Monarchie und ersten Kaiser dargestellt hat[88]. Caesar als Persönlichkeit von einzigartiger Größe, als Feldherr und Staatsmann: diese Dreiheit des Ranges bei seiner Ermordung, als er 56 Jahre alt war, erreicht zu haben, billigen ihm die Forscher der Gegenwart fast ausnahmslos zu. Diesem Urteil schlägt aber auch deutliche Kritik entgegen. In ihrer schärfsten Ausprägung spricht sie Caesar echte staatsmännische Leistung und Planung sogar ab. Je nach Einstellung des urteilenden Historikers fallen die Befunde aus. Seien nun Bewunderung für die mächtige und erfolgreiche, vermeintlich oder wirklich geniale Einzelpersönlichkeit, Skepsis gegenüber dem Herrschaftstrieb des ehrgeizigen Heerführers und Politikers, demokratische oder aristokratische Grundhaltung oder die Überzeugung, dass das Regiment des Senatorenstandes ausgedient hatte, die Motive des Wertens, an Caesar scheiden sich die Geister[89].

---

88 Sueton, Divus Iulius (Biographie des vergöttlichten Caesar) 77–79.
89 Die Caesar-Biographie Matthias Gelzers (zuerst erschienen 1921), neu aufgelegt 1960, gab nach der Neuauflage den Anstoß für eine nachhaltige wissenschaftliche Diskussion über die Bewertung Caesars. Träger dieser spannenden Auseinandersetzung waren neben Matthias Gelzer dessen Schüler Hermann Strasburger, der am deutlichsten eine caesarkritische Gegenposition vertrat, und der von beiden beeinflusste Christian Meier. Schlusspunkt ist Meiers umfangreiche, in erster Auflage 1986 erschienene Caesar-Biographie. Die konkurrierenden Positionen sind deutlich von politisch-ideologischen Zeitströmungen, Herrschaftsverhältnissen sowie moralisch-ethischen Wertvorstellungen abhängig. Bei Gelzer beispielsweise ist deutlich die weit ins 20. Jahrhundert hinein einflussreiche Neigung zur Überhöhung der mächtigen und nach Totalität des Herrschens strebenden, charismatischen Einzelpersönlichkeit nachzuweisen, während Strasburger auf der Grundlage einer zutiefst republikanischen Gesinnung jeden totalitären Anspruch ablehnt, auch jeden Versuch entschieden missbilligt, Grausamkeiten, Machtmissbrauch oder menschenverachtendes Handeln zweitrangig einzustufen, wenn es darum geht, weiterführende und von der Sache her gebotene politische Entscheidungen und Planungen in einen Vergleich zu nehmen. Christian Meiers herausragende These ist in dem Schlagwort von der ‚Krise ohne Alternative' festgehalten, mit dem Meier die Zeit von 70 bis etwa 44 v. Chr. charakterisiert.

Stellen wir uns also den Gang der Geschichte anders vor! Der lange geplante Anschlag wurde entdeckt, die Attentäter wurden in der Curia, dem Versammlungsort des Senates auf dem Forum, verhaftet und ohne ordentliches Gerichtsverfahren hingerichtet. Die Iden des März des Jahres 44 v. Chr. wurden kein denkwürdiger Tag sieghafter republikanischer Tradition, sondern eine Niederlage der Stadtrepublik Rom. Dankfeste zum Gedenken an die Rettung Caesars zierten fortan diesen Tag bis zu Caesars Tod. Dann aber verschwanden die Iden des März aus der Erinnerung.

Abb. 22: Aureus des C. Iulius Caesar, VS: Venus RS: Siegestrophäe mit gallischen Waffen Gallien, ca. 50. Chr.

Wer sich orientieren will, greife zu Matthias Gelzers schon genannter Caesar-Biographie und seinen in drei Bänden gesammelten Kleinen Schriften, zu Strasburgers Studien zur Alten Geschichte, Hildesheim/New York 1982 und 1990 sowie zur Caesar-Biographie Christian Meiers.

Caesar hielt sich nicht lange in Rom auf. Er vertraute seiner großen Klientel aus allen Schichten, insbesondere aus der plebs urbana, den stadtrömischen Unterschichten, und aus der breiten Schicht sozialer Aufsteiger sowie dem Ritterstand. Er vertraute den bewährten Freunden – und dem Glück, dem er auch die eben erlebte Rettung verdankte. Die Entscheidung für den Partherkrieg ließ sich nicht mehr verschieben. Die Vorbereitungen waren weit gediehen, das Heer stand bereit. Im Gefolge Caesars befand sich jedoch nicht sein neunzehn Jahre alter Großneffe C. Octavius, der spätere Kaiser Augustus, der in Caesars vorsorglich hinterlegtem Testament als Erbe eingesetzt war. Der verstärkte die Position in Rom und sollte notfalls für Ruhe und Ordnung im Sinne Caesars sorgen. Natürlich beendete Caesar den Partherkrieg mit zäh erkämpften, aber glanzvollen Siegen. Die Schmach von Karrhae, dem Ort der verheerenden römischen Niederlage, wo die Parther 53 v. Chr. den ehrgeizigen, aber unfähigen P. Licinius Crassus vernichtend geschlagen hatten, war getilgt. Die Parther gaben die damals erbeuteten Legionsadler zurück. Die Ostgrenze des Reiches war für lange Zeit befriedet. Wollte Caesar nicht das Partherreich erobern? Wollte er nicht über Kaukasus und Kaspisches Meer ins Land der Skythen und von dort aus in die germanischen Siedlungsgebiete ziehen, wie das in einigen Quellen berichtet wird[90]? Dem stehen andere Zeugnisse entgegen! Wollte Caesar wie Alexander der Große Welteroberer werden? Nein! Was waren seine Ziele?

Caesar sei mehr Feldherr und Eroberer gewesen als Politiker. So läßt sich das Urteil der Historiker, jedenfalls der meisten, über ihn zusammenfassen[91]. Werden wir ihm damit gerecht? Der Schriftsteller und Universalgelehrte Plutarch (etwa 45 bis 125 n. Chr.) hat in seinen Parallelbiographien, in denen er einem bedeutenden Griechen jeweils einen passenden Römer zuordnet, Caesar mit Alexander dem Großen verglichen. Sicher, beide waren große Eroberer und begnadete Heerführer. Aber da gibt es doch deutliche Unterschiede! Alexander führte zunächst einen Rachefeldzug und eroberte dann ein schon bestehendes Großreich. Er trat die Nachfolge des bisherigen Herrschers an und wollte das eroberte Reich mit Hellas vereinigen. Außerdem begeisterte sich Alexander für die wissenschaftliche Erkundung: Völkerkunde, Landeskunde, Geographie, Ozeanographie, Botanik. Caesar ordnete alles seinen militärischen und politischen Zielen zu, die ganz auf Roms Herrschaft ausgerichtet waren. Caesar war in die Denkkategorien und Ideale der römischen Führungsschicht, des Senatsadels, eingebunden, Alexander war ein freier und von makedonischen oder griechischen Traditionen unabhängiger Geist gewesen, der nach niemals zuvor Erreichtem gestrebt hatte.

Mit seinen Eroberungen in Gallien hatte Caesar das schon bestehende Imperium erweitert und war dafür zumal von der römischen Führungsschicht und den stadtrömischen Unterschichten beifällig, geradezu begeistert gefeiert worden, weil

---

90 Überliefert bei Plutarch, Biographie Caesars 58.
91 Vgl. stellvertretend vor allem das Urteil Hermann Strasburgers.

die Mehrung der imperialen Herrschaft Roms der traditionellen Romideologie entsprach. Die Parther galt es in ihre Schranken zu weisen, es galt, die Niederlage des Crassus vergessen zu machen und den römischen Stolz durch die Heimkehr der in Feindeshand geratenen Feldzeichen zu befriedigen. Das Partherreich zu erobern und dem Imperium Romanum anzugliedern, war nicht Caesars Ziel. Aber die traumatischen Erinnerungen des römischen Volkes, wie im Falle der Kelten und Germanen mit schmerzlichen Schicksalsschlägen verbunden, zur Ruhe zu bringen, darum ging es ihm. Sein Sieg wurde in Rom durch glanzvolle Dankfeste und einen prächtigen Triumphzug gewürdigt.

Abb. 23: Gallien zur Zeit Caesars

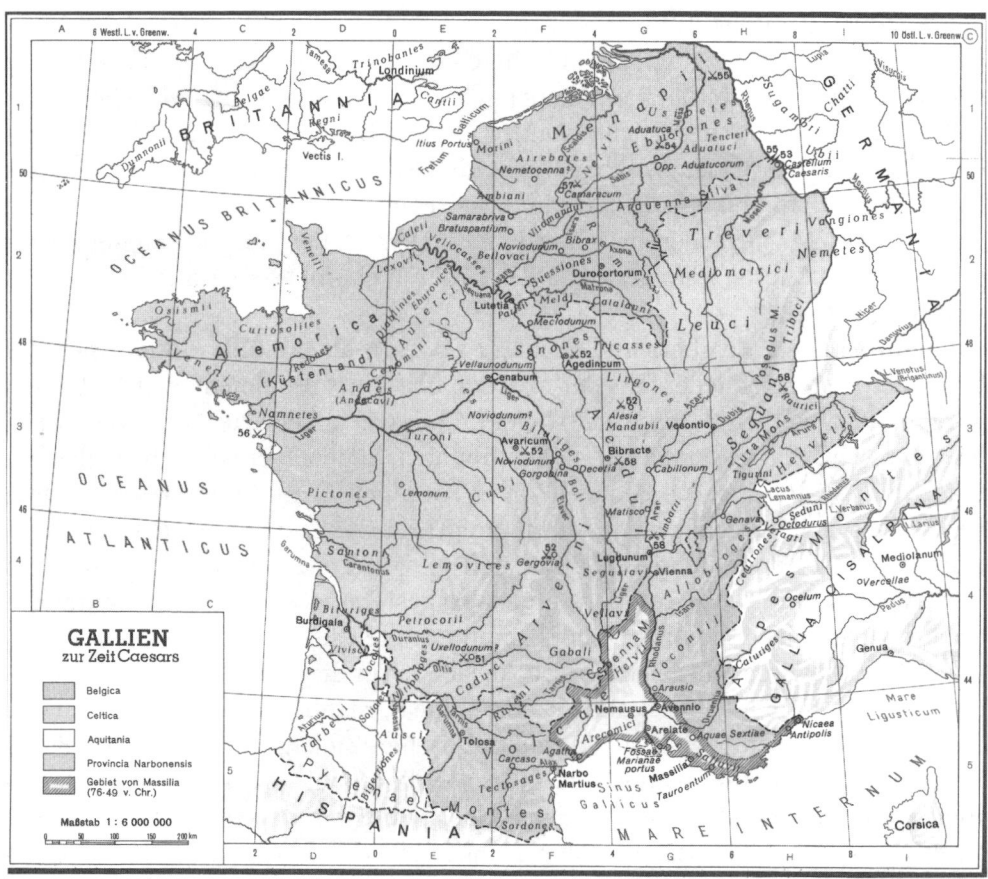

Wo also konnte Caesar als Eroberer auftreten? Wo die Reichsgrenzen ordnen, erweitern oder abrunden? Im freien Germanien und in den Alpenländern! Die Germanen hatte man seit den erfolgreichen Verteidigungskriegen des C. Marius gegen Kimbern und Teutonen in den düstersten Farben als Feinde Roms stilisiert. Mit der Germanengefahr ließ sich trefflich argumentieren und Angst erzeugen. Die Alpen waren bis dahin nicht der römischen Herrschaftsgewalt unterworfen, die nur bis zum südlichen Alpenrand reichte. Es gab also keine römisch kontrollierte Landverbindung nach Gallien. Die ständigen Raubzüge der Alpenvölker in die reiche Provinz Gallia Cisalpina waren seit langem ein Ärgernis und eine dauernde Bedrohung der vielen wohlhabenden Städte zwischen Alpen und Apennin. Freies Germanien bis zur Elbe und Alpenländer – große Aufgaben, die nach dem Gang der Geschichte Augustus anpackte, die in unserer Vision Caesars Anliegen wurden, und die er erfolgreich ausführte: Gegen die Germanen zog er in die rechtsrheinischen Länder, um Roms Macht zu demonstrieren, die Alpenvölker unterwarf er und erweiterte die römische Herrschaft bis zu Bodensee, Iller und oberer Donau.

Die wirkliche Unterwerfung Britanniens war eine weitere Aufgabe, derer sich Caesar annahm. Der Nordwesten Hispaniens mußte endgültig befriedet werden, und was war naheliegender als die Donau durch die vollständige Eroberung Illyriens sowie Pannoniens und der Länder am Unterlauf des Flusses zur natürlichen Grenze des Reiches zu machen!

Ziehen wir die Summe! Bei Caesar waren geopolitische Strategien, die sich an den Bedürfnissen des Reiches orientierten, stärker ausgeprägt als Welteroberungspläne. Seine imperialen Pläne waren nicht Selbstzweck, nicht Befriedigung hemmungsloser Eroberungslust, entsprangen auch nicht wie bei Alexander dem Großen geographischem, ethnographischem, botanischem oder ozeanographischem Erkundungstrieb, obwohl Caesar durchaus einen Blick hatte für diese Wissensgebiete und über die Kommentare zum Gallischen Krieg hinaus reichlich Material in weiteren Berichten und Tagebüchern hinterlassen hat, welches unsere Kenntnisse beispielsweise über Land und Bewohner des freien Germanien oder des bis dahin noch wenig bekannten Nordwesten Hispaniens erheblich erweitert. So hat Caesar seine literarische Hinterlassenschaft ausgedehnt, alles geschrieben mit vollkommen sicherer Handhabung der Sprache, sehr 'zur Freude' unendlich vieler Schülergenerationen deutscher Gymnasien. Caesars imperiale Pläne waren in wohlüberlegter Weise eingebunden in eine nach innen und außen schlüssige Reichspolitik. Damit wird schon angedeutet, um was es bei Caesar ging: Rom ist der repräsentative und alles überstrahlende Mittelpunkt des Imperium Romanum, der Herrschaftssitz; aber nicht mehr die Stadtrepublik in den überlieferten stadtstaatlichen Formen. Das Bezugssystem hat sich geändert. Reich und Monarch sind dessen Inhalt, mit der Stadt Rom als administrativem und ideellem Zentrum.

Abb. 24: Denar des M. Mettius. VS: C. Iulius Caesar mit dem goldenen Kranz. RS: Venus Victrix, 44 v. Chr.

Christian Meier stellt in seiner Caesar-Biographie die Frage, ob wir nicht den Fehler begehen, die Perspektive unserer Zeit zum Maßstab zu machen, wenn wir zu wissen glauben, daß die republikanische Form zumal angesichts der Anforderungen, welche die Entstehung des Weltreichs den Römern auferlegte, überholt war und nur die Monarchie eine Lösung der Krise bringen konnte[92]. Aber, so müssen wir einräumen, Caesar wußte und wollte, daß ohne seinen Willen kein staatliches Handeln möglich war, es in seiner Verfügung lag, das Gemeinwesen nach seinen Vorstellungen zu ordnen und zu erneuern. Er hatte doch alles daran gesetzt, diesen Zustand herbeizuführen. Auch wenn er in den Auseinandersetzungen mit seinen politischen Feinden seine *dignitas* absolut setzte, die Institutionen mißachtete oder die aus der Tradition hervorgegangenen politischen und gesellschaftlichen Spielregeln selbstbewußt zur Seite schob – er war kein machtbesessener und skrupelloser Revolutionär, der nur zerstört hätte, er wartete nur auf den Zeitpunkt, wo er freie Hand hatte, aufzubauen, das Reich zu formen und zu gestalten. Und wenn sich auf nicht unbedeutende Teile der Senatoren- und Ritterschaft beziehen läßt, was Plutarch in seiner Caesar-Biographie äußert[93], daß man sich nämlich dem Glück dieses Mannes zugeneigt habe und sich Zügel habe anlegen lassen, weil man geglaubt habe, sich von den Leiden der Bürgerkriege nur in einer Monarchie erholen zu können, dann haben in der Tat die Zeitgenossen erkannt, woran der Staat krankte und warum er nicht mehr funktionierte.

Jüngst hat der Althistoriker Pedro Barceló in einem Beitrag für die Zeitschrift 'Potestas' überzeugend dargelegt[94], wie Caesar bereits 49 v. Chr. programmatisch Regeln der Herrschaft formuliert hat, welche sich niemals in einer von Mehrheitsentscheidungen von Senat und Volksversammlung geprägten republikanischen Ordnung hätten verwirklichen lassen, sondern der Verfügung des Einzelnen als Inhaber der Macht unterlagen: Verzeihen, Gnade und Großmut, Versöhnen, diese Prinzipien habe Caesar zur neuen Methode, zum neuen Gesetz des Siegens erhoben. Die sich in der jüngeren Vergangenheit an die Spitze des Staates hätten stellen wollen, so Caesar, hätten wegen ihrer Grausamkeiten dem Haß nicht entgehen und ihren Sieg nicht lange nutzen können – außer Sulla; aber den wolle er nicht nachahmen. Was meint Caesar mit diesem Hinweis auf Sulla? Weil Sulla ohne Not alle Macht niedergelegt hat? Jedenfalls haben wir einen weiteren Anhaltspunkt dafür, daß Caesar die Monarchie anstrebte.

So bleiben wir dabei: Die Kaiserzeit begann früher als es unsere Geschichtsbücher festhalten, eben mit Caesar, der gewissermaßen in fließendem Übergang Rom von einer Stadtrepublik in ein monarchisch geführtes Großreich umwandelte. Staatsrechtlich gesehen konnte er als Inhaber der Diktatur auf Lebenszeit (*dictatura perpetua*),

---

92 Taschenbuch-Ausgabe von Meiers Caesar-Biographie, München 1986, S. 517.
93 Plutarch, Caesar-Biographie 57.
94 Pedro Barceló, Escritos politicos al servicio del poder: en torno a una carta de César, in: Potestas 3 (2010), S. 5–16; hier (auch zu Caesar als Quelle [Cic., Att. 8(7), C 1]) 8–10.

die ihm im Februar 44 v. Chr. verliehen worden war, unumschränkt regieren. Das republikanische städtische Gemeinwesen kannte bereits die Diktatur als außerordentliches Amt, versehen mit höchsten militärischen und zivilen Vollmachten; aber nur in Notlagen und nur auf Zeit, nämlich auf sechs Monate, und der *dictator* von einem der Konsuln ernannt. Diese Notlagen waren in allen Fällen, die wir kennen, Zeiten äußerer Bedrängnis, so dass der Diktator vor allem außerhalb Roms seine umfassenden Kompetenzen wahrnehmen konnte. Aber er hatte natürlich das Recht, Senat und Volk zusammenzurufen, Gesetzesanträge einzubringen und Abstimmungen herbeizuführen. Insoweit konnte man sogar von einer Weiterführung und Ausweitung republikanischer Tradition sprechen. Aber es war nicht Caesars Art, seinen Vollmachten einen republikanischen Anschein zu geben.

Mit der Diktatur auf Lebenszeit ist die umfassende Amtsgewalt umschrieben; aber sie war kein Herrschertitel. Als Kaiser nannte sich Caesar *Imperator*, nicht *rex*, weil dieser Titel seit den Anfängen der Republik historisch belastet war. So viel Rücksicht nahm Caesar doch auf die Empfindlichkeiten in allen Schichten, vor allem in der senatorischen Oberschicht, zumal Caesar mit Vorbehalten und Opposition bei etlichen Mitgliedern der Senatsaristokratie rechnen mußte, weil sie als überzeugte Republikaner der Einrichtung der Monarchie ablehnend gegenüberstanden. Anders die Massen der *plebs urbana*, die Caesar begeistert anhingen, und die Provinzialen, die auf eine ihnen zugewandte und gerechte Herrschaft Roms hofften. Im gesamten griechisch geprägten Kulturkreis war man ohnehin an die Monarchie als die Staatsform der Großreiche, die sich in der Nachfolge Alexanders des Großen gebildet hatten, gewöhnt. So war es leicht, von den Untertanen eine staatstragende Zustimmung einzufordern, wenn Roms Herrschaft nur gerecht war. Die ehemals nach innen *und* außen autonomen griechischen Stadtstaaten bestanden als Städte mit Selbstverwaltung weiter. Die römische Herrschaft hatte dieses System übernommen, und es war vor allem Caesar, der auch die westlichen Provinzen in diesem Sinne organisieren und ordnen wollte.

Wir sind damit bei der Innenpolitik Caesars angelangt. Wie wollte er das Reich formen und gestalten? Da Caesar von Welteroberungsplänen, die ihn jahrelang von Rom ferngehalten hätten, absah, müssen wir dieses Feld etwas genauer in den Blick nehmen. Dabei gilt es zu unterscheiden zwischen großen, in die Zukunft gerichteten Vorhaben und der Bewältigung ständig anstehender Probleme und Aufgaben wie etwa die Versorgung der Veteranen oder der nach Hunderttausenden zählenden stadtrömischen Unterschicht, die Integration der neu hinzugewonnenen Länder oder das Regieren eines Großreiches.

Kritische Stimmen äußern gerne, er habe sich niemals wirklich Zeit genommen für die inneren Belange. So habe er acht Jahre in Gallien Krieg geführt, ohne auch nur eine einzige Maßnahme zum friedlichen Aufbau neuer Provinzen ergriffen zu haben[95]. Schaut man nur auf die "Wunderwerke", für die Caesar sich begeisterte,

---

95 Vgl. die Bewertungen bei Strasburger und Meier, die ich als repräsentativ hervorhebe.

könnte man sich dieser Wertung anschließen: Anlage gewaltiger Tempel, Theater und Bibliotheken, von denen die meisten der repräsentativen und einzigartigen Ausgestaltung der Hauptstadt Rom dienen sollten, Redaktion des Bürgerlichen Rechts, Durchstechung des Isthmos von Korinth, Trockenlegung der Pontinischen Sümpfe. Die beiden letztgenannten Werke blieben in ersten Versuchen stecken. Sie überstiegen die Kräfte und Möglichkeiten der damaligen Zeit. Sie wurden, weil auch zahlreiche spätere Bemühungen scheiterten, erst 1881–1893 beziehungsweise ab 1928 erfolgreich durchgeführt. Die Trockenlegung der Sümpfe (vor Jahrhunderten, in der Zeit der Volsker, war diese Region noch eine blühende Agrarlandschaft) hätte, wäre sie gelungen, fruchtbares Land für die Ansiedlungsvorhaben Caesars geschaffen. Auch die Bauvorhaben waren bei Caesars Tod nicht alle vollendet; aber das Forum Caesaris mit der Curia Iulia strahlte bereits den Glanz einer ganz neuen Baupolitik aus, die auf wirkungsvolle Repräsentation und das Ablegen aller Kleinräumigkeit ausgerichtet war. Unterhalb des Kapitols entstand ein Theater, auf dem Marsfeld ein riesiger Tempel des Kriegsgottes Mars. Die Kodifizierung des Bürgerlichen Rechts wurde begonnen, war aber beim Tode Caesars noch nicht vollendet. Das gesamte Material zu sichten, "das Beste und Notwendige" in eine systematische Ordnung zu bringen, war ein bedeutendes kulturelles Vorhaben und ein wichtiger Beitrag zur Vereinheitlichung des Rechts und zur Gewährleistung von Rechtssicherheit.

Abb. 25: Denar des L. Aemilius Buca. VS: C. Iulius Caesar mit dem goldenen Kranz, RS: Venus Victrix, 44 v. Chr.

Bevor wir uns weiteren Einzelheiten zuwenden, sollten wir fragen, welche ständigen oder besonderen Aufgaben sich aus der Verwaltung Roms, Italiens und des Reiches ergaben: Einrichtung und Organisation einer zentralen Verwaltung – Aufrechterhaltung von Sicherheit und Ordnung (in den Provinzen oblag diese Aufgabe in Vertretung der Zentralregierung den Statthaltern, die als Vorsteher der

Provinzen mit administrativen, jurisdiktionellen und militärischen Vollmachten ausgestattet waren) – Oberbefehl über sämtliche Truppen – Rechtspflege und Gesetzgebung – Versorgung der Veteranen –Fürsorge für die *plebs urbana* einschließlich der *cura annonae*, also der Sicherung der regelmäßigen Getreidezufuhr nach Rom, um Versorgungsengpässe und Hungersnöte zu vermeiden – Wasserversorgung Roms – Anlage von Fernstraßen – Regelung der Steuern. Hinzu kamen drei Bereiche von weitreichender und immer ausgreifenderer Bedeutung, vor allem in Hinsicht auf die Integration der Provinzen sowie die Romanisierung der Provinzialbevölkerung: Ansiedlung von Veteranen und Angehörigen der stadtrömischen Unterschichten, Verleihung des römischen Bürgerrechts, Urbanisierung durch Anlage neuer Städte und Förderung der bestehenden, eine Aufgabe, welche vorrangig die Provinzen im Westteil des Reiches betraf.

Seit jeher spielte in der römischen Gesellschaft die patronale Fürsorge als Ausdruck der ideellen Verpflichtung der Führungsschichten gegenüber den Unterschichten, der Regierenden gegenüber der Provinzialbevölkerung eine wichtige Rolle im Herrschaftsverständnis der Römer. Caesar war sich der Erwartungen, welche an seine patronale Fürsorge gerichtet wurden, voll bewußt, und er wußte auch, dass es darauf ankommt, diese Fürsorge auf alle Reichsbewohner zu übertragen. Teil der patronalen Fürsorge war es, sich möglichst aller Aufgabenbereiche anzunehmen. Wenigstens an einem Beispiel sei das Bemühen um eine geordnete, der Bevölkerung dienliche Provinzialverwaltung und Caesars Einsicht in die Notwendigkeit von Reformen veranschaulicht: Zugleich mit der Verfügung, in der Provinz Asia die Steuern nicht mehr durch die berüchtigten Steuerpächter eintreiben zu lassen, senkte Caesar den Steuersatz um ein Drittel. Dieses Beispiel gibt die Richtung an, die er als Monarch konsequent verfolgte. Zumal durch persönliche Bindungen, Freundschaften und persönliche Verpflichtungen hat Caesar eine Vielzahl zuverlässiger und ergebener Helfer um sich geschart, die ihm bei der Bewältigung der organisatorischen Neuordnung, beim Aufbau einer wirkungsvoll arbeitenden Zentralverwaltung und bei der inhaltlichen Umsetzung der übrigen Ziele halfen. Mißbrauch und Korruption ahndete er unnachsichtig. Beharrlich hat er sich bis an sein Lebensende insbesondere der Ansiedlung, der Bürgerrechtsverleihungen und der Urbanisierung angenommen. Insbesondere hat er die rechtliche Fundierung der Städte durch beispielhaft ausgeformte Stadtrechte vorangetrieben. Sein Talent im Planen und Organisieren, sein Charme im Umgang mit anderen Menschen kamen ihm dabei aufs Vorteilhafteste zugute.

Die Stützen von Caesars Herrschaft, also seiner Monarchie, waren ohne Einschränkung Heer und Veteranen, Provinzialbevölkerung und stadtrömische Unterschicht. Der Senatorenstand war gespalten, während der Ritterstand weitgehend geschlossen hinter Caesar stand, begünstigte doch dessen auf das gesamte Imperium gerichtete Politik vor allem diese soziale Großgruppe. Im Senatorenstand gab es natürlich Freunde und Anhänger, unter den von Caesars Gnaden neu aufgenommenen Senatsmitgliedern auch blind ergebene Emporkömmlinge. Seit dem Bürgerkrieg hatte sich jedoch eine republikanisch gesinnte Opposition formiert, die, seit Caesar mit der Diktatur auf Lebenszeit unverhüllt die Monarchie eingeführt hatte, an Kraft gewann. Caesar durfte diesen Widerstand nicht unterschätzen und mußte sich schützen. Anderseits brauchte er die Mitglieder des Senatorenstandes für die hohen Verwaltungsämter und militärischen Führungsaufgaben. Gleichzeitig zog er natürlich vermehrt Ritter heran und legte den Grundstock für eine ritterliche Laufbahn, wie sie dann Augustus endgültig einführte. Zwar kam Caesar mit der geschickten Pflege traditionsgebundener, typisch römischer Tugenden und Ehrbegriffe wie *dignitas* (Würde) und *amicitia* (Freundschaft) der senatorischen Führungsschicht und ihrer Standesethik entgegen; aber die überzeugten Republikaner konnte er nicht versöhnen. So sehr er stets geneigt war, inneren Gegnern zu verzeihen und seine *clementia* (Milde) herauszustellen, die erbittertsten Vertreter der Opposition hat er schließlich energisch bekämpfen müssen, um die Monarchie auch gegenüber dem Senatsadel durchzusetzen. In dieser streng republikanischen Umgebung verachtete man auch Caesars Milde (*clementia*) und Bereitschaft zu verzeihen, weil man dieses Verhalten als Gnade des Herrschers empfand, die nur abhängig mache. Es gelang ihm also nicht, die entschiedenen Gegner zum Schweigen zu bringen. Die antimonarchischen Kräfte blieben gefährlich, sie haßten Caesar und machten bekanntlich noch seinem Nachfolger, Augustus, zu schaffen.

Abb. 26: Denar des M. Mettius. VS: C. Iulius Caesar mit dem goldenen Kranz, 44 v. Chr.

Eine Besonderheit sind die Ehrungen für Caesar. Niemals vorher war ein Römer zu Lebzeiten so ausgezeichnet worden. Auch darin äußerte sich die überragende *auctoritas*, auf die sich Caesar stützen konnte. Die Dankfeste nach militärischen Erfolgen wurden immer prächtiger. Immer häufiger wurden Caesar zu Ehren festliche Spiele veranstaltet. Statuen des Herrschers schmückten Rom und zahlreiche Provinzstädte. Zumal in den östlichen Provinzen mehrte sich, ganz in der Tradition des hellenistischen Herrscherkultes, die Erhöhung der Person Caesars zu einem geradezu sakralen Wesen, dem Wohltäter, Erretter und Heilbringer (Soter). Die Iden des März, also der 15. März, wurden zum Festtag erhoben, an dem man der Errettung des Herrschers gedachte. Ein denkwürdiger Tag sieghafter republikanischer Tradition hatten sie werden sollen, jetzt betrauerte eine Minderheit in ihnen die Niederlage der Stadtrepublik In die Zeit nach dem Partherkrieg fallen auch die Anfänge der Verherrlichung des Friedenszustandes, symbolisiert durch die göttliche Verehrung der Pax. Wir beobachten auch hier erste Schritte hin zur Ideologisierung der auf Frieden gerichteten römischen Herrschaft.

Zu den außergewöhnlichen Ehrungen kam die religiöse Überhöhung von Person und Herrschaft, welche sich unter anderem in der Hervorhebung bestimmter Gottheiten und deren Zuordnung zum Herrscher äußerte. Caesar hat darin einen Weg eingeschlagen, auf dem Augustus weiter voranschritt, und der mit je eigenen Vorlieben richtungweisend wurde für alle nachfolgenden Kaiser: Venus Genetrix, die Ahnherrin des Julischen Geschlechtes, erhielt einen eigenen Tempel auf dem Forum. Vom Tempel des Mars war schon die Rede. An der Stelle der alten Curia des Senates entstand ein Tempel der Felicitas, welcher das glückhafte Handeln Caesars in göttliche Sphären hob. Konsequent gefördert hat Caesar den Kult der Stadtgöttin Roma (Dea Roma), der vor allem in den neuen Provinzen im Westen des Reiches heimisch werden sollte, um die Bindung an Roms Herrschaft zu verinnerlichen, bedurfte doch auch dieser Kult wie jeder andere der regelmäßigen Pflege, die vor allem in der Obhut der lokalen Eliten lag.

Die Nachfolge war geregelt. Bereits vor dem Partherkrieg hatte Caesar seinen Großneffen C. Octavius adoptiert und zum Erben eingesetzt. Von Caesar herbeigeführte Beschlüsse legitimierten C. Octavius auch als Nachfolger in der Herrschaft. Damit war das dynastische Prinzip nach dem Vorbild der hellenistischen Großreiche festgelegt. Rom, Italien und dem Reich blieben ein weiterer Kampf um die Herrschaft und damit ein Bürgerkrieg erspart! Nein! M. Antonius, dessen Ehrgeiz und Machttrieb nur durch die Autorität Caesars gezügelt worden war, lebte noch, als Caesar eines natürlichen Todes starb. Er begehrte auf und forderte den legitimen Nachfolger zum Kampf um die Herrschaft heraus. Wir kennen den Ausgang!

Caesar hat dem Reich mit der Monarchie die angemessene politische Ordnung gegeben. Er hat den Reichsgedanken zur Mitte seiner Herrschaftsauffassung und Politik gemacht und damit den stadtstaatlich orientierten Rombezug, der in Sonderheit das politische Denken der Senatsaristokratie bestimmte, durch ein neues Bezugssystem abgelöst, das seine zentralen Bezugspunkte in Monarch, Monarchie und Reich haben sollte. Caesars Politik verfolgte dieses Ziel unbeirrt mit der eisernen Kraft seines Willens zum Herrschen, und mit Leidenschaft, auch mit Verantwortungsbewußtsein. Ob immer mit Augenmaß, einer Eigenschaft, die ebenfalls den Staatsmann ausmache, ist die Frage! Caesar war ein Vollblutpolitiker, wenn nicht gar ein Ausnahmepolitiker, ein Mann der 'Geste für die Geschichte', das heißt ein Staatsmann der theatralischen Ausstrahlung, der sich mit all seinen Taten, den militärischen und zivilen, mit seiner geschliffenen Rhetorik und Schreibkunst, mit seinem Charme der Nachwelt und ihrer Erinnerungskraft empfahl[96]. Hat man nicht den Eindruck, daß sein Adoptivsohn, der spätere Kaiser Augustus, ihm darin nachgefolgt ist, ihn vielleicht sogar übertroffen hat? Wenn auch viel planvoller, weniger emotional, mit gezielter Akzentsetzung und kühler Überlegung!

Der Text bedarf des Nachwortes! Das wirkt alles so erhaben und makellos, fast so, als ob die Schattenseiten ausgeblendet werden sollten. Bei der Bewertung Caesars neigen sich die Gewichte auf die Seite des Staatsmannes; denn die Zielsetzung unserer Fiktion ist auf die Darstellung der politischen Leistung, nicht eine moralische Bewertung ausgerichtet. Im Vorwort zu Christian Meiers Caesar-Biographie heißt es, der Autor sehe in dem Phänomen Caesar eine eigentümliche Ausformung des Allgemeinen im Besonderen. In diesem Sinne will auch diese Fiktion verstanden werden.

---

96 Die Anregung zur ‚Geste für die Geschichte' entnehme ich der großartigen, von dem spanischen Schriftsteller Javier Cercas literarisch meisterhaft gestalteten und breit angelegten, unter dem Titel ‚Anatomia di un instante' erschienenen Dokumentation über den 23. Februar 1981, den Tag, an dem eine Verschwörergruppe spanischer Militärs aus Guardia Civil und Armee versuchte, die nach Francos Tod errichtete Demokratie zu stürzen. Die deutsche, von Peter Kultzen erstellte Übersetzung erschien unter dem Titel ‚Anatomie eines Augenblicks. Die Nacht, in der Spaniens Demokratie gerettet wurde', Frankfurt am Main 2011. Das Buch ist ungemein anregend für historische Fragestellungen und Bewertungen. Zu den hier aufgenommenen Anregungen vgl. die deutsche Übersetzung S. 39–40 und 218.

M Antonius, nicht Octavian, gewinnt die Seeschlacht bei Actium (31 v. Chr.)

Wer war M. Antonius? Enkel des 87 v. Chr. ermordeten berühmten Redners M. Antonius, der Inhaber mehrerer Staatsämter, darunter des Konsulats und der Censur gewesen war, Sohn des M. Antonius Creticus, der es bis zur Praetur brachte und 74 v. Chr. im Kampf gegen die Seeräuber ein außerordentliches *imperium* erhalten hatte – Spross also einer im letzten Jahrhundert der Republik hoch angesehenen plebejischen Familie, die zur Nobilität, der durch Bekleidung des Konsulats herausgehobenen Führungsschicht innerhalb des Senatorenstandes, zählte. Etwa zwanzig Jahre jünger als Caesar, etwa zwanzig Jahre älter als Augustus. Seit Beginn seiner politischen Laufbahn ein erfolgreicher Anhänger Caesars, für den er in Gallien kämpfte und 49 v. Chr. in Rom als Volkstribun politisch agierte. 48/47 v. Chr. Stellvertreter Caesars in Rom, mit diesem Konsul im Jahre 44 v. Chr., also bei dessen Ermordung Inhaber des höchsten Amtes und mit allen Vollmachten zur Aufrechterhaltung der Ordnung ausgestattet, wovon er bekanntlich zum Nachteil der Verschwörer, welche die alte republikanische Ordnung wiederherstellen wollten, Gebrauch machte. Neben C. Octavius, dem Adoptivsohn und Erbe Caesars, dem späteren Kaiser Augustus, eine der wenigen Schlüsselfiguren zwischen 44 und 31 v. Chr., das heißt in der Zeit des Übergangs von der Republik zur Monarchie.

In seinem Privatleben galt er als zügellos, allen Vergnügungen war er zugeneigt. Bei der Bevölkerung Roms und seinen Soldaten war er dank seiner kraftvollen Natur, seiner einnehmenden Erscheinung, Leutseligkeit und Offenheit gleichermaßen beliebt. Loyalität, Generosität und Tapferkeit, aber auch der Blick für politische Erfordernisse machten ihn zu einem bewunderten Soldatenführer und beliebten Politiker.

Abb. 27: Cistophor des Marcus Antonius. VS: Doppelbildnis des Marcus Antonius und der Octavia, 39 v. Chr.

Eine kurze Übersicht über die Zeit von Caesars Tod bis zur Schlacht bei Actium soll die Grundlage bilden für das weitere methodische Vorgehen, nämlich Antworten zu finden auf Fragen, welche in unserem Kontext weiterführen, und zu Erkenntnissen zu gelangen. Das bedeutet, worauf bereits in der Einleitung verwiesen wurde, dass unter den geltenden Vorgaben die auf das Schlüsselereignis, die Schlacht bei Actium, folgende, hier umgeschriebene Geschichte, ebenfalls aus der vor dem Schlüsselereignis liegenden und aus den die Situation erhellenden Kontexten erklärt werden muß. Die Geschichte der nämlichen Jahre, wie sie überliefert wird, hatte ihren Höhepunkt in der Konfrontation zwischen Antonius und Octavian, dem späteren Kaiser Augustus[97]. So liegt es nahe, diese beiden Figuren zur Leitlinie des nachfolgenden Überblicks zu machen.

Das Verhältnis der beiden nach Macht und Herrschaft drängenden Männer schwankte zwischen Annäherung und Entfremdung, Rivalität und Einvernehmen, wobei Abwägung der Chancen und Möglichkeiten, Erzielen von Vorteilen und Erschließung von materiellen, personellen und ideellen Ressourcen den, sagen wir es bildhaft, schonungslos geführten Wettkampf bestimmten. Der betraf alle Bereiche: das Andenken des toten Caesar, das Bemühen um die *plebs urbana*, die stadtrömischen Unterschichten, und die Befriedigung ihrer Bedürfnisse, das Verhältnis zu den senatorischen Standesgenossen und zum einflussreichen Ritterstand, das Werben um die Gunst der Armeen, Versorgung der Veteranen sowie Möglichkeiten der Rekrutierung neuer Streitkräfte, die Auseinandersetzung mit den Caesargegnern und Verteidigern der überlieferten Staatsordnung, das Ansehen bei der Provinzialbevölkerung, schließlich die kontinuierliche Stärkung der eigenen Machtstellung und die Legalisierung des politischen Handelns.

Um die Caesargegner und Verschwörer auszuschalten, taten sich Octavian, Antonius und M. Aemilius Lepidus zusammen und formierten sich zu einem Triumvirat mit diktatorischen Kompetenzen (*tresviri rei publicae constituendae*), das im Dezember 43 v. Chr. von der Volksversammlung bestätigt wurde. Damit waren die drei Männer für zunächst fünf Jahre Inhaber eines außerordentlichen Amtes. Außer Rom und Italien waren alle westlichen Provinzen unter ihrer und ihrer Anhänger Aufsicht, während der Osten zu dieser Zeit noch unter dem Befehl der früheren Verschwörer stand. Das änderte sich erst mit der von Antonius siegreich ausgefochtenen Schlacht von Philippi (42 v. Chr.). Dieser militärische Erfolg erhob Antonius nach Macht und Ansehen zur beherrschenden Gestalt. In Absprache mit

---

97 Der schon von Zeitgenossen verwendete Name Octavianus ist bis heute gebräuchlich. Wir bedienen uns auch dieses Namens, während gelegentlich auch vom ‚jungen Caesar' die Rede ist. Von Geburt her (63 v. Chr.) hieß der spätere Kaiser Augustus C. Octavius. So nannte er sich bis 44 v. Chr.. Mit der testamentarisch festgelegten Adoption durch den 44 v. Chr. ermordeten C. Iulius Caesar, seinen Großonkel, nahm er den Namen C. Iulius C. f. (bedeutet ‚Sohn des Gaius') Caesar an (44–42); 42–38 nannte er sich C. Iulius divi f. (bedeutet ‚Sohn des vergöttlichten Caesar'), 38–27 Imperator Caesar divi f., ab 27 Imperator Caesar (divi f.) Augustus.

Octavian wählte er den Osten zum neuen Wirkungsfeld. Das ergab sich aus der Situation; denn die westlichen Reichsteile waren ‚vergeben'. Freilich verbanden sich mit dem Osten willkommene Vorteile wie die schier unerschöpflichen Ressourcen und die Chance, sich nach den Jahren des Bürgerkrieges zwischen Caesar und Pompeius durch eine systematische Reorganisation der römischen Herrschaft einen Namen zu machen.

Octavian (er nannte sich seit 38 v. Chr. Imperator Caesar divi f.) musste sich unterdessen in Italien um die Versorgung der nach vielen Tausenden zählenden Veteranen kümmern und den Krieg gegen den Republikaner Sextus Pompeius, der mit seiner Piraterie die Versorgung Roms mit überseeischem Getreide verhindern wollte, organisieren, Aufgaben, die er im Laufe weniger Jahre teils erfolgreich, in Hinsicht auf die Versorgung der Veteranen mit Siedlungsland jedoch nicht unbedingt zur Zufriedenheit aller Betroffenen, unter denen sich auch Veteranen des Antonius befanden, löste. 40 v. Chr. führte der Vertrag von Brundisium zu einer Teilung der Provinzen in zwei Einflusssphären mit Skodra nördlich von Dyrrhachium als Demarkationspunkt (ungefähr dieselbe Linie, die in spätrömischer Zeit den lateinischen Westen vom griechischen Osten trennte).

37 v. Chr. einigten sich die drei Mächtigen auf eine Verlängerung des Triumvirats. 36 v. Chr. führte Antonius einen erfolglosen, verlustreichen Feldzug gegen die Parther, jenes Volk, das in der Nachfolge der Achaimeniden ein bis nach Kleinasien reichendes Großreich errichtet hatte. Warum entschloß sich Antonius zu diesem Schritt? M. Licinius Crassus Dives hatte 53 v. Chr. in dem von ihm begonnenen Krieg gegen die Parther eine Niederlage erlitten und sein Leben verloren; Caesar stand kurz vor dem Aufbruch in den Partherkrieg, als er ermordet wurde. Lange Zeit waren die Gallier, dann die Germanen die Feinde schlechthin. Seit der Expansion der Parther nach Westen im ersten Jahrhundert v. Chr. reagierten die Römer fast traumatisch auf den Umstand, dass die Parther bisher nicht hatten besiegt werden können. Zwar konnte Antonius in Kleinasien wieder eine feste Grenzlinie zwischen Imperium Romanum und Partherreich ziehen und die Provinz Armenia einrichten; aber die militärische Offensive war fehlgeschlagen. Ein Sieg über die Parther hätte Ruhm und Ehre die Fülle eintragen können, eine Niederlage musste Ansehen und Autorität schwer beschädigen. Da hat die Eroberung Armeniens 34 v. Chr., die Antonius wirkungsvoll herausstellte, etwa durch einen glanzvollen Triumphzug in Alexandria und einen zahlreich verbreiteten neuen Münztyp mit der Aufschrift *Armenia devicta*, nur einen gewissen Ausgleich gebracht.

Seinem Ansehen war im Urteil Octavians und zahlreicher Angehörigen der sozialen Elite des Westens auch wenig einträglich das Verhältnis des Antonius zur ägyptischen Königin Kleopatra VII. Seine im Jahre 40 v. Chr. mit Octavia minor, der älteren Schwester Octavians, geschlossene Ehe war durch die Beziehungen zu Kleopatra zunehmend belastet. Die wachsenden Spannungen führten 32 v. Chr. zur Scheidung und zum endgültigen Bruch zwischen Antonius und seinem Rivalen. Der junge Caesar, also Octavian, ließ das Testament des Antonius veröffentlichen, während der Senat Kleopatra den Krieg erklärte. Der Krieg war eröffnet. Antonius siegte am 2. September 31 v. Chr. in der Seeschlacht bei Actium am Golf von Ambrakia, Octavian fand den Tod. Also nahm die Geschichte der folgenden Jahre einen anderen Verlauf als wir sie in unseren Geschichtsbüchern dargestellt finden.

Abb. 28: a + b Denar des Marcus Antonius. VS: Marcus Antonius, RS: Cleopatra, ca. 32/31 v. Chr.

Letztlich entschied die Schlacht bei Actium, wer das Römische Reich regieren werde; denn dass weder Octavian noch Antonius die alte republikanische Ordnung mit der Volksversammlung als höchster Instanz, dem Senat als führendem Staatsorgan und den Konsuln als den höchsten Amtsinhabern in den überkommenen Formen wiederherstellen würden, war längst klar geworden. Der riesige Flächenstaat bedurfte der monarchischen Spitze und damit eines neuen Bezugssystems, in dem nicht mehr die stadtrömische Zuordnung ausschlaggebend war. Nur: Wollte Antonius eine Herrschaft des Ostens über den Westen einrichten? Das Zentrum des Reiches nach Alexandria verlegen, wie es die Propaganda Octavians vor der Entscheidungsschlacht glauben zu machen versuchte? Wie kam es, dass der Eid auf Octavian aufs engste mit der Frontstellung Osten gegen Westen verbunden war? Wäre eine Teilung des Römischen Reiches in zwei selbständige Staaten möglich gewesen? Eine Reihe von Informationen zum äußeren Verlauf haben wir bereits in den vorhergehenden Abschnitten zusammengestellt, weitere zu Antonius und Octavian, welche mehr die Selbstdarstellung sowie die Positionierung angesichts einer sich zuspitzenden Konfrontation betreffen, werden wir noch anfügen müssen, um der Argumentation eine breitere Basis zu geben. Unser Ziel ist es, Antworten auf die hier gestellten Fragen zu finden.

Antonius hat während seines Aufenthaltes in den östlichen Provinzen seine administrativen Kompetenzen zu einer umfassenden Reorganisation der Verwaltung eingesetzt. Allerdings wurde er vor allem zwischen 40 und 36 v. Chr. mehrmals durch Konflikte in Italien, in die er hineingezogen wurde, an der konsequenten Durchführung seiner Aufgaben gehindert. Neben Kleopatra und den gemeinsamen Kindern Alexander Helios, Kleopatra Silene und Ptolemaios Philadelphos sollten insbesondere Klientelkönige Ordnung, Sicherheit und Loyalität gegenüber der von ihm repräsentierten römischen Herrschaft garantieren. Viel konsequenter als der junge Caesar hat er dabei das monarchische und dynastische Element herausgestellt, was durchaus der Vorstellungswelt des hellenistisch geprägten Ostens entsprach, wo seit Alexander d. Gr. überall Könige die Staaten lenkten und die Herrscherverehrung ein nicht wegzudenkender Bestandteil des öffentlichen Kultwesens geworden war. Antonius hatte schon früh Eingang gefunden in diese Tradition; bereits 41 v. Chr. wurde er in Kleinasien als Neuer Dionysos (Neos Dionysos) empfangen. Staaten und Städte überhäuften den mächtigen Römer mit allen erdenklichen Ehren. Er wurde als Retter, Wohltäter und immer wieder als Neuer Dionysos gefeiert. Einige Jahre später ließ er auch zu Ehren der Kleopatra Münzen prägen mit deren Bild als Neuer Isis.

Antonius hatte in Italien durchaus noch eine ihrer Zahl nach ahnsehnliche Anhängerschaft, auf die er sich verlassen konnte. Worauf es ihm aber im Blick auf eine Entscheidung zwischen ihm und Octavian vor allem ankam, war, die Ressourcen des Ostens zu sichern, zumal die Ägyptens, um zu gegebener Zeit politischen und militärischen Gewinn daraus zu ziehen. Je stärker sich Antonius um den Osten bemühte, desto systematischer und auch skrupelloser agierte der junge Caesar in dem Bestreben, seine eigene Verwurzelung in den Traditionen Roms in ein grelles Licht zu rücken und Antonius als Alexandriner, hellenistisch-orientalischem Herrschaftsstil verfallenen, von Kleopatra geradezu verhexten ‚Abtrünnigen' und ‚Verräter' zu diffamieren. Höhepunkte im Propagandakrieg und in der ideologischen Vorbereitung des Entscheidungskampfes waren auf Seiten Octavians die teilweise Veröffentlichung des bei den Vestalinnen hinterlegten Testamentes des Antonius, was allen Rechtsregeln widersprach, und der Treueid des Westens auf Octavian. Insbesondere jene Bestimmungen des Testamentes, welche die römische Gesinnung des Antonius in Frage stellten und seinen römisch-italischen Patriotismus in Zweifel zogen, wie die Bestimmung, an der Seite Kleopatras in Alexandria bestattet zu werden, machten es seinen Gegnern leicht zu behaupten, er wolle die ehrwürdige Metropole, Rom, das Zentrum des von den Römern errichteten Weltreiches, aufgeben, um eine andere Stadt, etwa Alexandria, in diesen Vorrang zu heben. Rom war im Bewusstsein der Römer unersetzlich. Wie Livius das wenige Jahre später in seiner Römischen Geschichte den Diktator M. Furius Camillus sagen lässt, als die Römer nach der Zerstörung durch die Gallier die Stadt verlassen wollten: die Stadt, das Vaterland (*patria*) der Römer, müsse ihren Sitz behalten; der Kapitolshügel in Rom sei der Sitz der höchsten Gottheit der Römer, des Jupiter Optimus Maximus; Vaterstadt, Sieg und Kriegsruhm hätten die Götter verliehen; jede Örtlichkeit in Rom sei voll des Göttlichen; wer die Stadt verlasse, verlasse auch den Kultsitz der Götter Roms; die Kulte könnten nur in Rom gepflegt werden – oder könne man sich vorstellen, das ewige Feuer der Vesta brenne irgendwo sonst, das Götterpolster für das Jupitermahl könne woanders als auf dem Kapitol bereitet werden? Dieses Gedankengut war in Rom stets präsent, es war die Hauptsache im Bewusstsein von Roms Größe, Sieghaftigkeit und Wohlfahrt. Das zweite Ereignis, das zur Frontstellung zwischen Westen und Osten unmittelbar beitrug, war der Treueid, den die Bevölkerung von Rom, Italien und den westlichen Provinzen 32 v. Chr. ablegte, und der den jungen Caesar mit dem Oberbefehl im Krieg gegen Antonius ausstattete, ein Vertrauensbeweis von außerordentlicher Ausstrahlung. Im übrigen ließen sich Vorurteile gegenüber den Griechen, ganz allgemein gegenüber dem hellenisch geprägten Kulturkreis, wenn sich die Propaganda ihrer annahm, leicht zu polarisierenden Emotionen steigern. Das angeblich mangelhafte Rombewußtsein des Antonius ist damit nicht bewiesen, über seine wirkliche Einstellung zu Rom als Hauptstadt des Reiches ist nichts gesagt. Antonius war echter Römer – nur lag auf Grund der Umstände der Schwerpunkt seines Handelns zunächst im Osten, und er hat den Osten fest an sich gebunden – so wie Octavian auf Grund der Umstände den Westen an sich band. Antonius hatte nicht wie Pompeius Rom und Italien verlassen, um im Osten den Widerstand gegen seinen Rivalen zu organisieren, sondern er hat den Osten auf legaler Basis als Amtsbereich übernommen. Im übrigen hatte der große Caesar auch ein Liebesverhältnis zu Kleopatra, sie hatten einen gemeinsamen Sohn, Caesarion; aber Caesar blieb echter Römer und dachte nie daran, Rom aufzugeben. (Antonius bestätigte in seinem Testament die Vaterschaft Caesars, was Caesarion wie Jahre vorher Octavian zum *divi filius* erhob und zu dessen Konkurrenten machte.)

Eine Teilung des Reiches in zwei Staaten, einen unter der Herrschaft des jungen Caesar, der andere unter der Herrschaft des Antonius? Die Rivalen hätten im Falle einer Einigung auf eine solche Lösung einen neuen Bürgerkrieg vermeiden können. Aber eine solche Lösung war nicht denkbar, zu stark war die Vorstellung von der Einheit des Weltreiches unter *einem* Herrscher und unwiderruflich auch der Anspruch auf *eine* Herrschaft über das gesamte Herrschaftsgebilde.

Auch Antonius dachte nicht daran, Rom aufzugeben. Keine seiner Handlungen während seiner ,Regierungstätigkeit' im Osten deutet auf solche Absichten. Sich ganz den östlichen Regionen widmen und sie verwalten, heißt noch lange nicht, die Bedeutung Roms, zumal seinen ideellen Rang als Ausgangspunkt einer Weltherrschaft zu übersehen, als Sitz der Kapitolinischen Trias, der Staatsgötter, zu missachten und auf Rom als Hauptstadt des Reiches zu verzichten. Er war Römer und blieb Römer; aber er hat die unausweichliche Transformation der Herrschaft, das heißt die Einrichtung der Monarchie direkt angesteuert und dies allerdings ganz im Stil hellenistischer Herrscher. Daran musste man sich in Rom und Italien gewöhnen. Welchen Herrschertitel wählte Antonius? Imperator – Imperator Antonius Augustus. Der Senat beschloß, Antonius den Ehrennamen Augustus zu verleihen: Antonius hatte einen wenig populären Krieg mit *einer* siegreichen Seeschlacht beendet und die Sehnsucht der Bevölkerung nach Frieden im Innern erfüllt. Der Sieg von Actium wurde in mythische Höhen gehoben; aber nicht zu einem Sieg des Ostens über den Westen,

Ägyptens über Italien verklärt. Das wäre nicht im Sinne des Antonius gewesen, der letztlich für die römische Sache und die Herrschaft über Roms Weltreich gekämpft und sein Leben riskiert hatte. Anderseits: Der Blick über die stadtrömischen Grenzen hinaus hätte deutlicher nicht ausfallen können! Und Kleopatra als die erste Kaiserin! Bedeutete das nicht zugleich eine Distanzierung von römischen Traditionen?

Abb. 29: Ausschnitt aus dem mehrteiligen, der Schlacht von Lepanto gewidmeten Gemäldezyklus von Cy Twombly. Ort der Schlacht bei Actium

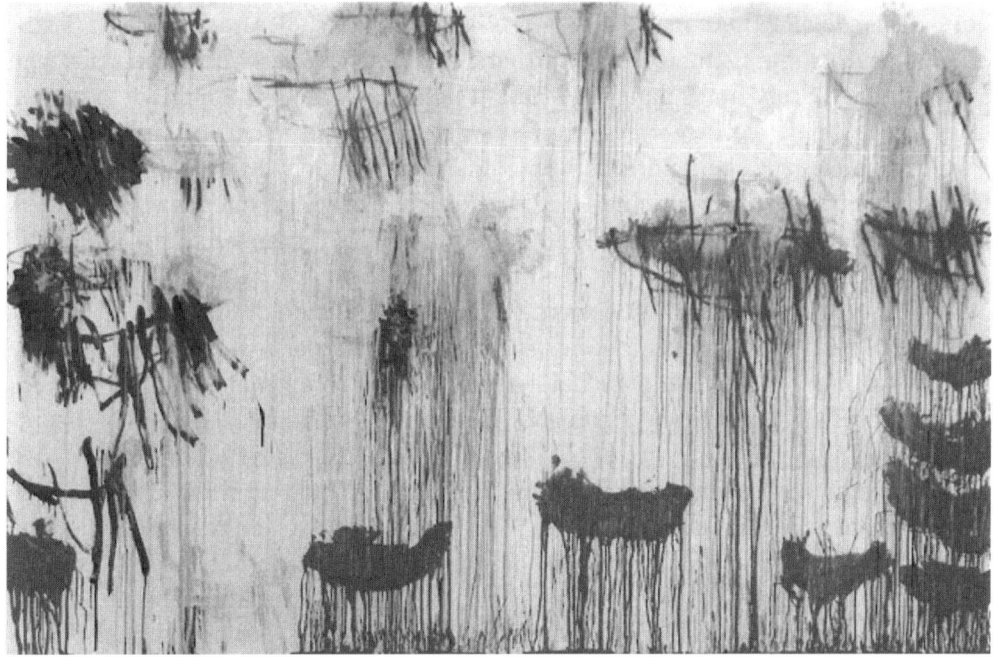

Daß die Menschen in Rom, Italien sowie den Provinzen im Osten und Westen des Reiches wussten, dass Octavian und Antonius um die Alleinherrschaft kämpften und der Sieger die Monarchie anstreben werde, daran gibt es keinen Zweifel. Daß die Menschen überall im Reich sich nach Frieden sehnten und zumal die Provinzen den Sieger als Friedensbringer feiern würden, steht außer Frage. Unsere Darstellung vermittelt freilich den Eindruck, als ob die Verhältnisse sehr harmonisch gewesen seien und die bewusst westlich orientierten Römer jedweden Standes sowie die westlichen Provinzen sich in ihr Schicksal gefügt und eine willige Untertanenschaft abgegeben hätten. Das Gegenteil war der Fall. Die Opposition, welche sich vornehmlich aus den Anhängern des jungen Caesar gebildet hatte, formierte sich, allerdings unter dem Eindruck der Gegebenheiten und in Hinsicht auf eigene Ziele als Opposition gegen den Herrscher, nicht gegen die Monarchie.

Wer in Rom der Erste im Staate sein wolle, müsse über so viel Geld verfügen, dass er davon ein Heer aufstellen könne, äußerte einmal der Verbündete von Caesar und Pompeius, M. Licinius Crassus mit dem Beinamen Dives, der Reiche, eben der,

der 53 v. Chr. bei Carrhae im Krieg gegen die Parther den Tod gefunden hatte[98]. An Geld und Heer mangelte es Antonius nicht. Er war auch ein hervorragender Soldat, ein Mann von unerhörter Willenskraft und mitreißender Leidenschaft, wie Karl Christ ihn in seiner Römischen Geschichte beschreibt; aber es habe trotz seiner nicht geringen politischen Erfahrung das Gespür für die Reaktionen auf seine oft provozierenden Handlungen gefehlt. Und er war nicht der Mann, der die Dinge ruhig anging[99]. Zu sehr störte ihn auch sowohl die in Rom fehlende breite Front der Unterstützung als auch die letztlich noch unerledigte Parther-Frage, waren doch die bei Carrhae den Parthern in die Hände gefallenen Legionsadler noch in deren Besitz. So galt sein Hauptaugenmerk den Parthern und der weiteren Verfolgung der weit ausgreifenden Eroberungspläne im Osten, welche durch den Bruch mit dem jungen Caesar verhindert worden war. Antonius war ehrgeizig, zu sehr auf militärischen, in der Schlacht erworbenen Ruhm bedacht, als dass er klug auf nicht zwingend erforderliche Kriege hätte verzichten und auf diplomatische Lösungen warten können. Er ließ sich vom Senat das Oberkommando über alle Provinzen übertragen. Die Organisation der Verwaltung und der Provinzen, die noch ausstehende Befriedung Nordwesthispaniens, alles Zivile wurden vertagt zugunsten des großen Feldzuges. Der wurde zur Katastrophe: nicht nur siegten die Parther erneut über das römische Heer, Antonius verlor in der entscheidenden Schlacht sein Leben. Sein Lebenswerk blieb ein Torso. Kleopatra zog sich nach Alexandria zurück.

Und wie ging es in Rom weiter? Es kam nicht zu einem neuen Bürgerkrieg, den zu vermeiden alle Seiten bemüht waren. Der Senat stand mehrheitlich auf Seiten der, sagen wir, Caesarianer: Neben C. Maecenas, der zwar einflussreich war und über ein großes Vermögen verfügte, aber wegen seines ritterlichen Ranges nicht für die Führung in Frage kam, standen M. Vipsanius Agrippa, der Jugendfreund des jungen Caesar, der sich bereits als dessen Stellvertreter verdient gemacht hatte, was ihm einen hohen Grad an Legitimation verlieh, und die, allerdings noch sehr jungen Söhne der Livia Drusilla, die 38 v. Chr. den jungen Caesar geheiratet hatte, Tiberius Claudius Nero und Nero Claudius Drusus, bereit, den höchsten Rang, vom Senat verliehen, einzunehmen. Nach Lage der Dinge kam diese Stellung Agrippa zu, der loyal gegenüber dem Senat und der Familie des jungen Caesar für eine Übergangszeit das Reich verwaltete. Seine erste Unternehmung galt der Befriedung des nordwestlichen Hispanien, wo ihm im Kantabrischen Krieg die vollständige Unterwerfung der bis dahin unbotmäßigen Stämme gelang. Die Monarchie wurde nicht mehr in Frage gestellt, zumal sie bei der Führungsschicht, dem Senatorenstand, der schließlich von der festen und geordneten Einbindung in die Reichsverwaltung profitierte, in breiter Mehrheit Zustimmung fand.

---

98 Zitiert nach Karl Christ, Geschichte der römischen Kaiserzeit von Augustus bis zu Konstantin, München 1988, S. 40.
99 Karl Christ, ebenda S. 49; kurze Charakteristik des Antonius auch bei Christian Meier, Caesar (wie Anm. 90), S. 494–497.

P. Quinctilius Varus gewinnt die Schlacht im Teutoburger Wald

Varusschlacht: In Deutschland fehlt es nicht an regionalen Schwerpunkten der Identitätsbilung. Vielleicht hat der Missbrauch der überregionalen, das heißt nationalen Identitätsbildung seit Gründung des Deutschen Reiches diese Tendenz noch gestärkt. Natürlich stand im 19. Jahrhundert, als die Nation sich formierte, die nationale Identitätsbildung im Mittelpunkt. Ein Stück derselben war der Nationalheld Arminius, Hermann, der Cherusker. Allerdings sei keine der „Nationalmythen", weder Barbarossa noch die Nibelungensage oder die Hermannsschlacht eine „Erfolgserzählung" gewesen, so der Historiker Herfried Münkler, der sich in einem bemerkenswerten Buch mit den deutschen Mythen befasst hat[100]. Aber, so stellen wir fest: die Varusschlacht wird immer noch als deutsche Erzählung verstanden. Das haben die Reden anlässlich der Eröffnung der Ausstellung „Imperium, Konflikt, Mythos. 2000 Jahre Varusschlacht" in Kalkriese im Mai 2009 deutlich gemacht. Auch das Hermannsdenkmal bei Detmold ist nach wie vor ein beliebter Ausflugsort; aber vermutlich doch eher mit regionalem Schwerpunkt. Anderseits waren zwischen Mai 2009 und Juli 2010 mehr als 100 000 Besucher in der eben erwähnten Ausstellung, was freilich auf einen stärker überregionalen Zusammenhang verweist. Jedenfalls hat dieses Thema die verschiedensten Bezüge und in besonderer Weise einen deutschen Hintergrund, den es zu beachten gilt.

Varusschlacht 9 n. Chr. – 2009: 2000 Jahre Schlacht im Teutoburger Wald, *bellum Varianum*, so in einer römischen Grabinschrift, Niederlage der Römer gegen die Germanen, Varusschlacht, Hermannsschlacht! Wie in der Geschichte der Kriege üblich, sind Unterschiede in der Bezeichnung von Schlachten nichts Ungewöhnliches – ganz wie man die Akzente gesetzt hat oder setzen will: ob patriotisches Selbstbewusstsein, germanischer Stolz, neutrale Zurückhaltung die Richtung vorgaben, dies immer noch tun. Der Schriftsteller Durs Grünbein hat sich in einem im September 2009 erschienenen Beitrag für die Frankfurter Allgemeine Zeitung[101] mit diesen deutschen Eigenarten und Befindlichkeiten im Umgang mit der Varusschlacht, wo man dem Vormarsch der Zivilisation getrotzt habe, auseinandergesetzt und stellt fest, dass im Unterschied zu den Völkern Westeuropas den Deutschen die Souveränität im Umgang mit ihrer antiken Vorgeschichte immer noch fehle. Noch immer sei

---

100 Herfried Münkler, Die Deutschen und ihre Mythen, Berlin 2009, S. 12–14.
101 Frankfurter Allgemeine Zeitung vom 1. September 2009, Nr. 202, S. 33.
Wichtige Literatur: Antike Welt, Heft 3 (2009), S. 8–28 mit Beiträgen von Werner Eck, Günther Moosbauer, Achim Rost, Susanne Wilbers-Rost und Rainer Wiegels; Boris Dreyer, Arminius und der Untergang des Varus. Warum die Germanen keine Römer wurden, Stuttgart 2009. Dreyers Buch verdanke ich die spannenden Informationen zum Weiterleben des Arminius-Mythos.

das Verhältnis zu gewissen Ereignissen der Frühgeschichte auf deutschem Boden nicht frei von kollektiven Neurosen. Dies bezeuge zum Beispiel auch das Ringen um den richtigen Namen. Jahrhunderte lang habe man von der Hermannschlacht gesprochen, „[...] in patriotischem Selbstbewusstsein, das vom preußischen Barden Heinrich von Kleist bis zum Neugermanentum der Nationalsozialisten reichte." Dem Bürgertum sei dagegen die neutrale Formel von der ‚Schlacht im Teutoburger Wald' lieb geworden. Heute sei allgemein von der ‚Varusschlacht' die Rede.

Dem Vormarsch der Zivilisation habe man getrotzt – wir haben diese Feststellung Grünbeins eben erwähnt. Fällt einem in diesem Zusammenhang nicht auch Friedrich Dürrenmatts Komödie „Romulus der Große" ein! Dürrenmatt lässt den Kaiser, an den Hosenfabrikanten germanischer Herkunft gewandt, ausrufen: „Wo die Hose anfängt, hört die Kultur auf!" Hätte Varus gesiegt, die Kultur wäre früh weiter nach Norden und Osten getragen worden!

Varusschlacht: Verlage werben für Neuerscheinungen auf dem Büchermarkt! ‚Die Varusschlacht' als Titelthema von Heft 3/2009 der Zeitschrift ‚Antike Welt'! Ausstellungen, Veranstaltungen und Vorträge gedachten 2009 des, zumal aus deutscher Sicht, Wendepunktes der römisch-germanischen Geschichte. Dass erst die machtpolitischen Vorbehalte des Kaisers Tiberius aus der Niederlage eine Umkehr einleiteten, spielt dabei keine Rolle. Und das alles nicht mehr unter dem Donnerhall nationalen Ungestüms und germanisch-deutscher Heldenverehrung, wie sie die Ideologien des 19. und noch des 20. Jahrhunderts bis zum Zweiten Weltkrieg in ihrer Verblendung zum überschwenglich gefeierten Inhalt machten.

Was hatte sich im Jahre 9 n. Chr. ereignet? Die Eroberungen im Norden des Römischen Reiches, an Rhein und Donau sowie östlich von Mittel- und Niederrhein bis zur Elbe, die auf Befehl des Kaisers Augustus 12 v. Chr. begonnen hatten und auf eine geographisch und geopolitisch vorteilhafte Grenzziehung zielten, verliefen nicht ohne Rückschläge. Zu diesen Rückschlägen gehörte der Pannonische Aufstand, der zu einer Unterbrechung der Feldzüge im freien Germanien führte, der jedoch glücklicherweise erfolglos blieb. Die Römer konnten das Land zwischen Save, Drau und Donau dauerhaft sichern. Aber das weiträumige Gebiet zwischen Rhein und Elbe, das bereits in ein Programm zur Provinzialisierung einbezogen worden war, gaben die Römer wieder auf. In Hinsicht auf diese folgenschwere Entscheidung war die Niederlage des P. Quinctilius Varus, Statthalter der Germania Magna und Befehlshaber der zur Sicherung der vor knapp zwei Jahrzehnten neu gewonnenen Provinz eingesetzten Legionen, im Herbst des Jahres 9 ein echtes Schlüsselereignis. Varus war auf dem Rückmarsch vom Sommerlager an der Weser mit drei Legionen, Reitereinheiten und Hilfstruppen beim heutigen Kalkriese an den nordwestlichen Ausläufern des Wiehengebirges (so der aktuelle Stand der Forschung) in einen Hinterhalt der vom Cheruskerfürsten Arminius geführten Germanen geraten. Nach viertägigem Kampf war das römische Heer aufgerieben. Varus und seine Offiziere gaben sich angesichts dieser Katastrophe selbst den Tod. Kaiser Augustus verzichtete auf Gegenmaßnahmen und riet seinem Nachfolger, das

Reich in den bestehenden Grenzen zu belassen, das heißt, Rhein und Donau dauerhaft als Nordgrenze anzuerkennen. Nach einigen Versuchen der Rückgewinnung des verlorenen Landes stellte Kaiser Tiberius im Jahre 16 alle Offensiven ein und ließ davon ab, noch einmal bis zur Elbe vorzudringen. Die Pläne, eine neue Provinz einzurichten, wurden aufgegeben. Die zwischen Rhein, Elbe und Mährischer Senke siedelnden Germanen blieben freie Herren ihrer Siedlungsgebiete.

Abb. 30: Rekonstruktionszeichnung des Forums von Waldgirmes zur Zeit des Varus

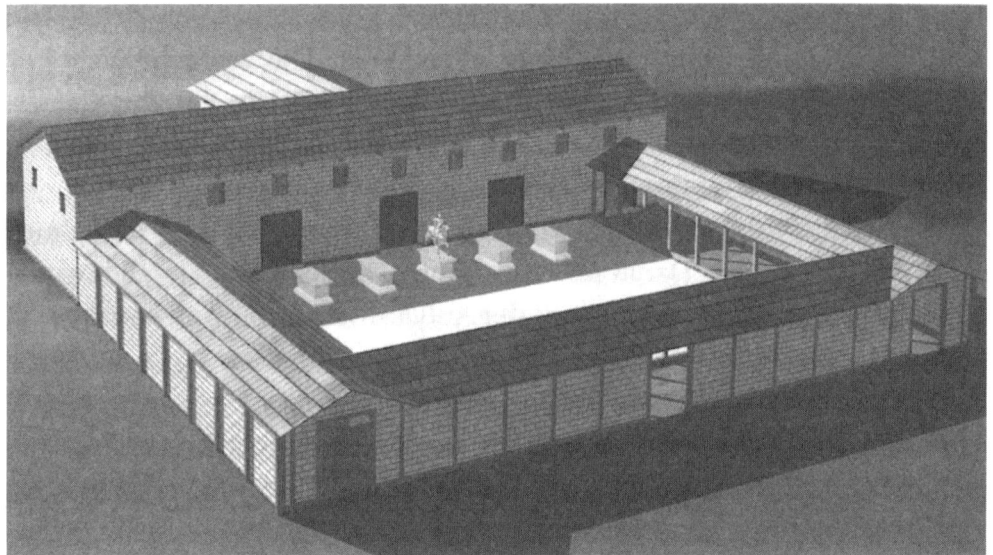

Wie heißt es in Heinrich Heines Gedicht ‚Deutschland, ein Wintermärchen'? „Wenn Hermann nicht die Schlacht gewann / Mit seinen blonden Horden, / So gäb' es die deutsche Freiheit nicht mehr, / Wir wären römisch geworden!" Wir könnten sagen: Römisch geworden, so wie die Länder an Mosel, Rhein, Main und Donau! Und in Ernst Elias Niebergalls (1815–1853) Lustspiel ‚Datterich' diskutieren Handwerker, ob es nicht besser gewesen wäre, wenn Varus den Angriff der Germanen siegreich bestanden hätte, weil man dann nicht zu Spenden für ein Hermannsdenkmal, mit dessen Errichtung 1838 begonnen worden war, aufgefordert würde[102].

Wir machen uns den Standort der kritischen und satirischen Dichtungen zu eigen und gehen davon aus, dass der Kampf des Arminius für die Freiheit der Germanen nicht zum Erfolg führte, und das Land zwischen Rhein und Elbe in die römische Kultur und Zivilisation einbezogen wurde, also die schon begonnene Romanisierung kontinuierlich und erfolgreich weitergeführt werden konnte. Die Fragen ‚Was wäre geschehen, wenn...?' und ‚Was hätte so nicht geschehen können, wenn...?' berühren uns bei diesem Thema unmittelbarer als bei anderen Themen, weil es in einem

---

102 Zitiert nach Boris Dreyer, Arminius, S. 232–239.

engen Zusammenhang mit der politischen Geschichte Deutschlands sowie dessen Kultur- und Geistesgeschichte steht. Mit Arminius und den Deutschen ist es so wie mit Vercingetorix, dem Anführer des Gallieraufstandes gegen die von Caesar repräsentierte Herrschaft der Römer, und den Franzosen. Diese historischen Figuren sind zum nationalen Mythos geworden und werden selbst zu nationalen Helden ihrer Zeit verklärt. Patrioten und Anführer der nationalen Partei nennt sie Theodor Mommsen, ganz im Sinne der von ihm erlebten und propagierten politischen Ideologie, in seiner Ende des 19. Jahrhunderts erschienenen Römischen Geschichte[103].

Die Romanisierung war bis zum Jahre 9 bereits in beachtlicher Weise vorangekommen. Ein Teil der germanischen Stammesführer hatte sich als romfreundliche Gruppierung und künftige romanisierte Elite formiert, welche die lokalen Herrschaftsstrukturen einnehmen sollte. An sich hätte auch Arminius eine herausragende Stellung in dieser Elite erlangen können; denn er und sein Bruder Flavus hatten in der römischen Armee gedient und waren von Augustus mit Bürgerrecht und Aufnahme in den Ritterstand beschenkt worden. Wie auch überall sonst, wo die Römer ihr Herrschaftsgebiet erweiterten und die Einrichtung von Provinzen verfolgten, waren sie darum bemüht, die lokalen Führungsschichten zu Trägern der Romanisierung zu machen. Der Eroberung und dem Aufstellen von Siegesdenkmälern, den Tropaia, an der Elbe folgten die militärische Sicherung durch regelmäßige Inspektionszüge, die Einrichtung ziviler Institutionen wie Rechtsprechung, Steuer- und Zollverwaltung sowie der Aufbau einer typisch römischen Infrastruktur. Der römische Geschichtsschreiber Tacitus lässt Arminius in einer Rede vor Cheruskern das Römische, das es zu besiegen gelte, wenn man Vaterland und Freiheit gewinnen wolle, aufzählen: Rutenbündel, Beile und Toga als Symbole römischer Herrschaft, Hinrichtung nicht botmäßiger Untertanen, Einforderung von Tributen, Leben unter Herren und in neu errichteten Städten!

Wir wissen aus zahlreichen Berichten, wie hart die Herrschaft der Statthalter allzu oft gewesen ist, und dass die Provinzialen immer wieder an die patronale Fürsorgepflicht der Kaiser appellierten! Aber dieses Römische bestand, wie auch die germanische Elite wusste, aus ungleich mehr als Missbrauch der Herrschaft und als eine romfeindliche Aufzählung wahrhaben will – und es hatte sich das Römische im Germanien zwischen Rhein und Elbe durchgesetzt.

Dem römischen Herrschaftskonzept entsprechen die mittlerweile zahlreichen Belege militärischer und ziviler Besiedlung, entlang der Lippe, an Lahn und Main, in der Wetterau nördlich von Frankfurt am Main oder bei Göttingen[104]. Also kehren wir zurück zu unserer Vision und stellen uns vor, die Römer hätten bis in die Zeit der Völkerwanderung, also zumindest bis ins 4. Jahrhundert die Germania Magna unter ihrer Herrschaft gehabt! Göttingen, Hannover, Braunschweig, Erfurt, Halle, Magdeburg, Leipzig, Dresden als Römerstädte! Überreste von Stadtmauern, Forumsanlagen,

---

103 Vgl. Theodor Mommsen, Römische Geschichte, Bd. 5, 2. Aufl. Berlin 1885, S. 39.
104 Vgl. dazu Dreyer, a.a.O. S. 87–118.

Marktbasiliken, Tempeln, Thermen, Handwerkersiedlungen, Werkstätten aller Art, Straßen und Aquädukten! Überreste von Meilensteinen, Bauinschriften, Ehreninschriften, Weihinschriften und Grabinschriften – ein weiterer stattlicher Band im Corpus Inscriptionum Latinarum (CIL), der Sammlung aller noch erhaltenen und glaubhaft überlieferten römischen Inschriften! Zeugnisse lebhafter Bau- und Handelstätigkeit, Überreste aller Art, zumal auch der Vorratsgefäße, in denen Olivenöl, Wein, Fischsoßen und anderes aus den südlichen Ländern des Reiches herangeschafft worden waren, Überreste kostbarer Terra sigillata aus italischen oder gallischen Manufakturen! Erinnerung an die lokalen Eliten und den täglichen Bedarf! Bergbau im Harz, Landgüter im Harzvorland und in der Magdeburger Börde, Weinbau an der Saale und an den Hängen über dem Elbufer beim heutigen Meißen! Überreste von Militäranlagen entlang der Elbe! Römische Museen und Archäologische Parks! Alles, was wir von den Rhein-, Main-, Mosel- und Donaulanden sowie aus dem übrigen Süd- und Westdeutschland kennen, auch in den Regionen zwischen Rhein und Elbe! Einfach war es nicht, dies alles zu erreichen; aber die Beharrlichkeit der Römer hat auch hier zum Erfolg geführt – und nennenswerter Widerstand ist nicht mehr aufgeflammt. Zu stark war die militärische Präsenz, zu groß auch im Laufe der Jahre die Zahl der hochgestellten Germanen, die sich anpassten und ihre Vorteile in der Zusammenarbeit mit den Römern erkannten. So bildete sich eine starke romanisierte germanische Führungsschicht, welche sich durch Loyalität gegenüber Rom auszeichnete sowie die Ausbreitung urbaner Kultur und die Funktionsfähigkeit der Städte als politischer Körperschaften garantierte.

Je weiter also die Römer vordrangen desto besser für die Welt! Dieser Gedanke begegnet uns auch sonst, etwa bei der politischen und geistigen Elite der aufstrebenden Vereinigten Staaten als Ansporn und Vorbild für die eigenen Ziele. Bis heute bewundert man dort die Beharrlichkeit und Ausdauer der Römer, in eroberten Ländern, vornehmlich in weniger entwickelten Regionen wie etwa dem ‚wilden' Germanien, römische Gesittung und Kultur gewissermaßen einzupflanzen, um zugleich den von der römischen Friedensordnung umfassten Raum zu erweitern. Seit dem 19. Jahrhundert hat man die imperiale Entfaltung Roms zur eigenen Identitätsbildung herangezogen. Amerikanische Wissenschaftler, insbesondere aber historisch-politisch gebildete und in ihrer praktischen Orientierung auf das römische Imperium, die „außenpolitische Zivilisierungsmission der Römischen Reiches" sowie die mit der „Pax Americana" gleichgesetzte „Pax Romana" hin orientierte Amerikaner machen gerade in unserer Gegenwart die Amerika-Rom-Parallele wieder populär und suchen nach Gründen für einen Vergleich[105].

Kehren wir zurück zu unserer Vorstellung vom romanisierten Land zwischen Rhein und Elbe! So können wir an einer Führung durch das römische Dresden teilnehmen; aber der Aufstieg zum Hermannsdenkmal unweit Detmold erübrigt sich.

---

105 Vgl. Melanie Möller, Rom und Amerika. War Mithridates der Bin Ladin Sullas? In: Frankfurter Allgemeine Zeitung 243, 19. Oktober 2011, S. N 4.

Hier schließt sich die Frage an, was nicht möglich gewesen wäre, wenn nicht Arminius gesiegt hätte, sondern Varus Herr der Lage geblieben wäre. Schauen wir zunächst noch einmal in die deutsche Geistesgeschichte! Mit der Wiederentdeckung der ‚Annalen' des Tacitus Anfang des 16. Jahrhunderts begann der Arminius-Mythos als deutscher Held, Vorkämpfer für die Freiheit der Nation, Feind jeglicher Überfremdung und Identifikationssymbol, auch auf lokalpatriotischen Sonderwegen. Zumal die Würdigung des tapferen Cheruskers duch Tacitus selbst hat die nachhaltige und immer neu sich entladende Begeisterung entfacht: Er sei unbestritten der Befreier Germaniens gewesen, er habe das römische Volk herausgefordert, aber nicht in der Zeit der bescheidenen Anfänge, wie das andere Könige und Heerführer getan hatten, sondern als Roms Herrschaft in höchster Blüte stand, er habe keinen Krieg verloren.

Das Streben der Deutschen nach Abgrenzung sowohl gegenüber allem Welschen als auch gegenüber päpstlicher und habsburgischer Bevormundung, wie es sich vor allem seit dem 15./16. Jahrhundert äußerte, bedurfte der ideellen Verankerung, der Orientierung am Vorbild des Volkshelden, den man in Arminius fand, wozu wesentlich der Einfluß der Humanisten, auch Luthers, der aus Arminius den Heer man (Hermann) machte, beitrug. Die erste literarische Glorifizierung verfasste der Humanist und Ritter Ulrich von Hutten mit dem 1529 posthum erschienenen Werk ‚Arminius'.

Abb. 31: Plakat zur 1900-Jahrfeier der Schlacht im Teutoburger Wald, 1909. Der Sieger der Varusschlacht erscheint als älterer Mann mit Flügelhelm und gezogenem Schwert in einer Theaterloge thronend, 1909

Unser deutscher Held wurde in vielerlei künstlerischem Schaffen gerühmt, auf Gemälden, in Romanen, in Dramen und Opern (darunter Werke von hohem künstlerischem Niveau wie zum Beispiel Heinrich von Kleists ‚Hermannsschlacht' und Georg Friedrich Händels Oper ‚Arminio' aus dessen dritter, mit Coventgarden verbundenen Arbeitsphase). Seit Ende des 18. Jahrhunderts, zumal in der Zeit der Befreiungskriege, der Romantik, des Vormärz sowie der sich immer wirkungsvoller ausbreitenden Idee des Nationalstaates trat Arminius als Symbol der Befreiung von Fremdherrschaft und der nationalen Einheit in den Mittelpunkt allgemeiner Aufmerksamkeit. Man setzte die Schlacht im Teutoburger Wald gleich mit der Völkerschlacht bei Leipzig (1813) und zog Parallelen zwischen der deutschen Einigung von 1871 und dem Freiheitskampf des Arminius. Dabei entstanden entleerte patriotische Rhetorik ebenso wie heitere, humoristische Kommersdichtung, man denke nur an Victor von Scheffels Lied „Als die Römer frech geworden [...]". Verkörperte das 1875 eingeweihte Hermannsdenkmal noch die aus nationalem Einheitsbewußtsein erwachsene Machtpolitik vor allem preußischer Prägung, so nahm die Niederlage von 1918 auch dem Hermann-Mythos den idealistischen Schwung. Der allerdings neu entfachte, als die zumal von den Nationalsozialisten propagierte völkisch und rassistisch aufgeladene Germanenideologie in Deutschland um sich griff[106].

Das alles müssen wir uns als hinfällig vorstellen. Arminius hätte als Unterlegener nicht zum Nationalhelden aufsteigen können, er hätte nicht die hehren Ziele und politischen Tugenden verköpern können, die man mit ihm verwob. Die Arminius-Verehrung des 19. Jahrhunderts, wie sie bis zum Ersten Weltkrieg andauerte, kann man durchaus als „ritualisiertes kollektives Gedenken" bezeichnen. Was der Hamburger Historiker Bernd Wegner dazu feststellt, lässt sich mühelos auf unseren Fall anwenden: Indem das Ritual den Blick immer wieder auf eine spezifische Konstellation historischer Daten, Ereignisse und Personen richte, kanalisiere es den Zugang zur Geschichte[107].

Mit Varus als Sieger gäbe es kein Museum in Kalkriese und im dortigen Restaurant kein Arminiusschnitzel und keine Tomatensuppe à la Varus. Oder doch; aber mit umgekehrter Benennung: Varusschnitzel und Tomatensuppe à la Arminius! Es gäbe ein Römermuseum wie es so viele gibt überall dort, wo die Römer einst ihre Herrschaft eingerichtet hatten. Wir sind wie zufällig beim Betrachten der Speisekarte von Kalkriese und beim Nachsinnen darüber an einem wichtigen Wendepunkt unserer Gedankengänge angekommen! Denn der Besiegte muß, ideologisch gesehen, nicht unbedingt der Verlierer sein. 1389 haben die südslawischen Völker, darunter die Serben, die Schlacht auf dem Amselfeld gegen die auf dem Balkan

---

106 Vgl. Boris Dreyer, Arminius, S. 225–247; Rainer Wiegels, in: Antike Welt Heft 3 (2009), S. 21–28.
107 Vgl. Bernd Wegner, Wann begann und wann endete der Zweite Weltkrieg? In: Frankfurter Allgemeine Zeitung vom 12. August 2009.

vordringenden muslimischen Türken verloren; aber die Serben stilisieren bis heute ihr Opfer als Kampf für die Freiheit des christlichen Europa und als Medium der Identitätsbildung. Auch der Gallier Vercingetorix unterlag mit seinen Truppen Caesar und dem römischen Heer; er hat Gallien nicht befreien und die Romanisierung ganz Galliens nicht aufhalten können. Trotzdem wurde er zum Symbol nationaler Zusammmengehörigkeit und erhielt ein Denkmal auf der Höhe von Alesia (Alise-Sainte-Reine), wo die letzte Schlacht der Gallier gegen die Römer stattgefunden hatte. Selbst die im 19. Jahrhundert nachweisbare Zuneigung und Bewunderung deutscher Gelehrter für den gallischen Freiheitshelden und nationalen Vorkämpfer ist unverkennbar deutlich.

So fällt es nicht schwer, sich vorzustellen, dass der Arminius-Mythos auch entstanden wäre, wenn sein Aufstand gegen die römische Herrschaft fehlgeschlagen und er Varus nicht besiegt hätte, sondern als der Besiegte den ‚Heldentod' gestorben oder vom Sieger vor seiner Hinrichtung im Triumphzug zur Schau gestellt worden wäre, wie Caesar das mit Vercingetorix getan hat. Niederlagen, welche sich in einem bestimmten, ideologisch leicht ausformbaren Kontext ereigneten, bieten sich geradezu an für Heroisierungen und politisch willkommene, das jeweilige System und seine ideellen Grundlagen stabilisierende Verklärungen. Unter diesen Voraussetzungen gewinnt die Vorstellung, Varus habe die Schlacht im Teutoburger Wald gewonnen und Arminius sei mit seinen aufständischen Germanen gescheitert, ihre eigene, durchaus anregende Bedeutung. Und die ‚Annalen' des Tacitus hätten natürlich die materielle Grundlage geliefert. Für die nicht wenigen romfreundlichen und bündnistreuen Germanenfürsten, allen voran Segestes, den Schwiegervater des Arminius, oder dessen Bruder Flavus konnte ohnehin nichts Besseres passieren als ein Scheitern der Romfeinde. Sie wurden, folgen wir unserer Version, im weitesten Sinne Nutznießer der fortschreitenden Romanisierung und Garanten römisch orientierter Kontinuität. Tacitus lässt dies in den Annalen 1, 58 den Segestes in deutlichen Worten sagen: Seit er vom vergöttlichten Augustus mit dem Bürgerrecht beschenkt worden sei, habe Roms Nutzen bestimmt, wen er als Freund und wen er als Feind ausgewählt habe. Dabei sei nicht Haß gegen sein Vaterland maßgeblich gewesen, sondern die Überzeugung, dass der Vorteil der Römer auch der der Germanen sei. Er gebe das Neue gegen das Alte hin, den Geist des Aufruhrs gegen den des Friedens, und er wolle dem germanischen Volk ein Vermittler sein.

Abb. 32: »*Armin – Deutscher Siegfried. Befreite Germanien vom Joch der Römer*«. *Postkarte, 1909*

Hermann, der Cherusker, war zum Nationalhelden, zum nationalen Mythos geworden. Mit einem besiegten Hermann, wir haben das eben angedeutet, wäre das schwieriger, aber nicht unmöglich gewesen. Brauchen wir überhaupt Mythen? Wenn wir Umschau halten in Europas Staaten, besser: unter Europas Völkern – ja! Ist die Macht der Mythen abhängig vom Geschichtsbewusstsein, von dem wir uns je weniger in unserer Gesellschaft Bildung bedeutet desto mehr loszulösen scheinen? In gewisser Weise schon! Aber die Macht der Mythen kann auch angefeuert werden – von politischen Populisten, von Propagandisten, Fundamentalisten und Revolutionären, von allen, die sich einen Nutzen versprechen! Historische Mythen dienen, in die jeweils aktuelle Politik und Staatsideologie eingebunden, einer segensreichen oder einer verhängnisvollen ‚Instrumentalisierung' und Identitätsbildung. Dabei kommt es immer, im guten wie im bösen Sinne, darauf an, dass die politischen und gesellschaftlichen Eliten Geschichtsbewusstsein und Identitätsbildung durch Mythen sozusagen auf ihre Fahne schreiben, das heißt sich zu eigen machen. Das zu studieren, haben wir in Europa reichlich Gelegenheit!

Das Hermannsdenkmal unweit Detmold ist, wie haben das schon gleich eingangs hervorgehoben, nach wie vor ein populärer Ausflugsort, der Hermann-Mythos noch immer ein wirkungsvoller Konkurrent zum Mythos von der schönen Königstochter Europa, welche für den Zusammenhalt der werdenden Staatengemeinschaft bürgen könnte! Aber Europa ist nicht Deutschland; denn in Hinsicht auf die Mythen hat das nationale Element seine Bedeutung nicht verloren. Es geht also um einen deutschen Mythos, der allen gemeinsam sein kann! Und schon melden sich wieder Zweifel an: Ist die Idealisierung historischer Mythen in Deutschland so regional und föderal wie vieles in Kultur und historischem Bewusstsein? Meinen wir, wir sollten uns besser von allem Nationalen fernhalten, weil es in schändlicher Weise missbraucht wurde? Bayerischen, hessischen, preußischen, sächsischen, württembergischen Identitäten, welche in die Tiefe der Geschichte reichen, den Vorzug geben? Wenn man liest, dass man in und um Göppingen erwägt, die auf der Bergkuppe des Hohenstaufen nur noch in konservierten Grundmauern erhaltene Stauferburg wiederaufzubauen[108], kommen einem solche Gedanken. Blicken wir aber auf die römische Seite in unserem Thema, werden wir doch eindrücklich ermahnt, auf den europäischen Rahmen zu achten, dessen wir dringend bedürfen.

---

108 Timo John, Machen wir's den Japanern nach. Der Staufermythos soll Burg werden: Warum man die Ruinen auf dem Hohenstaufen wieder aufbauen will. In: Frankfurter Allgemeine Zeitung vom 4. Oktober 2010.

Kaiser Konstantin verliert die Schlacht an der Milvischen Brücke (312)[109]

Zwischen 1452 und 1462 entstand in der Chorkapelle der Kirche San Francesco in Arezzo ein Kunstwerk von höchster Qualität: Piero della Francescas Fresko der Constantinsschlacht, so die Formulierung des Kunsthistorikers Aby Warburg, also der Schlacht an der Milvischen Brücke. Die besiegte Armee des Maxentius, darunter ein sarazenischer Bogenschütze, flieht vor Konstantin, der, mit seinen Truppen am anderen Tiberufer stehend, den Fliehenden ein kleines Kreuz entgegenhält. Konstantin trägt Züge und Kleidung des Griechenkaisers Johannes VIII. Palaiologos (1425–1448), welcher zur nämlichen Zeit das Abendland vergeblich um Hilfe gegen die Osmanen anrief. Damit wird das dargestellte Ereignis in einen zeitgeschichtlichen Kontext und in einen Bezugsrahmen von christlich und antichristlich gerückt[110].

Deutung und Erklärung des Frescos sind ein sinnfälliges Beispiel für das, was der schon mehrmals genannte Historiker Volker Sellin in seiner Einführung in die Geschichtswissenschaft zum Thema ‚Verstehen und Erklären' geschrieben hat. Es geht unter anderem um die Frage nach den Ursachen für eine bestimmte Erscheinung, eine bestimmte Handlung oder uns überlieferte Entscheidung[111]: Warum wählte Piero della Francesca die Schlacht an der Milvischen Brücke? Warum der sarazenische Reiter? Warum Kaiser Konstantin in der Aufmachung des Griechenkaisers Johannes Paläologus? Warum das kleine Kreuz in der rechten Hand Konstantins? Also die Frage nach den Ursachen steht im Mittelpunkt des methodischen Vorgangs von Verstehen und Erklären. Der Historiker will erklären, warum etwas so oder so verlaufen ist, gesagt, gestaltet, gedeutet wurde. Erst dann sind wir der Meinung, etwas von der Sache, um die es geht, zu verstehen: den Zusammenhang, den Ausdruck eines Kunstwerks oder einfühlend die seelischen Vorgänge.

---

109 Alexander Demandt hat im Mai 2013 in der Staatlichen Münzsammlung München einen Vortrag gehalten über das Thema „Maxentius siegt an der Milvischen Brücke". Hervorzuheben ist seine These, dass das Christentum sich auch unter Maxentius und Licinius, wenn auch langsamer, weiter ausgebreitet hätte. Sonst hat Demandt zum Teil andere Schwerpunkte als das hier geschieht gesetzt. Zu Konstantin jetzt Klaus Rosen, Konstantin der Große. Kaiser zwischen Machtpolitik und Religion, Stuttgart 2013. Vgl. auch Pedro Barceló, Das Römische Reich im religiösen Wandel der Spätantike, Regensburg 2013 (siehe auch S. 124, Anm. 120).

110 Aby Warburg, Piero della Francescas Constantinschlacht in der Aquarellkopie des Johann Anton Ramboux, in: Die Erneuerung der heidnischen Antike. Kulturwissenschaftliche Beiträge zur Geschichte der europäischen Renaissance, Gesammelte Schriften. Studienausgabe, hrsg. von Horst Bredekamp u. a., Erste Abteilung, Band I, 1, Berlin 1998, S. 251–254 und 389–391.

111 Volker Sellin, Einführung in die Geschichtswissenschaft, Göttingen 1995, S. 98–112.

Abb. 33: Konstantinsschlacht, nach Piero della Francesca von Johann Anton Ramboux, 1816–42

Man könnte auch fragen, warum ließ Konstantin die von Maxentius begonnene Basilika zu Ende bauen? Auch diese Frage ließe sich nur historisch beantworten und wäre ebenfalls ein Beispiel für das Nachdenken über Verstehen und Erklären. Oder man könnte in diesem Zusammenhang an das erinnern, was der argentinisch/spanische Schriftsteller Jorge Luis Borges einmal geäußert hat: „Jedes Schicksal, wie weitläufig und verschlungen es auch sein mag, besteht in Wirklichkeit ‚in einem einzigen Augenblick'; dem Augenblick, in dem der Mensch für immer weiß, wer er ist[112]." Mühelos läßt sich dieses Urteil auf den Sieger der Schlacht an der Milvischen Brücke, war er nun Konstantin oder Maxentius, beziehen!

Es ist hier nicht der Ort, diese Thematik weiterzuführen. Wir machen vielmehr eine Kehrtwendung und stellen fest: Maxentius hat gesiegt. Konstantin ist geflohen und hat auf der Flucht sein Leben verloren. Sind nun das Kreuz in Maxentius' Hand und der sarazenische Reiter an der Seite des fliehenden Konstantin zu denken? Keineswegs! Denn wir können die Szenerie nicht einfach umstellen. Aus christlicher Sicht musste das Kreuz jedenfalls in der Hand des Siegers sein. Wenn aber der in unserer Vorstellung siegreiche Maxentius sich als dauerhaft den traditionellen römischen Staatsgottheiten verpflichtet erwiesen hätte, dann wäre die Schlacht an der Milvischen Brücke kein Thema gewesen, das ein Künstler der zweiten Hälfte des 15. Jahrhunderts im Konflikt zwischen dem christlichen Europa und den Osmanen hätte aktualisieren können.

Es ist an der Zeit, gewissermaßen von vorne anzufangen. Wie ist Maxentius einzuordnen? Welche Rolle spielte er vor 312? Wie verhielt er sich gegenüber den Christen, wie stark waren seine Bindungen an die traditionellen römischen Gottheiten? In welchem Ansehen stand er bei der Armee, bei der Garde, den cohortes praetoriae, die

---

112 Zitiert nach Javier Cercas, Anatomie eines Augenblicks (vgl. Anm. 94), S. 19.

noch nicht aufgelöst waren, bei der Bevölkerung der seit 306 von ihm kontrollierten Reichsteile, Italien und Africa? Unser Haltepunkt bezüglich dieser Fragen ist das Jahr 312, das Jahr der Entscheidungsschlacht zwischen Konstantin und Maxentius. Wie so oft sind wir, wenn uns die Überlieferung im Stich lässt, darauf angewiesen, aus den vor einem Halte- oder Wendepunkt liegenden Ereignissen sowie den Motiven des Handelns der beteiligten Personen Rückschlüsse zu ziehen und Lücken zu füllen. Wir verwenden analoges Handeln als methodischen Behelf. Im Rahmen historischer Fiktionen ist das Verfahren des Analogieschlusses umso mehr das einzig Mögliche als wir von einem anderen Verlauf der Geschichte ab dem Haltepunkt ausgehen und unsere zentrale Figur nur in der Fiktion weiterlebte. In dieser Hinsicht sind typische Herrschaftsäußerungen, je typische Ausdrucksformen des Machterhalts, Standards in Ausübung und Gestaltung der Herrschaft sowie in der Reaktion der Untertanen auf die Ausübung der Herrschaft, Vorerfahrungen und kulturelles Wissen von großer Bedeutung.

Maxentius und Konstantin sind repräsentativ für parallele Herrscherkarrieren: Beide fühlten sich als Söhne der regierenden Kaiser Maximian beziehungsweise Constantius durch das von Diokletian geschaffene System des aus vier Kaisern bestehenden Kaiserkollegiums (Tetrarchie), das Verwandtschaftsverhältnisse bewusst unberücksichtigt ließ, übergangen und strebten daher seit 306 nach Teilhabe an der Herrschaft. Beide wurden von ihren Armeen, im Falle des Maxentius war es die in Rom stationierte, in scharfer Opposition zu Kaiser Severus stehende Garde, im Falle Konstantins nach dem Tod seines Vaters dessen Truppen, zum Kaiser ausgerufen. Konstantin beanspruchte die Herrschaft über Britannien, Gallien und Hispanien; Maxentius über Rom, Italien und Africa. Beide konnten sich in ihren Reichsteilen durchsetzen, Maxentius trotz erheblicher Bedrohungen. Beide waren durch Heiraten mit regierenden Kaisern verbunden. Allerdings fand nur Konstantin die Anerkennung als Caesar, also Kaiser zweiten Ranges, durch das rechtmäßige Herrscherkollegium; Maxentius dagegen wurde zum Staatsfeind erklärt. Er hatte aber stets die Bevölkerung Roms, Italiens und Africas, die große Mehrheit der römischen Senatoren sowie die Garde auf seiner Seite, was sich zwischen 306 und 312 mehrmals als bedeutender Vorteil erwies. Schließlich waren beide im Kampf um die Macht Rivalen; denn es war von der Sache her unabweisbar, dass man sich entweder auf eine geographische Abgrenzung der Herrschaftsgebiete einigte oder zur Erlangung der ungeteilten Herrschaft den Kaiserkollegen zum Staatsfeind, das heißt zum tyrannus, erklärte und gegen ihn in den Krieg zog.

Was lässt sich über Politik und Weltanschauung des Maxentius sagen? Er stellte Rom in den Mittelpunkt seiner Politik. Das blieb auch so nach seinem Sieg über Konstantin. Er wusste Garde und Bevölkerung Roms durch großzügige Spiele, Spenden und Ehrengaben bei Laune zu halten. Rom selbst hat er durch eine eindrucksvolle Bautätigkeit in seinem Rang als Hauptstadt des Weltreiches gestärkt. Die Überreste seiner mächtigen Basilika kann man noch heute am Forum Romanum bestaunen. Auch seine Münzen zeigen, wie sehr es ihm um das Ansehen der Stadt Rom ging.

Weltanschaulich war Maxentius deutlicher als etwa Konstantin überzeugt, dass die traditionelle Religion Roms und der Kult der Kapitolinischen Trias, jene Kräfte, welche Roms Geschicke tausend Jahre günstig gelenkt hatten, nicht einfach aufgegeben werden können. Auch bei Konstantin spielten nichtchristliche Gottheiten noch längere Zeit eine nicht übersehbare Rolle. So war für ihn beispielsweise der Christengott zunächst eine Manifestation des Sonnengottes. Der Gegensatz zwischen Maxentius und Konstantin war in religiöser Hinsicht jedenfalls nicht so groß wie das die christlich eingefärbte Retrospektive behauptete. Maxentius hatte nicht nur die Christenverfolgung sofort eingestellt, er hat auch schon vor 312 den christlichen Gemeinden den während der Verfolgung beschlagnahmten Kirchenbesitz erstattet. Außerdem galt seit 311 das von Kaiser Galerius herausgegebene und von Maxentius ebenso wie von Konstantin anerkannte Toleranzedikt, das den Christen erlaubte, Christen zu sein, sie aber verpflichtete, für ihr Wohlergehen und das des Kaisers zu ihrem Gott zu beten. Damit war der Christengott unter die den Bestand der Herrschaft garantierenden Gottheiten aufgenommen, was wir als auch für Maxentius verbindlichen *point of no return* bezeichnen wollen. Sicherung der Herrschaft, Stellung im Kaiserkollegium, das Verhältnis zur Armee, die Vorbildfunktion guter Kaiser wie Hadrian oder Marc Aurel, ein von Anerkennung und Achtung geprägter Umgang mit dem Senat, weltanschauliche Positionen und Haltung gegenüber dem Christengott und den Christen waren sozusagen die Leitthemen, welche in der Überlieferung die Erwähnung der Routineangelegenheiten der Reichsverwaltung, Rechtsleben, Steuerwesen, Organisation und Funktionsfähigkeit der Verwaltungsebenen überschatten. Allerdings musste Maxentius angesichts der Anspannung aller Kräfte vor 312 eine strenge Steuerpolitik verfolgen, was durchaus zu Klagen der Senatoren geführt hatte.

So gerüstet können wir uns dem Sieger Maxentius zuwenden: Im Westteil des Reiches war Maxentius nach dem Tode Konstantins alleiniger Herrscher. Ob seine Herrschaft sicher war oder ob er Aufstände befürchten musste, ist nicht leicht zu beantworten. Hinter Maxentius standen weiterhin Rom, Italien und Africa. Hispanien hatte sich Konstantin gegenüber loyal verhalten und blieb wie zuvor neutral. Der heikle Reichsteil war Gallien, das durch die von Konstantins Vater, Constantius, begründete, vor allem auch die Eliteformationen des kampferprobten gallischen Heeres einbeziehende enge Bindung an die konstantinische Dynastie nicht ohne weiteres bereit war, den Gegner Konstantins als neuen Kaiser anzuerkennen. Anderseits schlug Maxentius seitens der gallischen städtischen Eliten keine Feindseligkeit entgegen, weil man sein gutes Verhältnis zu den Senatoren Roms und seine Vorliebe für die traditionellen römischen Bildungsstandards, welche sich an Rhetorik sowie griechischer und lateinischer Literatur und Philosophie orientierten, durchaus zu schätzen wusste. Das allein genügte aber noch nicht. Der entscheidende Punkt war, ob es Maxentius gelingen würde, die Grenzen an Rhein und Donau weiterhin wirkungsvoll zu sichern und die durch Konstantins energischen Zugriff erreichte Stabilität zu erhalten. Maxentius war nicht nur kriegserfahren, er hatte vor allem auch Talent im Umgang mit den Soldaten, und wenn es nur darum ging, ihre Loyalität mit Soldzahlungen und außerordentlichen Geldgeschenken zu erkaufen. Er ging mit Tatkraft zu Werke und konnte die erfolgreiche Grenzpolitik seiner Vorgänger fortsetzen. Eine Rebellion blieb also aus, kein Befehlshaber erhob sich gegen Maxentius, so gewaltig war neben den anderen Gesichtspunkten letztlich der Widerhall des Sieges über Konstantin.

Wenden wir uns der Osthälfte des Reiches in der Sicht des Maxentius zu! Dort regierten Licinius, der die europäischen Teile von Pannonien bis zu den Meerengen in seiner Gewalt hatte, und Maximinus Daia, der über alle Reichsteile von Kleinasien bis Ägypten verfügte. Zwischen Maxentius und Licinius, dessen Herrschaftsgebiet ja an Italien angrenzte, bestand seit Jahren ein höchst gespanntes Verhältnis. Allerdings waren Licinius wegen seiner Rivalität gegenüber Maximinus Daia die Hände gebunden, so dass er nicht ohne weiteres sein Herrschaftsgebiet verlassen und einen Krieg gegen Maxentius beginnen konnte. Jedenfalls prägte die Feindschaft zwischen Maxentius und Licinius auch die neue Phase seiner Herrschaft. Des weiteren hinderten Unruhen an der unteren Donau, der Nordgrenze seines Reiches, Licinius daran, großräumige Herrschaftspläne in Angriff zu nehmen. Angesichts der inneren und äußeren Gegebenheiten schien es also sowohl Maxentius als auch Licinius geraten, den status quo gegenseitig anzuerkennen.

Ein zentrales Thema war seit dem Scheitern der Diokletianischen Christenverfolgung das Verhalten der Kaiser den Christen gegenüber, allgemeiner gesagt die Frage nach der Einbindung der Christen in die der Wohlfahrt und dem Gedeihen von Kaiser und Reich dienenden Gottesverehrung. Religionspolitik und Sorge um das Kultwesen waren eine Hauptsache in Hinsicht auf Legitimation, Selbstdarstellung, Ausgestaltung der Herrschaft und reichsweite Konsensbildung zumal in Krisenzeiten. Und so lange die Grenzen im Norden des Reiches bedroht waren, die Herrschaftsfragen nicht gelöst waren (klar war nur, dass die Erneuerung des Systems der Tetrarchie nicht in Frage kam), das Verhältnis zwischen Kaisertum und Christen sich noch nicht konfliktfrei gestaltete und die brüchig und rissig gewordene ideologische Fundierung der Herrschaft noch nicht behoben war, kann man zweifelsohne von Krisenzeiten sprechen! Nun aber zur Frage der Christen! Konstantin war in seinem persönlichen Herrschaftsstreben durch die Niederlage von 312 gescheitert. Er hatte sich jedoch vor der Entscheidungsschlacht für den Christengott als Helfer entschieden, Maxentius dagegen war darauf bedacht, im Einklang mit den traditionellen römischen Staatsgottheiten zu stehen. Er war sogar dem Rat der Opferbeschauer gefolgt, welche ihm geweissagt hatten, der Feind der Römer werde am 28. Oktober, eben dem Tag der Schlacht, vernichtet. So konnte er jetzt verkünden, die alten Staatsgötter seien Rom treu geblieben; er konnte aber ebenso gut die Untertanen wissen lassen, dass auch der Christengott auf seiner Seite stehe, da der Konstantin im Stich gelassen habe.

Diesen Vorstellungen entsprach der Text der Ehreninschift, die der Senat auf dem von ihm beschlossenen Siegesbogen anbringen ließ: der Sieg des Maxentius wird dort der Eingebung der Gottheit (*instinctu divinitatis*) zugeschrieben. Unabhängig

131

von der persönlichen Haltung des Maxentius zum Christengott; aber auch unabhängig vom Toleranzedikt des Galerius, welches die christliche Kirche als Kultgemeinschaft zu einer tragenden Säule der Kaiserherrschaft erhoben hatte, wurden die Begriffe ‚Gottheit' (*divinitas*), ‚höchste Gottheit' (*summa divinitas*) oder ‚Höchster Gott' (*summus deus*) verwendet, wenn von den Reich und Herrschaft schützenden Gottheiten die Rede war. Blenden wir uns für einen Augenblick aus der Fiktion aus und kehren zurück in die historische Realität, so stellen wir fest, dass beispielsweise die Panegyrici auf Konstantin bis 321 nicht einmal andeutungsweise christliches Gedankengut enthalten, geschweige denn Christus oder unverwechselbar den Christengott erwähnen. Wenn dort von ‚*deus*', ‚*deus ille mundi creator*', ‚*ille imperator in terris et in caelo deus*', ‚*divinum numen*' oder ‚*arbiter deus ex alto spectans*' die Rede ist, so konnte ein Christ das christlich und ein Altgläubiger das altgläubig verstehen. Ein Intellektueller mag an Cicero, de divinatione 2, 35 und 39 oder an Seneca, quaestiones naturales 2, 12 gedacht haben, wo die Vorstellung vom Schöpfergott als ‚Supergott' entwickelt wird. Dass also in den Panegyrici nichts typisch Christliches zu finden ist, wird nicht verwundern angesichts des Gemischs von Weltanschauungen und kultischen Bindungen in der Reichsbevölkerung. So war auch die Hinwendung Konstantins zu Apollo anscheinend eine Geste an die gallische Aristokratie, die trotz der Verbreitung des Christentums in Gallien noch längst nicht einheitlich christlich gewesen ist, und bis 318 zierte Sol invictus die Rückseiten der Münzen. Doch Konstantin ist tot, Maxentius lebt und herrscht. Übertragen wir das eben Festgestellte einfach auf Maxentius, wir treffen genau das Richtige, weil die weltanschaulichen Grundpositionen jedenfalls in diesem Stadium der Entwicklung austauschbar waren, was einige Jahrzehnte später etwa für die Kaiser Constantius II. und Julian nicht mehr möglich war. Anderseits hätten es weder die Altgläubigen noch die Anhänger des neuen Glaubens verstanden, wenn der Kaiser die enge Verbindung zwischen richtiger Gottesverehrung und Wohlfahrt von Staat und Gesellschaft vernachlässigt hätte.

Von den christenfreundlichen Maßnahmen des Maxentius vor 312 war schon die Rede. Zu ergänzen ist sein entschiedenes Eingreifen anlässlich blutiger Kämpfe innerhalb römischer Christengemeinden, in deren Zusammenhang er zwei Bischöfe verbannte. Das waren aber keineswegs christenfeindliche Maßnahmen, sondern entsprach der patronalen Fürsorge, wonach es dem Kaiser oblag, für Ruhe und Ordnung zu sorgen. Blenden wir uns noch einmal aus der Fiktion aus und ziehen das historische Geschehen etwa zu Beginn des Arianischen Streites heran, so finden wir bei Konstantin eben diese Grundhaltung, dass sich nämlich jede Diskussion erübrige, wenn es um Glauben und Gottes Wort gehe und dass jede Art von Uneinigkeit in der christlichen Kultgemeinde vermieden werden müsse. Genau das war die Haltung des Maxentius auch nach 312. Eine dogmatische Festlegung kam für ihn allerdings nicht in Frage und war in dieser Phase der Anfänglichkeit des Verhältnisses zwischen Kaiser und Christen auch noch keine realistische Option.

Wir hatten festgehalten, dass weder Maxentius noch Licinius unmittelbar nach 312 an einer militärischen Auseinandersetzung um die Alleinherrschaft gelegen sein konnte. Statt dessen strebte Maxentius, um weltanschaulichen Konfrontationen vorzubeugen, baldmöglichst eine religionspolitische Vereinbarung mit Licinius an. Deren Inhalt ergab sich aus dem Toleranzedikt von 311 und enthielt klare, aber allgemein gehaltene und ganz der römischen Tradition verpflichtete Aussagen über die religionspolitischen Grundsätze: Unter allem, was der Wohlfahrt und öffentlichen Sicherheit diene, nehme die Verehrung der Gottheit (*divinitas*) einen sehr hohen Rang ein. Die Christen und alle übrigen Reichsbewohner, die eine Gottesverehrung befolgen, sollen frei sein in der Ausübung des Kultes ihrer Wahl. Die Freiheit der Religionsausübung solle garantieren, dass jedwede Gottheit in ihrem Himmelssitz den Herrschern und allen Untertanen gnädig und gewogen sei. Der Text entsprach den damals allgemein anerkannten religionspolitischen Vorstellungen der Kaiser, welchen es im Sinne der Wohlfahrt des Reiches auf die Sicherung des Friedens zwischen den verschiedenen Möglichkeiten der Gottesverehrung ankam[113].

Das Einvernehmen zwischen Maxentius und Licinius war nicht von Dauer. Dabei war das Streben nach Alleinherrschaft bei Licinius größer als bei Maxentius. Eine Teilung des Reiches wie sie viel später, 395, unter Kaiser Theodosius I. vorgenommen wurde, war, ohne dynastische Fundierung, aus der Situation der Rivalität und Konfrontation heraus nicht möglich. Maxentius hat sein Bekenntnis zur Stadt Rom weiterhin deutlich herausgestellt, so dass man ihn mit Hartmut Leppin zu Recht den letzten Kaiser, für den die Stadt Rom eine überragende Bedeutung hatte, nennen kann[114]. Auf Münzen ließ er sich als *conservator urbis suae* feiern. Neben Ehrenbogen und Basilika dienten weitere Großbauten wie etwa der Zirkus an der Via Appia der herrschaftlichen Ausgestaltung der Stadt. Insgesamt war seine Politik stärker von Konventionen als von Neuerungen geprägt. Im Kampf um die Macht unterlag er Licinius.

---

113 Dazu grundlegend Albrecht Dihle, Die Religion im nachconstantinischen Staat, in: Werner Eck (Hrsg.), Religion und Gesellschaft in der römischen Kaiserzeit. Kolloqium zu Ehren von Friedrich Vittinghoff, Köln/Wien 1989, S. 1–13; zur Mailänder Vereinbarung vgl. Gunther Gottlieb und Veit Rosenberger, Christentum und Kirche im 4. und 5. Jahrhundert, Heidelberg 2003, S. 7–12.

114 Hartmut Leppin in einem Augsburger Vortrag.

Valerius Licinianus Licinius siegt über Konstantin

Schicksalsort Adrianopel, 323 und 378: zwei Schlachten, zwei Niederlagen für römische Kaiser, 323 Licinius im Bürgerkrieg mit Konstantin um die Alleinherrschaft; 378 Valens im Kampf gegen die ins Reich eingefallenen Goten. Beide Ereignisse waren Wendemarken. Dem ersteren gilt unsere Aufmerksamkeit!

Seit 313 hatten Konstantin und Licinius gemeinsam regiert. Aber richtig zur Ruhe gekommen war das Römische Reich nicht während dieser Zeit. Eigentlich seit 306 nicht! Was war die Ursache für diesen Zustand der Unsicherheit? Welche Aufgaben und Anforderungen standen im Mittelpunkt? Die Religionspolitik und die Christenfrage? Die Verteidigung der gefährdeten Grenzen und die Sicherheit der Provinzen? Oder waren es die Rivalitäten zwischen den rechtmäßig regierenden Kaisern und das Drängen sich zurückgesetzt fühlender Herrschersöhne, was zu immer neuen Bürgerkriegen führte? Eine Gewichtung vorzunehmen, ist schier aussichtslos. An allen Ecken und Enden waren die Kaiser gefordert. Trotz dieser Anspannung hatten die Kämpfe um die Macht zweifellos einen Vorrang und nahmen immer wieder die erste Stelle ein: achtzehn Jahre Zwietracht und Verwirrung nach der Abdankung Diokletians, fünf Bürgerkriege! 323 bedeutete jedenfalls einen Einschnitt, weil das Reich wieder unter einem Herrscher stand, Konstantin. Damit erfüllte sich der Überlieferung nach, wie sie die siegreiche Partei propagierte, eine Prophezeihung Gottes, zunächst durch Apoll gegeben, dann durch des Christengottes Beistand in der Schlacht an der Milvischen Brücke bestätigt.

Abb. 34: Aureus, VS: Licinius I. RS: Victoria, 313 n. Chr.

Unsere Aufgabe ist eine andere! Stellen wir uns vor, nicht Konstantin, sondern Licinius hätte bei Adrianopel gesiegt. Konstantin fand den Tod, Licinius war Herrscher über das gesamte Reich. Er verzichtete auf die Einsetzung eines zweiten Augustus und damit auf eine Teilung der Zuständigkeiten, hatte er doch auch unter dem Primat des Machtwillens und mit dem Ziel, die Alleinherrschaft zu erlangen, die Auseinandersetzung mit Konstantin gesucht. Das von Kaiser Diokletian 285 eingeführte Prinzip der kollegialen Herrschaft hatte sich ohnehin nicht bewährt, der dynastische Gedanke hatte sich als stärker erwiesen. Neben Licinius stand sein bereits 317 zum Caesar erhobener, noch minderjähriger Sohn Licinianus. Dieser blieb auf der nachgeordneten Rangstufe und ohne Kompetenzen. Das heißt, Licinius betrachtete seinen Sohn als Erben und begründete damit die licinianische Dynastie. Die Söhne Konstantins, die ihm gefährlich werden und ihm die Herrschaft streitig machen konnten, schickte er in die Verbannung, das heißt er ließ sie gefangen setzen, das übliche Verfahren unter den gegebenen Umständen – auch wenn die christliche Überlieferung sich schwer tat, Worte der Entschuldigung oder des Verständnisses zu finden. Aber Licinius gegenüber waren die christlichen Historiker ohnehin zurückhaltend und distanziert. Doch dazu später! Nur wenige Mitglieder des konstantinischen Geschlechtes überlebten, darunter die späteren Kaiser Constantius II. und Julian. Der Wunsch des Licinius, eine Dynastie seines Namens zu begründen, erfüllte sich nicht. Sein Sohn starb noch vor dem Vater.

War Licinius eine Persönlichkeit wie später Kaiser Iulianus? Philosophisch, rhetorisch gebildet, ein weltanschaulicher Eiferer, der eine eigenwillige Religionspolitik verfolgte, der gleichzeitig aber verantwortungsvoll, umsichtig und erfolgreich die Grenzen sicherte und sich um die Belange der Reichsbevölkerung kümmerte. Ganz sicher nicht! Oder ist er mehr mit Valentinian I., dem Organisator der Verwaltung und offensiven Verteidiger der Grenzen zu vergleichen? Kann man ihn auf eine Stufe stellen mit dem sowohl innenpolitisch wie außenpolitisch lange erfolgreichen Konstantin, dem Förderer der christlichen Kirche, dem Baumeister der ideellen Einheit als Grundlage der Identitätsbildung in seinem Reichsteil, dem erfahrenen, machtpolitisch zielstrebigen Widersacher? Die angestrebten Vergleiche beinhalten zugleich die wichtige Frage nach Licinius' Haltung gegenüber den Christen, der christlichen Kirche sowie den traditionellen Göttern und Kulten.

Wie in anderen Fällen kommt es im Sinne unserer methodischen Richtschnur darauf an, politische Grundhaltungen, Leitlinien, Schwerpunkte und Prinzipien politischen Handelns zu bestimmen sowie nach Religiosität und Weltanschauung, Verantwortungsbewusstsein und Herrscherethos zu fragen. Dabei fällt der Blick unweigerlich stets auch auf Konstantin, da es einerseits in Aufstieg und Handeln beider Herrscher so deutliche Parallelen gibt, sie auch wichtige Entscheidungen wie etwa die Mailänder Vereinbarung gemeinsam getroffen haben, sogar durch Verheiratung der Schwester Konstantins mit Licinius verwandtschaftlich verbunden waren, anderseits aber durchaus gegensätzliche Einstellungen repräsentierten und Rivalen wurden, welche sich, wie Edward Gibbon es formuliert, „mit den Blicken der Furcht und des Hasses betrachteten und ihre Streitkräfte auf Kosten der Untertanen zu vermehren strebten". Wir werden unter diesen Voraussetzungen den Blick auf die verschiedenen Aufgabenbereiche, zumal die äußeren und inneren Verhältnisse sowie insbesondere die Religionspolitik richten.

Wie Konstantin war Licinius ein genialer Heerführer und begabter Stratege. Bevor er 308 zum Mitkaiser erhoben wurde, hatte er sich militärisch bereits aufs beste bewährt. Diese frühen Erfolge hatte er im engen Anschluß an Kaiser Galerius errungen, der ihn bis zu seinem Tode 311 stets förderte. Die Reichsbevölkerung, zumal die Bewohner der Grenzprovinzen durften sicher sein, dass alles Notwendige zu ihrem Schutz geschehen werde. Freilich dürfen wir nicht übersehen, dass die Rivalitäten und das Konkurrenzverhältnis zwischen Licinius und Konstantin die Kräfte immer wieder auf die Bahn der Bürgerkriege lenkte. Erst nachdem sich Licinius als Alleinherrscher durchgesetzt hatte, stand einer Konzentration auf die Sicherung der Grenzen nichts mehr im Wege. Dieser Aufgabenbereich umfasste die Grenzen an Rhein und Donau sowie den Osten, das heißt die Grenze zum Perserreich. Dort militärisch zu glänzen, war seit den Zeiten der ausgehenden römischen Republik eine Frage des Prestige erst für die mächtigen Einzelpersönlichkeiten wie Crassus und Caesar, dann für die römischen Kaiser. Licinius kam bis zu seinem Lebensende nicht dazu, sich dieser Herausforderung zu stellen.

Das vielleicht wichtigste Feld war das der Religionspolitik. Warum? Von den Fragen nach dem höchsten göttlichen Wesen, dem höchsten Gott, der die Welt lenkt, Reich und Kaiser schützt und die Wohlfahrt der römischen Sache garantiert, konnte man in jener Zeit des Umbruchs ebensowenig absehen wie von der Schaffung eines metaphysischen Rückhaltes, welcher der Festigung des Reiches und dem ideellen Zusammenhalt der Untertanen, in Sonderheit der gesellschaftlichen Eliten, dienen musste. Dieser Rückhalt war verloren gegangen, weil im Verlauf des 3. Jahrhunderts durch die fortschreitende Ausbreitung des Christentums ein immer größerer Dissens über die richtige Gottesverehrung entstanden war. Christenverfolgungen hatten sich in dieser Situation als Fehlschlag erwiesen. Die Religion als Hauptsache vernachlässigen, hätten weder die Altgläubigen noch die Neugläubigen, das heißt die Christen, verstanden. Daß der Staat und die Bürgergemeinschaft nur gedeihen können, wenn die religiösen Dienste (sagen wir ruhig, die Gottesdienste) richtig vollzogen werden, entspricht altbewährter römischer Denkweise. Wie später Kaiser Constantius II. in einem Gesetz äußerte, man wolle sich stets auf der Grundlage des Glaubens freuen und Gott (gemeint ist natürlich der Christengott) rühmen, da man wisse, dass das römische Staatswesen mehr durch Gottesdienst als durch Mühen und Schweiß körperlicher Anstrengung erhalten werde. In letzter Konsequenz, wenn wir uns die äußerste Stufe der Auslegung zu eigen machen. heißt das bezogen auf die militärische Stärke: das römische Heer siegt mehr durch seine Gebete und die des Kaisers als durch militärische Tüchtigkeit[115]! Wie auch von Kaiser Theodosius d. Gr. berichtet wird, er habe 394 gegen den Usurpator und Christenfeind Eugenius mehr mit Gebeten als mit Waffen siegreich Krieg geführt[116].

In diesem Sinne war das 311 veröffentlichte Toleranzedikt des Galerius, das den Christen erlaubte, wieder Christen zu sein und sie verpflichtete, für ihr eigenes Wohlergehen wie für das von Kaiser und Reich zu ihrem Gott zu beten, die Grundlage für alle nachfolgende Religionspolitik[117]. Das war der „point of no return", auf das Reich bezogen die Wendemarke, von der es für die Kaiser keine Umkehr mehr geben sollte. Die Christen standen unter dem Schutz des Kaisers, gleichzeitig waren sie aufgerufen, ihre Verantwortung gegenüber Gemeinwesen und Gesellschaft wahrzunehmen. Ausschlaggebend für die Aufnahme des Christengottes in den Kreis der den Bestand des Reiches garantierenden Gottheiten war die eindrucksvolle Ausbreitung der Christen in allen Teilen des Reiches, namentlich im römischen Africa, in Italien und den westlichen Provinzen sowie in Ägypten und Kleinasien, das Vordringen der Christen in alle sozialen Schichten, in alle Stände und Berufe, die Zustimmung der Christen zu Staat und Kaisertum, die Anerkennung der bestehenden Gesellschaftsordnung und Besitzverhältnisse, die Ausbildung einer reichsweit einheitlichen und festen Bistumsorganisation sowie die Orientierung kirchlicher administrativer Strukturen an weltlichen römischen Vorbildern, das heißt die längst vollzogene Formierung der christlichen Gemeinden zur Kirche. Die Mailänder Vereinbarung der Kaiser Konstantin und Licinius von 313 war die logische Weiterführung des Toleranzediktes und trug dem eben skizzierten Entwicklungsstand Rechnung. Der Text war für den öffentlichen Aushang bestimmt und wurde zu diesem Zweck den Provinzstatthaltern übersandt. Er enthält klare, aber allgemein gehaltene und ganz der römischen Tradition verpflichtete Aussagen über die religionspolitischen Grundsätze der Kaiser. Über das Toleranzedikt von 311 hinausgehend verfügten die Kaiser konkrete Maßnahmen zur Restituierung christlichen Eigentums: Unter allem, was der Wohlfahrt und öffentlichen Sicherheit diene, nehme die Verehrung der Gottheit (*divinitas*) einen sehr hohen Rang ein. Es sei daher der Wunsch der Kaiser, dass die Christen und alle übrigen Reichsbewohner frei sind in der Ausübung des Kultes ihrer Wahl, also eine *libera facultas* in Hinsicht auf die Gottesverehrung in Anspruch nehmen können. Die Freiheit der

---

115 Vgl. Albrecht Dihle, Die Religion im nachconstantinischen Staat, in: Werner Eck (Hrsg.), Religion und Gesellschaft in der römischen Kaiserzeit. Kolloquium zu Ehren von Friedrich Vittinghoff, Köln/Wien 1989, S. 1–13, hier S. 1–4; Codex Theodosianus XVI 2, 16...
116 Augustinus, de civitate Dei 5, 26.
117 Übersetzung des Textes und Erläuterungen bei Gunther Gottlieb, Christentum und Kirche in den ersten drei Jahrhunderten, Heidelberg 1991, S. 112–116.

Religionsausübung solle garantieren, dass jedwede Gottheit in ihrem Himmelssitz den Herrschern und allen Untertanen gnädig und gewogen sei[118].

Die Kaiser hatten klare Ziele vor Augen: natürlich die Erhaltung ruhiger Zeitläufte (*pro quiete temporis nostri*), die ideale Fundierung des Reiches, Wohlordnung, gesicherte Herrschaft und Unversehrtheit des Reiches; darüber hinaus aber die Gewinnung der christlichen Untertanen und der Kirchenführer gegen innere Feinde. Bezeichnend ist, was die Wortwahl betrifft, dass die Kaiser trotz der Erhebung der christlichen Kultgemeinschaft zu einer tragenden Säule ihrer Herrschaft hier und auch sonst den abstrakten Begriff ‚Gottheit' (*divinitas*), ‚höchste Gottheit' (*summa divinitas*) oder ‚höchster Gott' (*summus deus*) verwendet haben.

Warum geben wir diesen Fragen so viel Raum? Weil sie damals im Zentrum standen. Wirklich im Zentrum standen? Oder erhalten wir diesen Eindruck nur, weil sie in der christlich geprägten Überlieferung, vor allem in der christlichen Geschichtsschreibung einen so breiten Raum einnehmen? Die Tatsache, dass einerseits die christliche Religion bis in die höchsten Gesellschaftsschichten vorgedrungen war und mittlerweile einen festen Platz im öffentlichen Leben hatte, dass sich anderseits aber große Teile der Bevölkerung und da vor allem auch Angehörige der Oberschichten noch zu den alten Kulten bekannten und die altgläubigen religiösen Traditionen hochhielten, kann nicht deutlich genug betont werden, mussten die Kaiser doch um des Zusammenhaltes willen auf diese Umstände Rücksicht nehmen und ihre Anhängerschaften formieren, die konfessionell gesehen damals eben aus Nichtchristen *und* Christen bestanden. Weder Licinius noch Konstantin waren christlich erzogen, wobei Licinius durch Herkunft und Umfeld, er war wie die meisten Kaiser jener Zeit bäuerlicher Herkunft und stammte aus dem östlichen Donauraum, sicher weniger mit dem Christentum in Berührung gekommen war als Konstantin. Er hatte ein ursprüngliches religiöses Empfinden, war aber alles andere als eine religiös geprägte Persönlichkeit. Jetzt allerdings, 313, drängte die Situation, Stellung zu beziehen: Konstantin hatte die Hilfe des Christengottes erfahren, so sein subjektives Erleben, und Licinius war Zeuge dieser Zuwendung, so dass es für ihn nahelag, sich ebenfalls des Beistandes dieser Gottheit zu versichern, zumal der Bürgerkrieg mit Maximinus Daia um die alleinige Herrschaft noch bevorstand. Beide Kaiser waren auch keine Glaubensstreiter; aber peinlich darauf bedacht, die Untertanen zu loyalem Verhalten zu führen und Streitereien über den Glauben zu unterbinden, weil diese die Einheit der christlichen Gottesverehrung und des christlichen Gebetes für das Wohlergehen von Kaiser und Reich gefährdeten.

Noch einmal: Warum geben wir diesen Fragen so viel Raum? Weil wir wissen wollen, wie, das heißt mit welchen Leitlinien, mit welcher Haltung gegenüber den Christen, Licinius als Alleinherrscher regiert hat. In der historischen Überlieferung

---

118 Übersetzung bei Karl Christ, Geschichte der römischen Kaiserzeit von Augustus bis Konstantin, München 1988, S. 742; vgl. Gunther Gottlieb und Veit Rosenberger, Christentum und Kirche im 4. und 5. Jahrhundert, Heidelberg 2003, S. 9.

war Licinius der Widersacher, der sich zum Christenfeind wandelte. Entsprechend fallen die Urteile aus. Eusebius etwa hat in seiner Kirchengeschichte die gemeinsamen Anfänge von Konstantin und Licinius idealisiert, indem er sie den Tyrannen (damit meint er ihre kaiserlichen Vorgänger, welche zugleich auch Christenfeinde waren) als Lichtgestalten, welche in der Austilgung der Gottlosen ihre Berufung sahen, folgen ließ. Die Auseinandersetzung zwischen Licinius und Konstantin um die Alleinherrschaft gestaltet er dagegen als Kontrastbild, indem er Konstantin als Symbol des Guten heraushebt und Licinius als den Tyrannen, der sich als Christenfeind einen schlimmen Namen macht und der gleichsam gegen Gott sein Heer rüstet, enden lässt. In einer dramaturgischen Meisterleistung schildert Eusebius, wie Dämonen gleich den vormals besiegten Tyrannen Macht gewinnen über Licinius und ihn verführen. Das ging so weit, dass in der konstantinischen Propaganda der Bürgerkrieg von 324 als Religionskrieg dargestellt wurde. Damit ist klar, wir können mit dieser einseitig eingefärbten Überlieferung kaum etwas anfangen, aus ihr jedenfalls nicht herauslesen, dass Licinius sich zum Christenfeind gewandelt und die Christen in seinem Reichsteil vor der Entscheidung zwischen ihm und Konstantin wie ein Christenverfolger drangsaliert und bedrängt hatte: Er habe, so die Licinius feindlichen Berichte, christliche Beamte und Soldaten entlassen, Opferzwang eingeführt, Synoden und die Wahrnehmung christlicher Kulthandlungen in den Städten verboten. Vereinzelt sei es sogar zu Todesurteilen gekommen. Ob christliche Würdenträger offen mit Konstantin sympathisierten und dadurch den Zorn des Licinius erregten, ist nicht mit Gewissheit überliefert. Fraglos wollte sich Licinius vor dem entscheidenden Waffengang gegen Konstantin der Zuwendung der natürlich immer noch einflussreichen nichtchristlichen Eliten versichern. Anderseits hat er nach dem Sieg über Maximinus Daia Priester traditioneller Kulte hinrichten lassen, weil sie Parteigänger des Maximinus waren. Weltanschauliche Einstellungen vermischten sich nicht nur in den Konflikten mit inneren Gegnern, sondern auch in Zeiten des Umbruchs, der Neuorientierung in Hinsicht auf richtunggebende Leitlinien und der ideellen Neuformierung gesellschaftlicher Eliten immer wieder mit Fragen politischer Opportunität, ohne dass man daraus in der einen oder anderen Weise feste Positionen ableiten könnte.

Abb. 35: Goldmedaillon VS: Licinius II. Caesar. RS: Die vier Jahreszeiten, 319 n. Chr.

Sonst wissen wir von Kirchenbauten, deren Entstehen Licinius in seinem Reichsteil gefördert hat, oder auch von Synoden. In den 318 in Alexandria ausgebrochenen Streit zwischen Bischof Alexander und seinem Presbyter Arius um die Göttlichkeit Christi, des Gottessohnes, hat er sich jedenfalls nicht eingemischt. Im Unterschied dazu hat sich Konstantin auf Grund seiner Entscheidung für den Christengott sofort in die innerkirchlichen Streitfälle verwickeln lassen, so dass die religiösen Konflikte fortan zugleich politische Konflikte waren. Licinius ordnete diese Auseinandersetzungen innerhalb der christlichen Kirche, seien sie nun dogmatischer Natur, die Folge von Uneinigkeit über die reine Lehre oder von konkurrierenden Bewerbungen um einen Bischofsstuhl gewesen, ein unter dem Gesichtspunkt der öffentlichen Ruhe, Ordnung und Sicherheit, für deren Bestand die Staatsmacht verantwortlich war.

Ich denke, wir kennen unseren Kaiser mittlerweile so gut, dass wir uns ein Urteil über seine Alleinherrschaft bilden können. Er stand auf dem Boden der Mailänder Vereinbarung, welche bis zu seinem Tode die Richtschnur blieb. Daraus ergab sich eine Art Neutralität in Glaubensfragen, das Prinzip der Nichteinmischung. Die Christen konnten Licinius nicht wie Konstantin in die Lösung ihrer Konflikte einbinden. Er bezog weder Stellung in Hinsicht auf die göttliche Natur des Sohnes Gottes noch kümmerte er sich um den schismatischen Inhalt des Donatistenstreites in den Provinzen des römischen Africa. Aber er reagierte streng und unnachgiebig, wenn streitende Parteien Anstoß und Ärgernis erregten. Anderseits war er kein weltanschaulicher Eiferer wie später Kaiser Iulianus. Er wollte nicht einseitig die altgläubigen Kulte in einer Frontstellung gegen das Christentum fördern und eine pagane Weltanschauung als Leitideologie herausstellen. Dazu fehlte es Licinius auch an Bildung, Intellektualität und geistiger Spannkraft. Er war eine bodenständige

Persönlichkeit mit dem Blick für Notwendigkeiten angesichts vor allem äußerer Gefahren und dem Ziel, die Kräfte zu sammeln und nutzvoll einzusetzen.

Was die Hauptstadt betrifft, so baute Licinius das ohnehin schon als Regierungssitz gewählte Nikomedia weiter aus. Rom hat er nie gesehen. Rom behielt den hohen Rang der ersten Stadt des Reiches; aber in Nikomedia erhielt es eine ernste Konkurrenz. Rom lag zu weit entfernt von den Brennpunkten vor allem der äußeren Ereignisse an der unteren Donau und im Osten, welche eine schnelle Anwesenheit des Kaisers erforderten. Schon seit Jahrzehnten war es nicht mehr der ständige Sitz der Regierung, nicht mehr die Stadt der Kaiser. Der Stadtrat von Nikomedia stieg zum zweiten Senat auf, zum Senat der Nea Roma, wie die Stadt gerne genannt wurde. Weder für die Christen noch für die Altgläubigen des Ostens war die Bevorzugung Nikomedias ein Stein des Anstoßes. Daß nach seiner Herrschaft noch einmal ein Umschwung stattfand und Byzantion einen ungeahnten Aufstieg erlebte, in Erinnerung an Konstantin von dessen zur Regierung gelangten Nachfahren sogar mit dem Namen Konstantinopel geehrt wurde, ist hier nicht von Belang.

Mit welchem späteren Kaiser (ein Vergleich mit früheren Kaisern ist angesichts der Umbruchssituation methodisch fragwürdig) wollen wir Licinius vergleichen? Am ehesten mit Valentinian I. (364–375), der sich in Organisation und Verteidigung der gefährdeten Grenzen aufs höchste bewährt hat, der sich in Glaubenssachen der Christen zurückhielt; aber als christlicher Kaiser galt, der trotzdem noch alte Kultstätten, etwa das Delphische Orakel, finanziell förderte und in Streitfälle der Kirche eingriff, wenn diese die öffentliche Ordnung störten, wie das in Rom geschehen war, und der zu Beginn seiner Herrschaft durch Gesetze festlegte, dass jeder die Gottesverehrung ausüben dürfe, die ihm gefalle[119].

Licinius starb nach 330. Da eine dynastische Nachfolge nicht gegeben war, bemächtigten sich die drei immer noch in der Verbannung lebenden Söhne Konstantins der Herrschaft, entledigten sich möglicher familiärer Rivalen und teilten das Reich in drei große Verwaltungseinheiten. Sie fanden Rückhalt in den Armeen und bei den Inhabern hoher Verwaltungsämter, insbesondere soweit diese Christen waren. Auch zeigte sich, dass die Erinnerung an Konstantin noch nicht verblasst war.

---

119 Codex Theodosianus IX 16, 9.

Kaiser Julian besiegt 363 das Perserheer

Zwei Themen beherrschen die kurze Zeit der Alleinherrschaft Kaiser Julians (361–363): Erstens die Auseinandersetzung mit dem Sassanidenreich im Osten und zweitens der Versuch Julians, das Christentum zurückzudrängen, dafür die alte, traditionelle Götterwelt neu zu beleben und durch eine nach dem Vorbild der christlichen Kirche geschaffenen Kultorganisation zu vereinheitlichen und auf diese Weise zu stärken. Die erste Aufgabe steht in dem langen Zusammenhang der Konflikte zwischen Ost und West, Asien und Europa. Dieser Zusammenhang ist wie eine große Erzählung, um ein Bild des Mythenforschers Herfried Münkler zu verwenden, welche in der Vorstellung der Griechen mit dem Troianischen Krieg begann und in den Perserkriegen von 490 und 481/479 v. Chr. ihre nachhaltigste Ausformung fand. Diese Erzählung setzte sich im Feldzug Alexanders gegen das Achaimenidenreich und, nach dem Entstehen des Römischen Reiches, in den Kriegen zuerst mit den Parthern, dann mit den Sassaniden fort. Sich in diesem Kampf erfolgreich zu bewähren, war eines der höchsten Ziele römischer Feldherren und Kaiser. Wir wissen auch, dass diese Erzählung damit nicht zu Ende war, sondern in der Gegnerschaft zwischen Osmanen und christlichem Europa sozusagen neu aufgelegt wurde – und bis in unsere Gegenwart immer neu aktualisiert wird, wenn wir etwa an den Anspruch der Serben denken, Verteidiger des christlichen Europa gegen die Muslime zu sein.

Abb. 36: Kaiser Julian (331/32–363 n. Chr.). Statue im Musée Cluny Paris

Die zweite Aufgabe entsprang der Abneigung gegen die Christen, welche ihre Ursache in der zwanghaften Erziehung, welche Julian ertragen musste, und im Haß gegen alle hatte, welche in direkter Linie mit Kaiser Konstantin, auf dessen Befehl der Zweig der Familie, welchem Julian entstammte, fast vollständig ausgerottet worden war, verwandt waren. So tat Julian genau das Gegenteil von dem, was vor allem seit der Regentschaft der Konstantinssöhne üblich war, nämlich alles Christliche zu fördern, indem er beispielsweise die altgläubigen Überzeugungen nahestehenden Bildungseinrichtungen bevorzugte, christliche Rhetoriklehrer in der Ausübung ihrer Tätigkeit behinderte und den Rang der heidnischen Priester zu erhöhen suchte. So wurde der Kampf gegen das Christentum zum Hauptziel seiner Herrschaft[120].

Nein, Kaiser Iulian starb nicht im Juni 363 nach einem gescheiterten Feldzug von einem Pfeil getroffen, sondern er besiegte den Perserkönig Šapur II. in einer verlustreichen Schlacht und zog als Sieger nach Antiochia, Nikomedia und Konstantinopel zurück. Unangefochten regierte er als Alleinherrscher das Reich. Wurde er ermordet? Nahm er sich das Leben, als er erkannte, dass seine Herrschaft wegen seiner kompromißlosen Religionspolitik im Chaos enden werde? Wer war dieser Mann? Was wissen wir über seine Religiosität und Weltanschauung? Hat er als Alleinherrscher die Kernpunkte seiner Innen- und Kulturpolitik weitergeführt? Waren ihm die inneren Verhältnisse wichtiger als die Sicherung der gefährdeten Grenzen? Konnte er den inneren Frieden aufrechterhalten? Hätten sich die Urteile der Nachwelt, die wir in beständiger Kontinuität über die Jahrhunderte verfolgen können, verändert, wenn der von uns konstruierte Fall, der Sieg im Perserkrieg, eingetreten wäre?

---

120 Umfassend, alle Quellen und die zahlreiche wissenschaftliche Literatur berücksichtigend, vorbildhaft gestaltet und einschlägig für alle Julian und seine Zeit betreffenden Fragen Klaus Rosen, Julian. Kaiser, Gott und Christenhasser, Stuttgart 2006. In einer eindringlichen Gesamtschau und außerordentlich anregend zu dem oft problembeladenen Verhältnis zwischen Kaisern und Bischöfen und zum Scheitern Julians jetzt auch Pedro Barceló, Das Römische Reich im religiösen Wandel der Spätantike. Kaiser und Bischöfe im Widerstreit, Regensburg 2013 (zu Julian S. 101–109).

Abb. 37: Goldmünze Julians, VS: Büste in Consulartracht mit Mappa (Signaltuch) in der Rechten und Zepter in der Linken. RS: Der Kaiser sitzt in Consulartracht auf einem Thron mit Mappa in der Rechten und Zepter in der Linken. Antiochia, 361–363

Julian: Im Range eines Caesar unter der Herrschaft seines Vetters Constantius II. in Gallien erfolgreicher Feldherr in Kämpfen mit den Alamannen, beliebt bei seinen Soldaten, gegenüber der Zivilbevölkerung ein volksnaher Herrscher, verantwortungsvoller Planer und zielstrebiger Organisator einer wirkungsvollen Grenzsicherung am Rhein, besorgt um Verwaltung und Rechtsprechung – christlich erzogen, hoch gebildet, ein hervorragender Kenner der griechischen Literatur, der Philosophie, der Mythen und der Götterwelt, dem Neuplatonismus zugeneigt, wandte sich Julian immer mehr vom Christentum ab. Eine Persönlichkeit also, die nicht nur zur Spaltung der Meinungen reizte, sondern auch Zeitgenossen und Nachwelt geradezu zwangsläufig in Bewunderer und Kritiker teilte. Welcher Art sind die Urteile? Ihre Sonderung in Gut und Böse, Für und Wider begann bereits zu Lebzeiten des Kaisers und setzte sich über die Jahrhunderte fort bis in unsere Gegenwart. Dieser Befund der Urteile ist ein fester Bestandteil des europäischen Geisteslebens, ein Spiegel herrschender Strömungen, ein Abbild jeweils zeitgenössischer geistiger und sittlicher Tendenzen. Selbst die Autoren der 1530 erschienenen Rechtfertigungsschrift zur Confessio Augustana werfen neben dem Neuplatoniker Celsus dem Kaiser Julian vor, dass er die Christen verdächtigt habe, das weltliche Regiment zu zerrütten und zu verunglimpfen. Das ist das Faszinierende an dieser Persönlichkeit, dass man von so vielen Seiten her mit Lob oder Tadel ansetzen konnte, seien es die politischen und militärischen Fähigkeiten, das vorbildliche Staatsethos und Verantwortungsbewusstsein, welches er als Caesar bewiesen hatte, die intellektuelle Prägung, die Tiefe und Weite der Bildung, natürlich die Religionspolitik, die schriftstellerischen und rhetorischen Fähigkeiten oder Julians asketische Lebensweise und seine Selbstbeherrschung.

Der Althistoriker Klaus Rosen hat in seiner großartigen Julian-Biographie das letzte Kapitel ‚Der Umstrittene' überschrieben und die Urteile der Jahrhunderte durchmustert. Es lohnt sich, bei diesem Thema zu verweilen und es im oben angedeuteten Sinne für unsere Aufgabe nutzbar zu machen! Beginnen wir mit einem Überblick über eher fiktive Urteile! Der Dichter Durs Grünbein hat eines seiner 1999 veröffentlichten Gedichte als Brief Kaiser Julians an einen Freund gestaltet. Julian schaut in diesem Brief in die Zukunft, die seiner Einschätzung nach christlich werden könnte. Die aus dem 6. Jahrhundert stammende syrische Fassung eines frühen Julianromans spielt dagegen mit historischen Fiktionen: Julian sei nach Rom gezogen, um es vom Christentum zu befreien, und er sei siegreich gewesen im Perserkrieg. Eine historische Fiktion bietet auch die *Chronica universalis* des Benediktiners Sigebert von Gembloux, wonach die Perser dem Imperium Romanum den entscheidenden Todesstoß versetzt hätten, als sie Julian besiegten, und er im Kampf gegen sie gefallen sei. Der christlich und humanistisch gebildete Erasmus von Rotterdam ließ Julian wieder zum früheren Glauben zurückkehren, weil ihn die Standhaftigkeit selbst zum Tode verurteilter Christen so sehr beeindruckt habe, dass er die Todesurteile aufhob. Von besonderem Reiz ist das von dem berühmten Kulturhistoriker Jacob Burckhardt in einer seiner Basler Vorlesungen erdachte Gedankenspiel. Burckhardt stellte die Frage, was Julian wohl erreicht hätte, wenn ihm eine zehnjährige Regierungszeit beschieden gewesen wäre: Sowohl in den Städten als auch auf dem Land sei das Heidentum noch stark genug gewesen, um sich auf Dauer neben dem Christentum zu behaupten. Die Theologen hätten ihre christologischen und dogmatischen Diskussionen einstellen müssen, weil sie dem Kaiser lästig gewesen seien und die christliche Kirche nicht mehr mit dem Kaiser als ausführender Gewalt hätte rechnen können, was allerdings die wahren Kräfte der christlichen Religion wieder stärker hätte hervortreten lassen. Von der Staatsgewalt verlassen wäre das Christentum in Sekten zerfallen und hätte schwerlich zu einer Einheit gefunden. Burckhardt wörtlich: „In Rom hätte es wohl einen eigentlichen Kampf gegeben, wobei das Heidentum Meister blieb und das Bistum seine beginnende Weltstellung leicht völlig verloren hätte."

Autoren geistlichen Standes, allen voran Bischof Gregor von Nazianz und der Kirchenvater Hieronymus, sind die Repräsentanten früher Empörung und wüster Beschimpfung, Urheber der ständig in Umlauf gebrachten Schauergeschichten. Wie bei dem bei den Christen in Verruf geratenen Kaiser Licinius (308–324) waren es der Satan und Dämonen, welche Einfluß gewannen über Julian und ihn vom rechten Wege abbrachten. Auf der anderen Seite sorgten der berühmte Redner Libanius sowie die Historiker Ammianus Marcellinus, Eunapius und Zosimus für ein differenziertes, Julian gewogenes, allerdings dem Christentum gegenüber kritisches, wenn nicht sogar ablehnendes Bild. Ammians *res gestae* und Julians eigene literarische Hinterlassenschaft haben Jahrhunderte später sogar dazu beigetragen, dass man in Julian nicht nur den ‚Abtrünnigen' und Verfolger sah.

Bunt gemischt sind die Urteile des Mittelalters: einerseits die in christlicher Tradition stehende strikte Ablehnung, Gleichsetzung mit dem Welteroberer Alexander bei Otto von Freising, Beschimpfung Kaiser Heinrichs IV. als neuen Julian,

Gleichsetzung von Julian mit dessen Vorgänger, dem Arianer Constantius II., bei Gerhoh von Reichersberg; anderseits abwägende Urteile, welche in Erinnerung bringen wollten, dass Julian nicht nur ein Gegner der Kirche, sondern ein erfolgreicher Staatsmann und Feldherr gewesen ist. Mittelalterliche Verehrer Platons schenkten sogar Julians Helioshymnus ihre Aufmerksamkeit. Im Osten benutzte man damals Julian als Waffe gegen theologische Widersacher, im europäischen Westen wurde er bemüht, wenn weltliche Herrschaft und Kirche im Streit lagen.

Abb. 38: Festprägung in Bronze. VS: Büste mit Perldiadem, Panzer und Paludamentum, in der Rechten Globus mit Victoria, links Schild, darauf eine säugende Wölfin, RS: Horus und Isis mit schlangenförmigen Körpern stehen einander zugewandt, eine heilige Vase haltend, aus der sich eine Schlange empor windet, Rom, 361–361

Vorkämpfer für Toleranz und Gewissensfreiheit, die Philosophen der Aufklärung wie Bodin, Montaigne, Montesquieu und Voltaire, liberale Geister des 19. Jahrhunderts, welche ein laizistisches Bildungswesen forderten und gegen die Ansprüche der Kirche kämpften, ja selbst die Reformpädagogen des 20. Jahrhunderts wie zum Beispiel Rudolf Steiner verehren Kaiser Iulian wie einen Heiligen. Voltaire sah im Preußenkönig Friedrich II. einen neuen Julian. Dieselbe Haltung nahm der antichristliche Sozialismus ein, wie ihn zum Beispiel Benito Mussolini vertrat, der den Kampf Julians gegen die Kirche verherrlichte. Die literarische Auseinandersetzung mit Julian schlug sich in Drama, Roman und Gedicht nieder und blühte vor allem im 19./20. Jahrhundert. 1893 veröffentlichte Felix Dahn seinen Roman „Julian der Abtrünnige", ein Werk, das in deutschnationalem, antiklerikalem Grundton der völkischen Germanenideologie huldigte und vor allem jugendliche Leser anzog. Ein Gedichtband René Schickeles von 1902 enthält ein Gedicht über Julians Tod, wo sich der sterbende Kaiser an die im Mittag stehende Sonne wandte.

Die Erfahrung mit den Diktaturen des 20. Jahrhunderts machte die emotionale Überhöhung der Einzelpersönlichkeit und die Heldenverehrung verdächtig. Zwar entwickelte sich zu Julian keine so tiefgreifende wissenschaftliche Auseinandersetzung wie etwa zu Alexander und Caesar – dafür war Julian auch zu sehr im intellektuellen Milieu beheimatet und der breiten, historisch gebildeten Schicht zu wenig vertraut; aber die emotionale Begeisterung wich nüchterneren Urteilen wie sie sich vor allem in der eindrucksvollen und intellektuell herausragenden Julian-Biographie von 1978 des amerikanischen Altertumswissenschaftlers Glen W. Bowersock niederschlagen. Für Bowersock ist erwiesen, dass Julian, ein Mann ohne bürgerliche Kultur und humanitäre Gesinnung, für den Philanthropie nur ein Mittel zum Zweck gewesen sei, die vollständige Ausrottung des Christentums plante. Aber schon 1980 sagte der Schweizer Altphilologe Francois Paschoud eine Rückkehr zur Verehrung voraus, die auch eintrat und Julian wieder als großen monotheistischen Herrscher und ansprechendste Gestalt unter den Staatsmännern der Spätantike feierte[121].

So weit der Überblick über die Julian-Rezeption, der wir uns in der abschließenden Wertung noch einmal zuwenden. Kehren wir zurück auf die Schauplätze der Zeit ab 361! Der Christ Aurelius Prudentius Clemens würdigte Julian als tapferen Heerführer, eifrigen Gesetzgeber und Staatsmann, der zwar treulos gegenüber Gott, aber nicht treulos gegen das Reich gewesen sei. Julians innenpolitische Maßnahmen betrafen die Reichsverwaltung, die er mit Umsicht ordnete, sowie die Erhebung der Steuern, wobei es ihm auf das Prinzip der Steuergerechtigkeit ankam, die Förderung der Städte und die Armee. Welche Bedeutung Julian dem Kaiser als Gesetzgeber und der Herrschaft der Gesetze beimaß, verdeutlicht sein 356 oder 361 verfaßter Brief an den Philosophen, Redner und Lehrer Themistios: der Gesetzgeber müsse von der Tagespolitik absehen, dürfe weder Freund noch Feind, weder Verwandte noch Nachbarn kennen, sondern müsse, ausgestattet mit der Tugend der Überparteilichkeit, ausschließlich an den Nutzen der Nachgeborenen denken. Der Geschichtsschreiber Ammianus berichtet sogar, dass Julian sich gelegentlich selbst eine Geldbuße auferlegt habe, wenn er eine Rechtsregel verletzt hatte. Der berühmte Rhetor Libanios, ein Freund Julians, vertrat die Ansicht, auch der Kaiser sei dem Recht verpflichtet und dürfe nicht tun, was ihm beliebe. Das waren Grundsätze des Regierens, eine Art Manifest. Sie bestimmten auch Julians Einstellung zu Hofhaltung und Hofzeremoniell. Er reduzierte den Hofstaat, mied unnötigen Luxus sowie die übertriebene personelle Aufblähung des Hofes und vereinfachte das Hofzeremoniell. Seinem an stoischen Vorbildern wie Marc Aurel orientierten Herrscherideal entsprach es, als Senator, volksnah, in republikanischen Umgangsformen zu erscheinen. Trotz längerer Regierung konnten sich diese Neuerungen nicht dauerhaft durchsetzen. Sie wurden als fremd und unzeitgemäß empfunden.

---

121 Hier wie auch sonst stütze ich mich auf Klaus Rosens Julian-Biographie (vgl. Anm. 120); für Nachleben und Beurteilung Julians einschlägig das Kapitel ‚Der Umstrittene' (ebenda S. 394–462).

Mit beständiger patriarchalischer Fürsorge und pflichtbewusster Vorsorge kümmerte sich Julian um die Sicherheit an den Grenzen. Im Osten hatte er durch den eben errungenen Sieg selbst für zeitweilige Ruhe gesorgt. An Rhein und Donau bemühten sich fähige und Julian ergebene Heerführer, die von ihm zwischen 355 und 360 gegen Alamannen, Franken und andere Germanenvölker erzielten Erfolge in einen Zustand dauerhafter Befriedung zu wenden. Auch an der Grenze in Thrakien hatte der Kaiser geeignete Maßnahmen getroffen, weil er in naher Zukunft Einfälle der Goten befürchtete, die auch tatsächlich eingetreten sind.

Abb. 39: Solidus des Julian. VS: Büste mit Perldiadem, Panzer und Paludamentum. RS: Soldat, behelmt, hält Trophäe in der Linken, drückt mit der Rechten einen in die Knie sinkenden Barbaren nieder. Antiochia, 361–363

Längst war klar, dass sich Julian in besonderer Weise der Religionspolitik annehmen werde. Dabei spielten nicht nur seine Begeisterung für die griechische Kultur, seine Neigung zur Philosophie, vor allem in ihrer neuplatonischen Ausformung, seine Überzeugung vom göttlichen Wirken und göttlicher Fügung eine maßgebliche Rolle, sondern auch persönliche Erfahrungen wie die von seinem christlichen Vetter, Kaiser Constantius II., ergangenen Zurücksetzungen und Kränkungen sowie sein Haß auf seinen Onkel, den christlichen Kaiser Konstantin, der nicht nur Julians Vater, sondern weitere männliche Verwandte hatte umbringen lassen, um seinen Söhnen eine konkurrenzlose Herrschaft zu sichern. Und schließlich war Julian Konvertit, der im Zorn das Christentum sozusagen abgeschüttelt hatte und nun die für Wechsler typischen Züge des kompromißlosen Eiferns hervorkehrte. Julian wollte nicht zu Kaiser Diokletians gescheiterter restaurativer Religionspolitik, wo es im Dienste der Wohlfahrt der römischen Sache um die Erneuerung des Staatskultes der Kapitolinischen Trias Jupiter, Juno und Minerva ging, zurückkehren. Dem Kaiser lag auch jeder Rombezug fern. Es war die Orientierung auf eine höchste Gottheit im Sinne der Neuplatoniker

Jamblichos und Porphyrios. Sie sahen in der Sonne die Ursache alles irdischen Geschehens. So war Helios auch für Julian der Schöpfer allen Lebens, der Herr aller übrigen Götter im Sinne eines solaren Monotheismus.

Wichtig war Julian auch der sprachliche Umgang mit den Christen. Er nannte sie nur ‚Galilaeer'. Er wollte die allgemeine Bezeichnung ‚Christiani' austilgen. Es ging ihm darum, die Christen als religiöse Gruppierung zu kennzeichnen, indem er die Region Galilaea, aus der Jesus stammte, in seinem Verständnis eine abgelegene, unbedeutende Landschaft, zur Namengebung wählte. Das war ein beliebtes Verfahren, die Teilmenge in Abgrenzung und in Gegenüberstellung zur Gesamtheit nach einer charakteristischen Eigenschaft, einem lokalen Bezug oder nach einem Anführer zu benennen und damit den Anspruch, das Ganze zu sein, auszuschließen. Als neue Gemeinschaft mit universalem Anspruch schuf er die Gemeinschaft, welche sich im Glauben an die Götter konstituierte, und nannte sie ‚Gemeinschaft der Hellenen'.

Nach Constantius' Tod, mehr noch nach dem Erfolg gegen die Perser, fühlte sich der Kaiser frei in seinen religionspolitischen Entscheidungen: erste Maßnahmen, wie zum Beispiel ein für das ganze Reich gültiges Restitutionsedikt, betrafen die neuerliche Öffnung der Tempel, die Wiederaufnahme des Götterkultes und der Opfer, für welche die Kulteinkünfte verwendet werden sollten, die Erstattung von Tempelgut und den Wiederaufbau zerstörter Tempel. Ebenfalls 362 erging ein Amnestieerlaß, der allen wegen ihres Glaubens Verbannten die Rückkehr erlaubte. Dieser Erlaß betraf die Bischöfe, die infolge der dogmatischen Wirren und inneren Zerrissenheit der christlichen Kirche unter Kaiser Constantius II. aus ihren Bistümern vertrieben worden waren wie zum Beispiel der berühmte Athanasius von Alexandria. Am Ende der Regierung des Constantius II. präsentierte sich die Kirche nicht gerade in guter Verfassung, wozu der Kaiser durch seine vom Arianismus geprägte dogmatische Überzeugung und den Versuch, die Kirche unter antinicaenischen Vorzeichen auf der Grundlage immer wieder neu formulierter Bekenntnisformeln dogmatisch zu uniformieren, ganz wesentlich beigetragen hatte. Dieser Zustand passte durchaus in Julians Konzept, der den Kampf gegen das Christentum, wir haben das schon angedeutet, zum Hauptziel seiner Herrschaft zu machen bereit war. In dieser Hinsicht kam ihm auch die allgemeine geistige und kulturelle Beschaffenheit der Führungsschichten durchaus entgegen. Damit meinen wir einmal den Umstand, dass das Christentum zwar weit verbreitet war; aber noch längst nicht alle Bewohner des Reiches erfasst hatte, zum anderen sowohl die allgemeine Offenheit für monotheistische Tendenzen etwa mit Helios als zentraler Gottheit im Mittelpunkt, welche sich in Konkurrenz zur christlichen Botschaft seit dem 3. Jahrhundert eine nicht unerhebliche Anhängerschaft erworben hatten, als auch das Bekenntnis zur griechisch-römischen Kultur, zu Orakelstätten und Mysterien, zum Neuplatonismus sowie das Bemühen um die Erhaltung von traditionellen Kulten und Priesterschaften, was man nicht nur im kulturellen und weltanschaulichen, sondern auch im gesellschaftlichen

Kontext sehen sollte. Beispielsweise bekannten sich Angehörige der städtischen Eliten, allen voran umfassend gebildete römische Senatoren, nach wie vor zu traditionellen Glaubensvorstellungen, und unter den nichtchristlichen Literaten, Historikern und Philosophen waren Figuren von Rang, deren Werke bis heute hoch geschätzt sind – und uns vorliegen, weil sie in den christlichen klösterlichen Schreibstuben immer wieder abgeschrieben wurden und so erhalten geblieben sind. Anderseits war das Christentum eine feste religiöse Größe, nicht mehr wegzudenken, verbreitet in allen sozialen Schichten, vor allem eben auch in den Oberschichten, einflussreich in den meisten Städten, mittlerweile der erste unter den staatstragenden Kulten.

Einen starken antichristlichen Impuls gab Julian mit dem Mitte 362 erlassenen Rhetorenedikt: Lehrer und Professoren müssen sich in erster Linie durch ihre moralische Integrität, dann erst durch ihre rhetorischen Fähigkeiten auszeichnen. Vor jeder Anstellung haben die Stadträte die Qualifikation zu prüfen, wobei das Urteil der Besten (gemeint sind die Mitglieder des Stadtrates) einstimmig ausfallen mußte. Jede Entscheidung war dem Kaiser vorzulegen. die Regelung hatte einen antichristlichen Hintergrund. Zwar fällt kein einziges antichristliches Wort; aber im Kontext war klar, dass es Julian darum ging, die Christen von den Rhetoren- und Professorenstellen fernzuhalten. Dies hat er dann auch ausdrücklich in einem das Gesetz ergänzenden Brief festgehalten. Er beschuldigt darin die christlichen Grammatik- und Rhetoriklehrer unehrlicher Doppelmoral, weil das, was sie lehrten, nicht ihrem Denken entspreche; denn sie sähen in den Göttern nicht die zur Bildung hinführenden Wegweiser. Diesen Weg hätten die Klassiker, welche Gegenstand des Unterrichts seien, vorgezeigt: die Dichter Homer und Hesiod, die Historiker Herodot und Thukydides, die Redner Lysias, Isokrates und Demosthenes. Erneut verglich Julian die Christen mit Geisteskranken – ein beliebtes Schema, um dem jeweiligen Gegner die fehlende Eignung und den Mangel an gesunder geistiger Verfassung anzulasten. In diesem Zusammenhang wurde schon bei Plinius dem Jüngeren in seinem Brief zur Christenfrage an Kaiser Trajan der Begriff der *contagio*, der Ansteckungsgefahr, verwendet. Ähnlich äußerte sich Kaiser Diokletian im Edikt gegen die Manichäer. Die Kontinuität des Vorwurfs liegt in der Vorstellung, dass es nicht hinnehmbar ist zu widerrufen, was von den Alten in Fragen der Gottesverehrung bestimmt und festgesetzt wurde[122]. Jedenfalls wollte der Kaiser die Christen von der Ausbildung der künftigen intellektuellen Elite fernhalten.

Welche Optionen hatte Julian im weiteren Kampf gegen das Christentum, den er mit dem Rhetorenedikt für alle erkennbar eröffnet hatte? Die Christen aus allen öffentlichen Ämtern entfernen? Die Besetzung öffentlicher Ämter mit Christen verbieten? Dann betraf diese Maßnahme auch die kommunalen Spitzenämter?

---

122 Plinius, epistulae 10,96; vgl. Karl Christ, Geschichte der römischen Kaiserzeit von Augustus bis zu Konstantin, München 1988, S. 723f.

Wie sollte man es mit den städtischen Ratskörperschaften halten, die zugleich die lokalen Eliten bildeten? Was war mit der Armee? Wo man auch ansetzte – war eine lückenlose Kontrolle und vollkommene Durchsetzung der Maßnahmen angesichts der bereits erreichten Durchdringung aller öffentlichen Institutionen mit Christen überhaupt möglich? Die Reaktionen auf das Rhetorenedikt waren bereits heftig. Nicht nur Christen, gerade auch gebildete Nichtchristen äußerten ihr Erstaunen, ja Erschrecken! Wo blieben die Herrschertugenden wie Milde, Toleranz, Gewährleistung geistiger Freiheit, die Julian so oft herausgestellt hatte? Anderseits, wie es zu gehen pflegt unter den Vorzeichen von Konfrontation und Feindseligkeit: alte Vorurteile werden erneuert, die Geschichte wird aktualisiert und als Waffe verwendet. Obwohl Ressentiments und Vorbehalte abgeflaut waren, Argwohn nicht mehr den Alltag prägte, kehrten die alten Behinderungen eines friedlichen Nebeneinander zurück, und es kam zu Ausschreitungen gegen die Christen und zu Einschüchterungen. Waren also die öffentliche Ordnung, Ruhe und Sicherheit in Gefahr?

Die antichristliche Haltung Julians äußerte sich vor allem auch in seiner schriftlichen Hinterlassenschaft. Sie durchzieht seine ganze Christenpolitik, begleitet gleichsam seine gegen Christentum und Kirche gerichteten Maßnahmen. In besonders scharfer, abfälliger, bissig satirischer Weise äußerte er sich in der 362 erschienenen Monographie mit dem Titel „Das Gastmahl oder die Kronia", später auch „Die Caesaren" genannt: Danach bedeutet das Christentum erstens Abfall sowohl von der griechisch-römischen Religion und Kultur als auch vom Judentum und ist schon deshalb gottlos, zweitens betrügerisches Menschenwerk, drittens Kult für einen Toten und damit Schande sowie Verletzung moralischer Reinheit und viertens als den Geist verdunkelnde Religion dämonischer Wahn. Das eigentliche Thema des Werkes ist jedoch die Wahl des besten Herrschers aller Zeiten. Augustus wird als vielgestaltiges Ungeheuer, das wie ein Chamäleon seine Farbe wechselt, Constantin als gottlos und wollüstig verspottet, während er den Christenverfolger Diocletian auf einem Ehrenplatz am Gastmahl der Götter teilnehmen läßt. Den höchsten Rang nimmt unangefochten Marc Aurel ein, der Philosophenkaiser, in dem sich Julians eigenes Herrscherideal spiegeln sollte.

Abb. 40: Der hl. Martin kündigt Julian den Kriegsdienst, Assisi, S. Francesco

Um die nichtchristlichen Kulte neu zu beleben und einer dauerhaften Beachtung zuzuführen, sollten sie eine allumfassende Organisation erhalten; eine heidnische Kultorganisation, um nicht zu sagen Kirchenorganisation wollte Julian schaffen. Was lag näher als sich in dieser Hinsicht am christlichen Vorbild zu orientieren! Die christliche Botschaft war Julian zuwider, den Aufbau der Kirchenhierarchie, die Ämterstruktur, die Wahrnehmung karitativer Dienste, die auch dem Wohl der städtischen Gemeinschaften zugute kamen, das alles nahm er bereitwillig zum Anlaß, entsprechende Verordnungen zu erlassen: Jede Stadt sollte einen Oberpriester erhalten, der dem christlichen Bischof, der ja auch in jeder Stadt mit einer christlichen Gemeinde residierte, entsprach. Die Kulte sollten sich auf eine würdige Persönlichkeit einigen. Welcher Kult zum Zuge kam, spielte keine Rolle. Die neuen Oberpriester trugen die Amtsbezeichnung *episcopus*, hatten doch die Christen sich einer im griechischen Kulturkreis seit den vorchristlichen Jahrhunderten für profane und kultische Ämter (im Sinne von Aufseher) geläufigen Benennung bedient. Auf Provinzebene sollte mit Sitz in der jeweiligen Provinzhauptstadt ein *archepiscopus* das Kultwesen überwachen, gegebenenfalls bei Streitfragen schlichten oder Recht sprechen und überregionale Kultangelegenheiten wie beispielsweise den Kaiserkult, Dankopfer und Dankfeste anlässlich besonderer Erfolge koordinieren. Insoweit standen formale Regelungen und organisatorische Angelegenheiten im Mittelpunkt. Sie wurden im Wege der Gesetzgebung sowie durch kaiserliche Erlasse eingeleitet und sollten unter der Aufsicht sowohl der staatlichen Amtsträger als auch der lokalen Behörden und städtischen Ratskörperschaften durchgeführt werden. So weit der groß angelegte Entwurf zur Einrichtung, sagen wir, einer heidnischen Kirche. Das war die formale und administrative Seite. Darüberhinaus ging es Julian, wie er das ebenfalls am Christentum abgeschaut hatte, um spirituelle Verinnerlichung und den Lebenswandel der Priesterschaft.

Was können wir über die Umsetzung der weitreichenden religionspolitischen Maßnahmen und die Reaktion der Bevölkerung sagen? Julian konzentrierte sich, was seine persönliche Anwesenheit betraf, auf die östliche Reichshälfte. Seine bevorzugte Residenz war Antiochia, die berühmte Stadt am Orontes in Syrien, die schon lange mit Rom und Alexandria, jetzt auch mit Konstantinopel wetteiferte. Er scharte Philosophen, Rhetoren und Ärzte wie den berühmten Hofarzt Oreibasios um sich. Immer mehr fand er Ausgleich und Erfüllung im geistig anregenden Gespräch mit Freunden. Seine gegen die Christen gerichteten Maßnahmen fanden ein unterschiedliches Echo. Sie wurden von Provinz zu Provinz, von Stadt zu Stadt mit größerem oder geringerem Eifer umgesetzt, in manchen Reichsteilen wie vor allem im Westteil des Reiches, in Italien, Gallien, Hispanien und im römischen Africa nur zögerlich oder gar nicht. Es hing viel davon ab, welcher Gottesverehrung die Bevölkerung mehrheitlich anhing. Eine lückenlose Kontrolle war ohnehin ausgeschlossen, zumal Julian die *agentes in rebus*, die gefürchtete Geheimpolizei, die aus jedem Winkel des Reiches Berichte an die Zentrale lieferte, abgeschafft hatte. Wirksamen Einfluß nahm Julian auf die Besetzung der Ämter auf der Ebene der

Zentrale und der Provinzen. Da hatten Christen keine Chance mehr. Weitere Umstände kamen ins Spiel: Ob die zu Aufruhr neigenden Unterschichten aufgehetzt wurden; ob einflussreiche Altgläubige die Christen, etwa wenn sie Standesgenossen waren, in Schutz nahmen oder fallen ließen, Verhaltensweisen, wie sie aus der Psychologie des Zusammenlebens und spezifischen existentiellen Bedingungen erklärbar sind. Mancherorts kam es auch zur Annäherung zwischen Christen und Juden. Gleichsam unter der Obhut der Juden konnten Christen auf städtischer Ebene auch weiterhin ihre Ämter und öffentlichen Dienste wahrnehmen. Das war deshalb möglich, weil Julian die Juden in besonderer Weise schätzte: Im Unterschied zu den Christen hätten sie ihren Väterglauben bewahrt, ihre Hilfsbereitschaft sei beispielhaft, und ihr Gott werde auch von den Hellenen, nur unter einem anderen Namen, verehrt. Entdeckte der Kaiser selbst Unregelmäßigkeiten und Ungehorsam, konnte er im Zorn schwere Strafen verhängen, wie es 362 die Bewohner von Caesarea in Kappadokien erfahren hatten, weil sie es zugelassen hatten, dass der Tempel der Stadtgöttin Tyche/Fortuna niedergebrannt worden war. Dann wieder riet er zur Mäßigung und zur Gewaltlosigkeit, weil es besser sei, vernünftige Argumente statt Schläge einzusetzen.

Abb. 41: Die Christin Publia vor Kaiser Julian. Aus dem Menologium für Kaiser Basileios (976–1025), Codex Vaticanus Graeccus 1613

Julian kam es zunächst darauf an, die Maßnahmen zur Erneuerung der alten Gottesverehrung in Fluß zu bringen und die damit zusammenhängende Organisation einzurichten. Anderseits bedeutete die bloße Wiederbelebung eines Heiligtums noch lange nicht, dass auch die Bevölkerung in Scharen zu diesem Heiligtum zog. Aber allein die vielfache Erneuerung des Kultbetriebes zog gesellschaftlichen und wirtschaftlichen Auftrieb nach sich, wofür die Angehörigen der gehobenen Schichten sicher empfänglich waren und die Geschäftsleute ihren Vorteil hatten. In dieser Hinsicht hatte Julians Politik Erfolg. Die Christen jedoch konnte er nicht aus der Welt schaffen – er hätte dies auch nicht erreicht, wenn er noch weitere zwanzig Jahre regiert hätte. Sie konnten allerdings nicht mit dem Kaiser als Exekutivorgan rechnen, wenn es zu innerkirchlichen Streitfällen kam. Und die gab es reichlich, denken wir nur an die im Ostteil des Reiches schon Jahrzehnte währenden Diskussionen um die Göttlichkeit Christi oder an das donatistische Schisma, das die Kirche im römischen Africa spaltete. Allenfalls reagierten die Behörden jetzt als Wahrer der öffentlichen Ordnung. Für die Kirche war es, als ob die Zeit in die vorkonstantinischen Jahre zurückgedreht worden sei.

Über dem religiösen Eifer, dem rücksichtslosen Drang nach Erfüllung seiner religionspolitischen Ziele und der Neigung zu Zurückgezogenheit sowie kontemplativer Erholung in philosophisch gebildeten Freundeskreisen vernachlässigte Julian mehr und mehr andere wichtige Aufgaben wie die Sicherung der Grenzen oder die Fürsorge für das Heer. Der Kaiser wurde den Menschen fremd, den Christen ohnehin, die sich immer offener in einer entschiedenen Gegnerschaft sammelten. Entscheidend war schließlich die Unzufriedenheit des Heeres. So war die Erhebung eines Gegenkaisers, der sich auf das Militär stützen konnte, absehbar. Nach insgesamt fünf Jahren Alleinherrschaft verlor Julian Herrschaft und Leben nach einem kurzen Bürgerkrieg. Er hinterließ, was seine Religionspolitik betrifft, einen Scherbenhaufen – oder sagen wir es freundlicher: ein Werk, das auch in hundert Jahren nicht hätte vollendet werden können, weil sich die Zeit nicht zurückdrehen lässt und etwa die Bindung des Staates an Christentum und christliche Kirche zu weit fortgeschritten war als dass man sie hätte einfach ersetzen können.

Die Urteile der Nachwelt hätten sich auch bei einer längeren Herrschaft Julians nicht verändert, weil er nur, allerdings nachdrücklicher, weiterführte, was er gleich mit Beginn der Alleinherrschaft begonnen hatte.

Eugenius gewinnt die Schlacht am Fluß Frigidus (394 n. Chr.)

Tatsächlich hätte Eugenius die Schlacht, die am 5. und 6. September 394 in den Iulischen Alpen am Fluß Frigidus (Wippach) geschlagen wurde, gewinnen können. Am Abend des ersten Tages stand es schlecht um das Kriegsglück des Kaisers Theodosius. Seine Verluste waren, vor allem unter den für Theodosius kämpfenden Goten, außerordentlich hoch. Der zweite Tag brachte jedoch die Wende: Theodosius überraschte die Truppen des Eugenius durch einen Angriff am frühen Morgen. Aber erst ein Naturereignis, ein ungewöhnlich heftiger Fallwind, noch heute in dieser Region als Bora bekannt, der sich unerwartet erhoben hatte und den Soldaten des Eugenius so kraftvoll entgegenblies, dass der aufgewirbelte Staub ihnen die Sicht nahm und sie ihre Schilde nicht richtig handhaben konnten, machte den Vorstoß zu einem vollen Erfolg. Wer die Bora einmal erlebt hat, wird an der Historizität des Berichtes nicht zweifeln.

Abb. 42: Münze des Eugenius. VS: bärtiges Porträt des Eugenius, RS: Kaiserpaar

Verschiedene Fragen sind zu klären, bevor wir uns der Vorstellung, Eugenius habe die Schlacht gewonnen, zuwenden können und bevor wir darüber nachsinnen können, welche Entwicklung das Reich unter der Herrschaft des Eugenius genommen hätte. Das betrifft aus Gründen, die gleich zu erörtern sind, vornehmlich die Politik gegenüber Christentum, Kirche und Altgläubigen: Warum war es zur militärischen Auseinandersetzung zwischen Kaiser Theodosius und Eugenius, den der Heermeister Arbogast nach der Ermordung Valentinians II. zum Kaiser des Westens erhoben hatte, gekommen? Warum hat Theodosius den Eugenius nicht als Mitkaiser anerkannt?

Wer war Eugenius und wie ist dessen religiöse Position einzuschätzen? Vor allem: was veranlasst die Historiker, von einem Religionskrieg zu sprechen?

Beginnen wir mit dem Religionskrieg! Für Pedro Barceló ist die Sache eindeutig: Die Auseinandersetzung, die am Frigidus entschieden wurde, habe die typischen Züge eines Religionskrieges aufgewiesen[123]. Adolf Lippold bewertet das Ereignis in derselben Weise, wenn er feststellt, schon den Miterlebenden dürfte der Kampf um die Macht im Imperium als Entscheidungskampf zwischen Christen und Heiden erschienen sein[124]. In der Schlussfolgerung nicht anders urteilt Hartmut Leppin: die heidenfreundliche Politik des Eugenius habe Theodosius den Anlaß gegeben, einen Religionskrieg zu inszenieren[125]. Differenzierter bewertet nur Hans von Campenhausen den Feldzug des Theodosius, indem er die Klassifizierung als Religionskrieg der gegen Eugenius gerichteten Propaganda des Ambrosius, des mächtigen und einflußreichen Bischofs von Mailand, zuschreibt: der Krieg zwischen Theodosius und Eugenius sei erst durch Ambrosius recht eigentlich zum Religionskrieg geworden, der er von Haus aus nicht gewesen sei, so von Campenhausen[126].

Wir haben es, was diese Einschätzung betrifft, mit einem historischen Urteil zu tun. Die genannten Historiker bedienen sich dabei eines Begriffs, nämlich Religionskrieg, der wie die alternativen Bezeichnungen ,Glaubenskrieg' und ,Konfessionskrieg' im 16./17. Jahrhundert im Zuge der innerchristlichen Auseinandersetzungen und der Ausbildung der frühmodernen europäischen Territorialstaaten entstanden ist, und übertragen ihn auf ein Ereignis, das mehr als 1200 Jahre vorher stattgefunden hat. Dieses Verfahren ist in der Geschichtswissenschaft allgemein üblich, es ist sozusagen Bestandteil der historischen Methode. Es handelt sich um die Aufgabe, die „Dinge auf den richtigen Begriff zu bringen". Die Schlacht am Frigidus ist eine historische Tatsache. Die unentschiedene Lage am Ende des ersten Tages, der Fallwind, der plötzlich aufkam, die Gebete, die Theodosius auf dem Weg zur Schlacht an den Christengott, seinen Gott, richtete, die den altgläubigen Kulten gegenüber freundlichen Maßnahmen des Eugenius, das alles sind historische Tatsachen, denen der Historiker eine bestimmte Bedeutung zuschreibt und damit die unerläßliche Aufgabe der Interpretation erfüllt.

Das historische Urteil bedürfe stets eines Maßstabes, so Volker Sellin in seiner Einführung in die Geschichtswissenschaft[127]. Dann müssen wir nach einem begründeten Begriff von Religionskrieg fragen und des weiteren, ob Religion in dem

---

123 Pedro Barceló, Kleine römische Geschichte, Darmstadt 2005, S. 148.
124 Adolf Lippold, Theodosius der Große und seine Zeit, Stuttgart und andere 1968, S. 40–42 (hier S. 40).
125 Hartmut Leppin, Theodosius der Große, Darmstadt 2003, S. 205–220 (hier S. 211).
126 Hans von Campenhausen, Ambrosius von Mailand als Kirchenpolitiker, Berlin und Leipzig 1929, S. 251–253.
127 Volker Sellin, Einführung in die Geschichtswissenschaft, Göttingen 1995, S. 32–43 zum historischen Urteil.

Sinne eine so wichtige und richtunggebende Rolle spielte, dass sie entweder die Ursache oder das Ziel oder die Art der Kriegführung kennzeichnete.

Der Kaiser des Westens, Valentinian II., war im Mai 392 in seinem Palast in Vienna (Vienne) ermordet worden. Gerüchte liefen um, Arbogast, Valentinians Heermeister, habe die Tat begangen. Der beteuerte gegenüber Theodosius, der durch den Tod Valentinians Herrscher des gesamten Reiches geworden war, seine Unschuld, ließ aber bereits im August 392 den Hofbeamten und früheren Rhetor Eugenius zum Kaiser ausrufen. Eugenius war damit Kaiser im Westteil des Reiches, ohne zuvor das Einvernehmen mit Theodosius hergestellt zu haben. Unverzüglich erbat er die Anerkennung durch Theodosius, wurde aber abgewiesen. Als Theodosius im Januar 393 seinen jüngeren Sohn Honorius ebenfalls zum Augustus erhob, war klar, dass er Eugenius als Usurpator betrachtete, dessen unrechtmäßige Herrschaft möglichst bald beendet werden mußte. Daraus ergaben sich zwei Ziele: erstens die Ausschaltung, das heißt die Vernichtung des Gegenkaisers, und zweitens die Grundlegung einer neuen Dynastie. Das bedeutete die Festigung der Herrschaft des Theodosius und seiner Söhne Arcadius und Honorius, wobei es Theodosius natürlich darauf ankam, die Herrschaft über das Gesamtreich in seiner Verfügung zu halten. Eugenius machte seinerseits deutlich, dass es ihm um die Teilhabe am Kaiserkollegium ging. Er untermauerte seinen Anspruch auf Herrschaft und seine Überzeugung, rechtmäßiger Herrscher zu sein, auf verschiedene Weise und nachdrücklich: durch die erfolgreiche Abwehr von Germanen am Rhein, womit er seine Herrscherpflicht als Beschützer der Reichsgrenzen herausstellte, durch die Inbesitznahme Italiens im Frühjahr 393 sowie die Bereitschaft, Theodosius zur Entscheidung herauszufordern. Waren es bei Theodosius in erster Linie dynastische Motive, welche ihn zur militärischen Auseinandersetzung veranlassten, so bei Eugenius das Streben nach Anerkennung im Rahmen eines nicht dynastisch bestimmten Herrscherkollegiums.

Allerdings gab es ein weltanschauliches Umfeld und weltanschauliche Gegensätze, die durchaus ins Gewicht fallen. Theodosius war streng christlich. Bedacht auf die Einheit von Kirche und Christenheit, welche durch die Einheitlichkeit des Glaubensinhaltes verwirklicht werden sollte, ging es ihm darum, die altgläubigen Kulte zum Erliegen zu bringen: Er verbot den Besuch von Tempeln und das Darbringen von Opfern, in einem weiteren Gesetz jede Art von Götterkult[128]. Eugenius war ebenfalls Christ, aber von toleranter Grundhaltung, die er äußerlich durch das Tragen des Philosophenbartes unterstrich. Er war auf ein gutes Verhältnis zu Ambrosius, dem einflussreichen Bischof von Mailand, bedacht und übergab der Mailänder Kirche Geschenke. Ambrosius seinerseits hat Eugenius in einem Brief als *imperator clementissimus*, allergnädigster Kaiser, bezeichnet und damit als rechtmäßigen Herrscher anerkannt[129]; aber eine Begegnung mit ihm hat er vermieden. In seiner toleranten

---

128 Vgl. Adolf Lippold (wie Anm. 124), S. 38–40.
129 Zu diesem Brief Hans von Campenhausen, Ambrosius von Mailand (wie Anm. 4), S. 251–253.

Grundhaltung war Eugenius anderseits aufgeschlossen gegenüber der stadtrömischen, in ihrer Mehrheit nichtchristlichen Bildungselite, die eine bedeutende Stütze der Herrschaft darstellte. Die Bitte römischer Senatoren, die alten Kulte zu erneuern und die Kultpflege finanziell zu unterstützen, wies er zwar ab, fand sich jedoch nach wiederholt vorgetragenen Bitten bereit, einzelne Heiligtümer vornehmen Römern als Anerkennung für ihre Verdienste zu schenken, was natürlich bedeutete, dass die Kulte wieder aufgenommen werden konnten, wenn auch auf privater Ebene, ohne dass der Staat davon berührt wurde. Dieses Verhalten stieß bei Theodosius auf entschiedene Ablehnung, geschweige denn, dass er solche Unterschiede wie eben beschrieben, hätte erkennen wollen. Was Eugenius tat, widersprach einfach seinem christlichen Grundverständnis und war unvereinbar mit seinem Ziel, einen christlichen Staat zu verwirklichen. Möglicherweise ist die Bereitschaft des Eugenius, der römischen Senatselite mehr als bisher entgegenzukommen, auch erst durch Theodosius' unnachgiebige Ablehnung, ihn als Mitkaiser in das Kaiserkollegium aufzunehmen, zu solcher Entschiedenheit herangereift.

Nach Ursache und Ziel gefragt, wird man kaum von einem Religionskrieg sprechen können. Oder nur mit einiger Vorsicht und Vorläufigkeit. Bleibt die Art der Kriegführung, der wir uns jetzt zuwenden wollen. Man muß unterscheiden zwischen Religion oder, allgemeiner gesagt Weltanschauung als Anlaß zu einem Krieg und Religion oder Weltanschauung als Mittel der Inszenierung. Für den Dreißigjährigen Krieg, der doch nach geläufiger Vorstellung ein Religionskrieg gewesen ist, stellt beispielsweise Johannes Burkhardt fest, Religion habe, wenn es passte, die politischen Motive, Legitimationen und Argumente ideologisch verstärkt, wenn es nicht passte, selten aufgehalten; sie sei gleichsam der Haupt-Nebenkonflikt gewesen, aber nicht das, worum es eigentlich gegangen sei[130]. Oder nehmen wir ein Ereignis der Zeitgeschichte! Während des Golfkrieges von 1991 schärfte ein amerikanischer Prediger während einer Evangelisationsveranstaltung seiner vieltausendköpfigen Zuhörerschaft ein: „You must know: Saddam Hussein and all the communists are the devil. But God will lead our brave troops to the glorious victory[131]!" Niemand wird deshalb den Golfkrieg als Religionskrieg bezeichnen wollen. Fragen wir also in Hinsicht auf die Art der Kriegführung, ob Hartmut Leppin recht hat, wenn er schreibt, die heidenfreundliche Politik des Eugenius habe Theodosius den Anlaß gegeben, einen Religionskrieg zu inszenieren.

‚Feldzug der Wunder' wird in der wissenschaftlichen Literatur der Zug des Theodosius gegen Eugenius genannt. Die christliche Überlieferung hat verschiedene Ereignisse herausgestellt, welche die Zeichen des christlichen Glaubens, unter denen der Feldzug stand, bezeugen: Nach Verlassen Konstantinopels machte der

---

130 Johannes Burkhardt, Der Dreißigjährige Krieg als frühmoderner Staatsbildungskrieg, in: Geschichte in Wissenschaft und Unterricht (GWU) 45 (1994), S. 487–499 (hier S. 488f.).

131 Zitiert aus meiner eigenen Erinnerung an amerikanische Fernsehsendungen während des Golfkrieges.

Kaiser am siebten Meilenstein vor der Stadt Halt, um im Hebdomon, einer Palast- und Kirchenanlage, in die er das Haupt Johannes des Täufers hatte bringen lassen, für einen günstigen Ausgang des Feldzugs zu beten und den Täufer um Beistand zu bitten. Die Nacht vor der Schlacht habe der Kaiser mit Gebeten verbracht, an deren Ende ihm Johannes der Täufer und der Apostel Philippus als Vorkämpfer erschienen seien und ihn aufgefordert hätten, die Truppen zur Schlacht zu ordnen. Der am zweiten Schlachttag plötzlich aufgekommene heftige Wind wird in der christlichen Retrospektive als von Gott gesandtes Naturwunder gedeutet. Von Eugenius heißt es, seine Anhänger hätten heidnische Feldzeichen in der Nähe des Schlachtortes aufgestellt. Theodosius dagegen habe durch ein Gebet die Schlacht schließlich zu seinen Gunsten gewendet. Im schon erwähnten Hebdomon habe zum Zeitpunkt der Schlacht ein Dämon Johannes den Täufer geschmäht; aber eingestanden, dass er nichts gegen den Beschützer des Kaisers habe ausrichten können[132]. Bedenkt man diese Überlieferung, wird deutlich, wie nachhaltig christliche Elemente die politischen Motive und Legitimationen des Theodosius verstärkt und, um noch einmal Johannes Burkhardt zu bemühen, Religion zum Haupt-Nebenkonflikt des Krieges gegen Eugenius gemacht haben, jedenfalls in der Sicht des Theodosius. Diese religiöse Motivierung betraf jedoch nicht die andere Seite, was zu einer ungleichen Beweislage führt. Das jedenfalls scheint klar und über jeden Zweifel erhaben, dass Eugenius nicht in diesen Krieg gezogen ist, um für seine Weltanschauung, die im übrigen keine altgläubige war, zu kämpfen.

Abb. 43: Silberplatte (Missorium) des Theodosius

---

132   Vgl. Hartmut Leppin (wie Anm. 119), S. 219.

Wir sind auf etwas verschlungenen Pfaden an den Punkt gekommen, an dem wir uns der Vorstellung zuwenden können, Eugenius sei der Sieger in der Schlacht am Frigidus gewesen: Hat Theodosius die Schlacht überlebt, musste er Eugenius als Mitkaiser im Range eines Augustus anerkennen und ihm die westliche Reichshälfte überlassen. Die schon zu Kaisern erhobenen Söhne des Theodosius, der siebzehn Jahre alte Arcadius und der zehn Jahre alte Honorius folgten der Entscheidung des Vaters. Theodosius hatte sie ohnehin im Ostteil des Reiches zurückgelassen, als er 394 in die westliche Reichshälfte aufbrach. Starb Theodosius in der Schlacht, fiel Eugenius die Aufgabe zu, sich mit den Söhnen des Verstorbenen zu arrangieren. Angesichts deren Minderjährigkeit hing es vor allem von der Haltung des einflussreichen Prätoriumspräfekten Rufinus, des ranghöchsten Würdenträgers im Ostteil, ab, ob es zu einer Einigung kam oder ein neuerlicher Kampf um die Herrschaft ausbrach. Es ist jedoch nicht unsere Absicht, diese Möglichkeiten weiter zu verfolgen. Vielmehr geht es uns um die Religionspolitik des siegreichen Eugenius, seine Haltung gegenüber Christentum und Kirche.

Bedenkt man, wie Theodosius den Kampf um die Herrschaft stilisiert hat, müsste man mit einer Art weltanschaulicher ‚Revolution' rechnen. Um es gleich deutlich zu machen: Eugenius war kein zweiter Julian, welcher der christlichen eine heidnische Kirche entgegenstellen wollte und die Christen nach Gewinnung der Alleinherrschaft offen behinderte. Julians Versuch, zu einer Wende im altgläubigen Sinne zu gelangen, blieb Episode. Die Voraussetzungen für eine erfolgreiche, aber im Vergleich zu Theodosius den Altgläubigen gegenüber tolerantere Politik waren 395 andere als etwa 361. Vor allem hatten die Altgläubigen ihrerseits nicht mehr die Kräfte, um die verschiedenen sozialen Schichten anzusprechen oder gar Massen zu mobilisieren und eine antichristliche Bewegung mit Breitenwirkung zu entfesseln. Genau genommen gab es diese Möglichkeiten schon unter Kaiser Iulian nicht mehr. Die aus christlicher Feder stammende Behauptung, Eugenius und sein Prätoriumspräfekt Nicomachus Flavianus hätten bei ihrem Aufbruch aus Mailand in den Kampf mit Theodosius gedroht, nach einem Sieg die dortigen Kirchen in Ställe zu verwandeln und die Kleriker in die Armee zu stecken, ist Ausfluß christlicher Parteinahme auf dem Hintergrund des zuletzt höchst gespannten Verhältnisses zwischen Eugenius und Bischof Ambrosius. Eugenius dachte nicht daran, christliche Lehrer aus ihren Ämtern zu vertreiben, die altgläubigen Kulte zu reaktivieren und als Gegenpol zur christlichen Kirche gezielt zu fördern, gar in ein organisatorisches Gesamtkonzept einzubinden. Selbst Theodosius, der den Kampf um die Alleinherrschaft zu einem Religionskrieg stilisiert hatte, war nicht der rigorose Vertreter der christlichen Religion als der er gerne dargestellt wird. Dem Volk gegenüber zeigte er sich, was die Durchsetzung christlicher Sittenstrenge betraf, großzügig. So konnten etwa die im Osten so beliebten Zirkusspiele weiterhin stattfinden. Rigoros war er im Kampf gegen Abweichungen vom nicaenischen Bekenntnis und der reinen trinitarischen Lehre. In dieser Hinsicht brach mit Eugenius eine freizügigere Zeit an, auch wenn er die den einheitlichen christlichen Glauben betreffenden Gesetze des Theodosius nicht zurücknahm. Das war auch nicht nötig, da der zeitweise heftig ausgetragene christologische Streit weitgehend versiegt war und die auf dogmatische Einheit gerichtete Politik des Theodosius ihre Wirkung zeigte. Eugenius rührte christologische Streitfragen natürlich nicht an und vermied alles, was neue Unruhe hätte verursachen können.

Ein Sonderfall blieb das Verhältnis zwischen Eugenius und Ambrosius. Natürlich war Ambrosius einflussreich; aber er konnte nach dem Tod des Theodosius nicht mehr den einen Herrscher gegen den anderen ausspielen. So war er darauf bedacht, kein Risiko einzugehen, was er selbst damals nicht getan hatte, als die Auseinandersetzung um die Herrschaft noch offen war: clementissimus imperator, allergnädigster Herrscher, hatte er ihn genannt und von seinem Kaisertum sprach er, als Eugenius im Urteil des Theodosius ein Usurpator, also nicht rechtmäßiger Kaiser, war. Gerade als die Spannungen zwischen Eugenius und Ambrosius einen Höhepunkt erreichten und Ambrosius heftige Vorwürfe an ihn richtete, wahrte Ambrosius alle Formen der Ehrerbietung und äußerte, wie wir sahen, nicht den geringsten Zweifel an der Legalität von Eugenius' Kaisertum[133]. Dem Mailänder Bischof kam es nach dem Sieg des Eugenius über Theodosius umso mehr darauf an, sich mit dem Herrscher über den Westteil des Reiches zu arrangieren. Er musste nur die Akzente verschieben, um auf die Gunst des Eugenius zu hoffen. Zwar konnte er ihn nicht davon abbringen, die römische senatorische Bildungselite zu fördern und deren Anhänglichkeit an altgläubige Kultbräuche zu dulden; aber ein Zerwürfnis gab es deshalb nicht, allenfalls kritische Distanz. Im übrigen bedurfte Ambrosius nicht der Hilfe des Kaisers in Angelegenheiten der Kirche und des Glaubens, da die dogmatische Einheit im Westteil des Reiches nicht zur Diskussion stand, und Unruheherde wie etwa die Umtriebe der Donatisten im römischen Africa nicht nur als kirchliche Angelegenheit ausgetragen wurden, sondern die Kaiser regelmäßig als Wahrer der öffentlichen Ordnung und des inneren Friedens auf den Plan riefen, also ohnehin das Eingreifen der Reichsgewalt zur Folge hatten.

Die Teilung des Reiches war vollzogen. Weltanschaulich wurde der Westen weniger straff geführt als der Osten unter den Söhnen des Theodosius. War auf die Dauer ein kriegerischer Konflikt vermeidbar, ein Konflikt um die Zusammensetzung des Kaiserkollegiums, aus dem die Theodosius-Söhne den Eugenius verdrängen wollten?

---

133 Vgl. Anm. 129.

Anhang
An den Wurzeln Europas – Solon und Herodot

Wer war Solon? Bürger von Athen, geboren in der zweiten Hälfte des 7. Jahrhunderts v. Chr., um 594/3 auf dem Höhepunkt seiner politischen Erfolge, Angehöriger einer alteingesessenen, aristokratischen Familie. Ein Mann von hoher Intellektualität, ausgestattet mit vorbildlichem Ethos, von strengem Anspruch an sich und seine Mitbürger, was Einsicht und Gemeinsinn betraf. Solon war Inhaber des höchsten Amtes, des eponymen Archontats, er war Gesetzgeber, Schlichter in inneren, vornehmlich um soziale Fragen geführten Auseinandersetzungen. Ein Verfechter von politischen Idealen, welche ihre richtungsweisende Prägung in der Ausgewogenheit und Wohlordnung des Gemeinwesens finden sollten. Und wie Herodot war Solon Weltbürger, wenn man bedenkt, dass auch er seine Heimatstadt verließ, um andere Städte und Länder kennenzulernen, Einrichtungen zu studieren und Erfahrungen zu sammeln. Geist und Handeln Solons waren deutlich auf die Praxis ausgerichtet.

Wer war Herodot? Bürger von Halikarnassos, einer Stadt in Karien, geboren wahrscheinlich um 480 v. Chr.. Später Bürger von Thurioi in Unteritalien, wohin er ausgewandert sein soll? Vielleicht! Jedenfalls Weltbürger! Wenn man die damals bekannte Welt nimmt und seine Reisen in Anschlag bringt: Kleinasien und Teile Vorderasiens, Babylon und Susa im Perserreich, die phoenikisch-syrische Küste und Zypern, Ägypten, Kyrene in Libyen, das Schwarze Meer, Thrakien, Makedonien, die Ägäische Inselwelt, die Peloponnes und Mittelgriechenland, Teile von Nord- und Nordwestgriechenland, Unteritalien und Sizilien. Ja, Herodot war Weltbürger! Ein Tourist in Sachen Geographie, Ethnographie und vor allem Geschichte, der ständig Fragen stellte, den Befragten zuhörte, vieles auch mit den Augen aufnahm und Unmengen von Informationen in seinem Gedächtnis und, anders ist es nicht denkbar, auf Papyrus festhielt, um dann alles zu einem Kunstwerk, das er „Darlegung meiner Forschung" nannte, zu verarbeiten. In Sonderheit war Herodot also Geschichtsschreiber. Wie Cicero ihn charakterisiert: *pater historiae*, Vater der Geschichtsschreibung; der Begründer, man mag das angesichts unserer Richtwerte und Methoden mit etwas Vorbehalt sagen, der wissenschaftlichen Geschichtsschreibung und dadurch ein Gelehrter von einzigartiger Bedeutung.

Damit war Herodot ein Urheber, einer, in dessen Kopf sich, angeregt durch die epische Dichtung und geographische sowie ethnographische Erkundungen, anfängliches Denken vollzog, eben der erfinderische Geist, der auf dem Feld der Geschichtsschreibung hier in Europa den Anfang machte. Als Geschichtsschreiber war er der Erste, um eine von ihm mehrfach und mit Bedacht verwendete Einstufung, Rangfolge und Qualifikation auf ihn selbst zu beziehen. Die Frage, wer war der Erste, der etwas Bestimmtes begonnen hat, die Frage, wer hat angefangen mit dem Unrecht Tun, mit einem Krieg, mit der demokratischen Ausrichtung eines Gemeinwesens, mit den Entdeckerfahrten an den Küsten des Mittelmeeres, mit der Aufzeichnung aller Überlieferungen, mit der Lösung sozialer Probleme, diese Frage ist eine genuin historische. In dieser Art zu fragen, ist historische Methode; denn die Frage nach dem Anfang konstituiert einen methodischen Vorgang, nämlich das rückwärts Schreiten zum jeweiligen Beginn zum Zwecke der Aufklärung, bis ein Haltepunkt ermittelt und eine Antwort gefunden ist.

Was wusste Herodot über Solon? Fragen wir lieber zunächst: Was berichtet Herodot über Solon? Er habe den Athenern auf deren Weisung hin Gesetze gegeben und habe dann eine zehnjährige Reise angetreten, um die Athener, welche sich verpflichtet hatten, mindestens zehn Jahre diesen Gesetzen zu folgen, auf die Probe zu stellen. Er habe Ägypten und andere Länder bereist und sei einer der weisen und gelehrten Männer gewesen, welche dem in seiner Herrschaft lange erfolgreichen Lyderkönig Kroisos ihre Aufwartung machten. Die Begegnung zwischen, sagen wir, Philosoph und Herrscher, war bereits in der Überlieferung, die Herodot vorlag, zum Kontrast zwischen Verblendung und Klarheit, Wissen und Nichtwissen, Erkenntnis und Unverständnis in Hinsicht auf die Kernfragen menschlichen Handelns, Einsicht und Größenwahn, Bescheidenheit und Machtbesessenheit stilisiert worden. Ein glücklicher Tod nach zivilen oder militärischen Heldentaten, die Opferbereitschaft für die Gemeinschaft, wie sie sich in Staat und Familie äußerte, Ehre im Nachruhm – das sind die im Leben erstrebenswerten Ziele. Der Reiche ist ärmer als der Ärmste der Armen, wenn er im Unglück seinen Tod findet! Das Glück hängt nicht von Reichtum, Macht und Herrlichkeit ab – das wollte, so hatte es sich in die Erinnerung eingeprägt, Solon seine Mitmenschen, vor allem die hochgestellten, die Könige und Aristokraten, lehren.

Obschon Herodot sicher den Inhalt der Solonischen Gesetze kannte und über Solons Wirken in Athen in Einzelheiten hätte berichten können, hob er heraus, was ihm an Solon wichtig erschien. In einem Kontext, in dem es um die Analyse von Aufstieg und Niedergang, von Größe und Versagen, um die Stärken und Schwächen der Menschen innerhalb historisch fassbarer Abläufe und Kausalitäten ging, waren Sittlichkeit, ethische Verhaltensnormen genau das, worauf es dem Geschichtsschreiber ankam. Der Stoff ist durch die Meinungsbildung des Historikers hindurchgegangen: Der ist mit seinem kritischen Verstand, mit Phantasie, Urteilsvermögen und auch Erfindungskraft gleichsam der Herr des Stoffes und damit auch derjenige, der angesichts von Fülle und Disparatheit der Stoffmassen über jede Art Auswahl im Blick auf Konzeption, Anlage und Zielsetzung seines Werkes entscheidet.

Was haben Solon und Herodot, abgesehen davon, dass wir sie als Weltbürger würdigen, gemeinsam? Ich denke, wir können eine Reihe von Gemeinsamkeiten, eine Art Wesensverwandtschaft aufdecken. Vor allem aber: beide waren Künstler! Solon als politischer Dichter, der seine politischen Ziele und Ideale im Versmaß der frühen Elegie niederschrieb, Herodot als Geschichtsschreiber: Denn, wie der Althistoriker Hermann Strasburger das einmal formulierte: „Geschichtsforschung und Geschichtsschreibung, das eine wie das andere, sind Wissenschaft sowohl als Kunst." Oder, wie der berühmte Theodor Mommsen, Historiker und Nobelpreisträger für Literatur, in seiner 1874 gehaltenen Rektoratsrede feststellte: „Der Geschichtsschreiber gehört vielleicht mehr zu den Künstlern als zu den Gelehrten [...] denn der Schlag, der tausend Verbindungen schlägt, der Blick in die Individualität der Menschen und Völker spotten in ihrer hohen Genialität alles Lehrens und Lernens." Den Dichter als Künstler anzuerkennen, ist uns geläufig, ist eine Selbstverständlichkeit, werden wir sagen. Den Historiker ebenso einzuordnen, das ist auf den ersten Blick gewöhnungsbedürftig. Wir sollten einmal Herodot lesen, um an den Anfängen der Historiographie zu verstehen, was gemeint ist: Allein seine Zusammenschau unterschiedlichster Handlungsstränge über einen Zeitraum von gut 150 Jahren ist eine künstlerische Schöpfung von einzigartigem Rang und ein Einstieg von faszinierender Wirkung in ein neues kukturelles Betätigungsfeld. Der auf den ersten Blick so rational denkende Thukydides, der sich durch Kritik und Nüchternheit von Herodot abzuheben scheint, bestätigt aufs Sinnfälligste die Notwendigkeit künstlerischer Elemente wie Freiheit im Umgang mit kompositorischen Formen und dichterischer Fiktion als Mittel der Hervorhebung oder Sinngebung.

„An den Wurzeln Europas" heißt der Titel unseres Essays. Solon sei der erste Staatsmann auf europäischem Boden gewesen, der diesen Namen verdiene, lesen wir in Hermann Bengtsons Griechischer Geschichte, die zu einem Standardwerk geworden ist. Wenn, worauf der Politologe Dolf Sternberger verweist, Augenmaß, Leidenschaft und Verantwortungsbewusstsein einen Politiker zum Staatsmann machen, dann hat Bengtson recht. Solon war ein Staatsmann im wahrsten Sinne des Wortes, das ist auch das Urteil Friedrich Schillers. Der Dichter, selbst Professor für Geschichte an der Universität Jena, hat in einer seiner Vorlesungen mit großer Lebendigkeit und Zustimmung Solons Reformen im Kontext der Aufklärung, unter dem Vorwalten von Freiheit und Verantwortung, Sittlichkeit und den heiligen Gefühlen und Rechten des Menschseins erklärt, wo echte Staatskunst dem Wohl der Bürger diene und den Menschen nicht dem Staat opfere. Schillers Interpretation stellt Solon in die europäische Tradition der von den Griechen entwickelten politischen Ideale, die, über Jahrhunderte weitergetragen, nicht veralten, und die auch in unserer Gegenwart das Ansinnen der echten Europäer sein können.

Wir könnten die Frage nach den Wurzeln Europas versuchsweise aber auch in eine andere Richtung lenken: Sind wir mit Solon und Herodot (beide stehen hier symbolhaft und stellvertretend für viele erlauchte Namen von Homer bis Aischylos, wenn wir in diesem Zusammenhang nur auf die ältere Zeit schauen) wirklich an den Wurzeln Europas? Oder sollten wir diese mit Blick auf Herrschaftsbildung und Christentum, also Staatswerdung und Religion sowie Wechsel der Bezugssysteme nicht besser bei Konstantin dem Großen und Karl dem Großen oder gar erste bei Napoleon Bonaparte suchen, der sich vor wenig mehr als zweihundert Jahren in römischer, C. Iulius Caesar reflektierender Tradition zum Konsul auf Lebenszeit hatte erheben lassen und der gerade aus diesem Grunde vor wenigen Jahren in französischen Zeitschriften als der „wahre Vater Europas" und als „Vorläufer der Vereinigten Staaten von Europa" gefeiert wurde.

Überlassen wir die Gedankenspielereien mit Napoleon ebenso wir die ernsthaften Argumentationen mit Konstantin und Karl für dieses Mal den Politikern. Wir sagen andersseits nicht, dass es falsch sei, diese beiden Großen der Weltgeschichte ins Feld zu führen. Im Gegenteil! Die historische Analyse kann, wenn sie Europa in den Blick nimmt, gar nicht absehen von Konstantin und Karl. Bei Napoleon kommen einem dagegen erhebliche Zweifel. Aber in den Streit darüber einzutreten, ist nicht Aufgabe dieser Erörterung. Überhaupt ist der theoretische Ansatz hier ein anderer; denn unser Blick richtet sich auf eine wissenschaftliche Disziplin, die Geschichtsschreibung, und auf die Praxis politischer Kultur – allgemeiner gesagt: es geht um kulturelle ‚Erfindungen', um Kulturschöpfungen, um den Anfang kultureller Traditionen, welche Europa prägten. Wir stehen in einer Art Konkurrenz der Perspektiven. Wie zum Beispiel der Historiker Friedrich Prinz in seinem monumentalen Werk über Entfaltung und Wandel Europas (‚Von Konstantin zu Karl dem Großen') einerseits in Hinsicht auf den von ihm in den Blick genommenen Zeitraum von der „Geburt Europas" oder der „Europäisierung Europas" spricht und anderseits mit Blick auf den griechischen Göttermythos feststellt, dass Athena, die Stadtgöttin Athens, viel mit den kreativen Anfängen der europäischen Kulturgemeinschaft zu tun habe. Man könne, so Prinz, die griechische Gesellschafts- und Geisteskultur, wie sie sich vom 7. Jh. v. Chr. an ausgeprägt habe, im eigentlichen Sinne europäisch nennen. Darum geht es! Diese von den Griechen hervorgebrachte Gesellschafts- und Geisteskultur wird an eben den zwei Feldern exemplarisch vorgestellt, für welche Solon und Herodot auf Grund der von ihnen gegebenen Anstöße repräsentativ sind. Die hier erhobene Frage ist eine der kulturellen Orientierung, die politische Kultur eingeschlossen. Solon war Wegbereiter einer Entwicklung, welche die Athener zur vollen Demokratie führte. Er war überzeugt vom Nutzen politischer Erziehung – hoch gebildet, kein Mann hohler Phrasen in der öffentlichen Rede, vielmehr ein Mann der ernsten, mahnenden und klaren Aussage. Er war durchdrungen von sozialer Verantwortung und kann noch heute Vorbild sein für die Umsetzung stattsbürgerlichen Gemeinsinns in politisches Handeln. Auf der anderen Seite Herodot, der das Abstraktum ‚Geschichte', nämlich das, was durch Menschen geschehen war, zu seinem Forschungsbereich machte. Zum ersten Mal entstand, eingeordnet in einen einheitlichen Plan, Universalgeschichte als Menschheitsgeschichte unter dem Einschluß der Völker- und Länderkunde. Damit war die Richtschnur gegeben, an der sich fortan historische Forschung und Darstellung orientieren mussten, wenn sie dem einmal gesetzten hohen Anspruch genügen wollten. Wie mit Solon die Richtschnur gegeben war für ein von Idealen geprägtes, vorbildliches politisches Handeln in der Gemeinschaft.

Wer sich auf ein von Konstantin und Karl konstituiertes Europa ‚versteift', folgt der durchaus beliebten Festlegung auf ein römisch-lateinisches Europa, welche gern mit einer Festlegung auf die römisch-christliche Prägung einhergeht. Das ist eine einseitige und unvollständige Sichtweise, weil sie den so einflussreichen und wirkungsvollen griechischen Strang vernachlässigt. Die Römer taten sich leicht damit, die griechische Geisteswelt gleichsam einzuatmen, weil sie die Überlegenheit des griechischen Geistes und seiner kulturellen Erzeugnisse auf allen Feldern der Forschung, der Wissenschaften, des literarischen und sonstigen künstlerischen Schaffens anerkannten. Folgen wir in dieser Haltung den Römern, haben wir ganz Europa im Blick!

Literaturverzeichnis

Nicht aufgeführt sind im Literaturverzeichnis Artikel aus der Frankfurter Allgemeinen, dem Magazin ‚Der Spiegel' und der von der Katholischen Akademie in Bayern herausgegebenen Zeitschrift ‚zur debatte'. Die entsprechenden Angaben sind in den Anmerkungen zu finden.

Nicht aufgeführt sind außerdem die gängigen Handbücher und Gesamtdarstellungen zur griechischen und römischen Geschichte.

Assmann, Jan, Das kulturelle Gedächtnis. Schrift, Erinnerung und politische Identität in frühen Hochkulturen, 5. Aufl., München 2005.

Antike Welt, Heft 3 (2009) mit Beiträgen von Werner Eck, Günther Moosbauer, Achim Rost, Susanne Wilbers-Rost und Rainer Wiegels zum Thema Varusschlacht.

Barceló, Pedro, Hannibal. Stratege und Staatsmann, Stuttgart 2004.

–, Alexander der Große, Darmstadt 2007.

–, Escritos politicos al servicio del poder: en torno a una carta de César, in: Potestas 3 (2010), S. 5–16.

–: Das Römische Reich im religiösen Wandel der Spätantike, Regensburg 2013.

–: Kleine römische Geschichte, Darmstadt 2005.

Hans-Joachim Behr, Gerd Biegel, Helmut Castritius (Hrsg.), Troia – Traum und Wirklichkeit. Ein Mythos in Geschichte und Rezeption, Braunschweig 2003.

Bizot, Véronique, Meine Krönung (franz. Original: Mon Couronnement), Göttingen 2011.

Braun, Michael, Wem gehört die Geschichte? Erinnerungskultur in Literatur und Film, Münster 2013.

Brodersen, Kai (Hrsg.), Virtuelle Antike, Wendepunkte der antiken Geschichte, Darmstadt 2000.

Burkhardt, Johannes, Der Dreißigjärige Krieg als frühmoderner Staatsbildungskrieg, in: Geschichte in Wissenschaft und Unterricht (GWU) 45, S. 487–499.

Campenhausen, Hans Freiherr von, Ambrosius von Mailand als Kirchenpolitiker, Berlin/Leipzig 1929.

Cercas, Javier, Anatomie eines Augenblicks. Die Nacht, in der Spaniens Demokratie gerettet wurde (span. Original: Anatomia di un instante), Frankfurt am Main 2011.

Demandt, Alexander, Ungeschehene Geschichte. Ein Traktat über die Frage: Was wäre geschehen, wenn...? Neuausgabe Göttingen 2010.

Dihle, Albrecht, Die Religion im nachconstantinischen Staat, in: Werner Eck (Hrsg.), Religion und Gesellschaft in der römischen Kaiserzeit. Kolloqium zu Ehren von Friedrich Vittinghoff, Köln/Wien 1989, S. 1–13.

Dreyer, Boris, Arminius und der Untergang des Varus. Warum die Germanen keine Römer wurden, Stuttgart 2009.

Gelzer, Matthias, Caesar. Der Politiker und Staatsmann, Wiesbaden 1960.

Geppert, Hans-Vilmar, Der historische Roman. Geschichte umerzählt – von Walter Scott bis zur Gegenwart, Tübingen 2009.

Giovannini, Adalberto, Les relations entre Ètats dans la Grèce antique du temps d'Homère à l'intervention romaine (ca. 700–200 a. J.-C.). Historia Einzelschriften 193, Stuttgart 2007.

–, Consulare Imperium. Schweizerische Beiträge zur Altertumswissenschaft, Heft 16, Basel 1983.

Gottlieb, Gunther, Christentum und Kirche in den ersten drei Jahrhunderten, Heidelberg 1991.

– und Rosenberger, Veit, Christentum und Kirche im 4. und 5. Jahrhundert, Heidelberg 2003.

Gschnitzer, Fritz, Kleine Schriften zum griechischen und römischen Altertum, Band 2, hrsg. von Catherine Trümpy und Tassilo Schmitt. Historia Einzelschriften 167, Stuttgart 2003.

Kolb, Frank, Tatort <Troia>. Geschichte, Mythen, Politik, Paderborn 2010.

Leppin, Hartmut, Theodosius der Große, Darmstadt 2003.

Lippold, Adolf, Theodosius der Große und seine Zeit, Stuttgart 1968.

Münkler, Herfried, Die Deutschen und ihre Mythen, Berlin 2009.

Meier, Christian, Res publica amissa, Wiesbaden 1966.

–, Caesar, Taschenbuchausgabe, 2. Aufl., München 1988.

Overath, Angelika, Alle Farben des Schnees. Senter Tagebuch, München 2010.

Pyta, Wolfram, Hindenburg. Herrschaft zwischen Hohenzollern und Hitler, München 2007.

Rosen, Klaus, Julian. Kaiser, Gott und Christenhasser, Stuttgart 2006.

–, Konstantin der Große. Kaiser zwischen Machtpolitik und Religion, Stuttgart 2013.

Schmitt, Hatto H. und Vogt, Ernst (Hrsg.), Kleines Wörterbuch des Hellenismus, Wiesbaden 1988.

Sellin, Volker, Einführung in die Geschichtswissenschaft, 2. Aufl. 2008 (die Seitenzahlen hier beziehen sich auf die 1. Aufl., Göttingen 1995).

Stahl, Michael, Vom ‚kalten Terroristen' zum Friedenskaiser? Über die Wende im politischen Wirken von Octavian zu Augustus, in: Potestas 4 (2011), S. 87–105.

Starr, Chester G., The Birth of Athenian Democracy. The Assembly in the Fifth Century B. C., New York/Oxford 1990.

Strasburger, Hermann, Studien zur Alten Geschichte, Collectanea XLII 1–3, hrsg. von Walter Schmitthenner und Renate Zoepffel, Hildesheim/New York 1982–1990.

Volkmann, Hans, Sullas Marsch auf Rom, München 1958.

Warburg, Aby, Piero della Francescas Constantinschlacht in der Aquarellkopie des Johann Anton Ramboux, in: Die Erneuerung der heidnischen Antike. Kulturwissenschaftliche Beiträge zur Geschichte der europäischen Renaissance, Gesammelte Schriften. Studienausgabe, hrsg. von Horst Bredekamp u. a., Erste Abteilung, Band I,1, Berlin 1998, S. 251–254 und 389–391.

Weber, Gregor, Vom Sinn kontrafaktischer Geschichte, in: Kai Brodersen (Hrsg.), Virtuelle Antike, Darmstadt 2000.

Weber, Wolfgang E. J., Kröte Klio. Kritische Bemerkungen zur Lage der deutschen Geschichtswissenschaft, in: Ders., Die Lehre von der Herrschaft. Voraussetzungen, Erscheinungsformen und Wirkungen frühneuzeitlicher Politikdiskurse, hrsg. von Johannes Burkhardt und Stefan Paulus, Augsburg 2010, S. 235–259.

Braunschweiger Beiträge zur Kulturgeschichte

Herausgegeben von Gerd Biegel und Angela Klein

Band 1   Hein Retter: Reformpädagogik und Protestantismus im Übergang zur Demokratie. Studien zur Pädagogik Peter Petersens. 2007.

Band 2   Gerd Biegel / Angela Klein / Peter Albrecht / Thomas Sonar (Hrsg.): Jüdisches Leben und akademisches Milieu in Braunschweig. Nellie und Kurt Otto Friedrichs. Wissenschaftliche Leistungen und illegale Liebe in bewegter Zeit. 2012.

Band 3   Gerd Biegel / Heidi Beutin / Wolfgang Beutin / Angela Klein (Hrsg.): *»Liebhaber der Theologie«*. Gotthold Ephraim Lessing – Philosoph – Historiker der Religion. 2012.

Band 4   Gerd Biegel / Harmen H. Thies (Hrsg.): Peter Joseph Krahe. Beiträge zur Architektur des Klassizismus in Braunschweig. 2015.

Band 5   Matthias Steinbach / Michael Ploenus (Hrsg.): Erinnerung sichtbar machen. Braunschweiger Vorträge zur Teilung und Wiedervereinigung Deutschland 2009/2010. 2016.

Band 6   Gunther Gottlieb: Von Homer bis Theodosius dem Großen. Sechzehn historische Fiktionen mit Themen der griechischen und römischen Geschichte. 2016.

www.peterlang.com